Hans G. Linder/Volker Tietz

Das große Börsenlexikon

Hans G. Linder/Volker Tietz

DAS GROSSE BÖRSENLEXIKON

Kompaktes Börsenwissen von A bis Z,
das jeder wissen muss

FinanzBuch Verlag

BÖRSE ONLINE edition

Bibliografische Information der Deutschen Bibliothek:
Die Deutsche Bibliothek verzeichnet diese Publikation in der Deutschen Nationalbibliografie; detaillierte bibliografische Daten sind im Internet über http://dnb.ddb.de abrufbar.

Gesamtbearbeitung: Druckerei Joh. Walch, Augsburg
Lektorat: Dr. Renate Oettinger
Covergestaltung: Melanie Feiler
Druck: Druckerei Joh. Walch, Augsburg

Hans G. Linder/Volker Tietz · Das große Börsenlexikon
1. Auflage 2008

FinanzBuch Verlag GmbH
Frundsbergstraße 23
80634 München
Tel.: 089 65 12 85-0
Fax: 089 65 20 96

Für Fragen und Anregungen:
tietz@finanzbuchverlag.de

ISBN: 978-3-89879-341-4

Weitere Infos zum Thema:
www.finanzbuchverlag.de

Inhalt

	Vorwort	**7**
A	– (gestrichen) – Average Strike Warrant	**9**
B	b (bezahlt) – BVI	**29**
C	C2C – Customer-Relationship-Management (CRM)	**56**
D	Dachfonds – Dynamisches KGV	**71**
E	E-Commerce – EZB	**88**
F	Fairer Preis – FWB	**104**
G	G (Geld) – GuV	**119**
H	Halbeinkünfteverfahren – Höchstkurs	**132**
I	IAS – ISIN	**141**
J	Jahresabschluss – Junk Bonds	**153**
K	KAG – KUV	**155**
L	Ladder-Optionsschein – Lustlos	**174**
M	M1, M2, M3 – Mutual Fonds	**186**
N	Nachbörse – NYSE	**201**
O	Obergrenze – Overweight	**211**
P	p. a. – Put-Call-Ratio	**223**
Q	Quality Option – Quiet Period	**238**
R	R, rat oder rep (rationiert) – Rürup-Rente	**241**
S	S&P 500 – Systematisches Risiko	**253**
T	T (Taxkurs) – TWSE	**278**
U	Überbewertet – Usancen	**290**
V	Valoren – Vorzüge	**297**
W	Wachstumswert – Writer	**308**
X	Xetra – XTF	**315**
Y	Yankee Bonds – Yield Curve	**316**
Z	Zahlungsunfähigkeit – Zyklische Aktien	**317**

Vorwort

Bundespräsident Horst Köhler will es, Kanzlerin Angela Merkel will es, und die SPD ist ebenfalls dafür: dass die Bundesbürger stärker am wirtschaftlichen Erfolg von Unternehmen teilhaben sollen. Volksaktien, Mitarbeiterbeteiligung, Investivlohn, Deutschland-Fonds – das sind Begriffe, die seit Jahren die Diskussionen in Politik und Medien beleben. Passiert ist allerdings herzlich wenig.

Vor lauter Warten auf ein staatlich gefördertes Programm fürs Beteiligungssparen haben viele Bundesbürger anscheinend ganz vergessen, dass es eine seit langem bewährte Anlageform gibt, die es Sparern und Anlegern leicht macht, sich ein Stück vom Unternehmenserfolg abzuschneiden: Aktien und ihre Ableger Investmentfonds und Zertifikate. Sie bescheren ihren Besitzern langfristig auch ohne Steuerkick attraktive Erträge. In der Zwischenzeit haben die Aktienmärkte einen rasanten Kursaufschwung hingelegt. Das gilt für die Börsen fast aller Industriestaaten und viel mehr noch für die aufstrebenden Volkswirtschaften Chinas, Indiens, Brasiliens, Polens oder der Türkei. Alle haben von der Globalisierung profitiert – und sie werden das voraussichtlich langfristig auch weiterhin. Denn eine Weltwirtschaft, die nach den Prognosen der Konjunkturforscher noch auf Jahre hinaus um vier bis fünf Prozent wachsen wird, bietet ein optimales Umfeld für Unternehmensgewinne und damit für Aktien.

Wenn das keine Gründe sind, sich intensiv mit dem Thema Aktie und Börse zu beschäftigen! Aber es gibt noch einen gewichtigen Aspekt: die private Altersvorsorge. Sie wird vor allem für jüngere Menschen überlebenswichtig – und Aktien, Fonds sowie Zertifikate müssen dabei eine wachsende Rolle spielen. Nur dann lässt sich langfristig eine Rendite erzielen, die nach Steuern und Inflation den Bürgern einen gewissen Wohlstand im Alter ermöglicht. Freilich: Wer die Chancen an den Börsen nutzen und die vielfältigen Risiken vermindern will, kommt nicht umhin, sich intensiver mit der Materie zu beschäftigen. Denn was manche unseriöse Autoren versprechen, stimmt leider nicht: dass jeder Laie mit Aktien schnell und problemlos Millionär werden kann.

In den vergangenen Jahren hat sich bei Aktien und ihren Derivaten sogar so viel verändert wie nie zuvor – dank verbessertem Anlegerschutz, neuen attraktiven Auslandsmärkten, massiv erhöhter Produktvielfalt sowie verfeinerten Anlagestrategien und Analysemethoden, die mit Computer- und Internethilfe jedermann leicht zugänglich sind. Das alles hat auch dazu geführt, dass die Zahl der Fachbegriffe enorm angewachsen ist – und dass häufig alte Begriffe mit neuen Inhalten versehen worden sind.

Das große Börsenlexikon, das unter der Regie meines Kollegen Volker Tietz in der Redaktion des Anlegermagazins BÖRSE ONLINE entstanden ist, soll Ihnen, liebe Leserin, lieber Leser, dabei helfen, sich in der nicht immer einfach zu verstehenden Welt des Geldes, insbesondere der von Aktien, Fonds, Zertifikaten und Anleihen, bestens zurechtzufinden und auf Ihre Fragen sofort eine Antwort zu erhalten. Mit diesem Handwerkszeug fällt es Ihnen hoffentlich leichter, Ihr Kapital ansehnlich zu vermehren. Viel Erfolg dabei!

Hans G. Linder
München, im November 2007

A

– (gestrichen)

Kurszusatz: gestrichen.
Es wurde kein Kurs ermittelt. Zu einer vertretbaren Notierung lagen keine Kauf- oder Verkaufsaufträge vor.

–B (gestrichen Brief)

Kurszusatz: gestrichen Brief.
Es gab keine Nachfrage. Es lagen lediglich Bestens-Verkaufsorders (siehe: Bestens) vor.

–G (gestrichen Geld)

Kurszusatz: gestrichen Geld.
Es gab kein Angebot. Es lagen lediglich Billigst-Kaufaufträge (siehe: Billigst) vor.

1940 Act

Unter 1940 Act (US Investment Company Act) versteht man ein US-Gesetz aus dem Jahr 1940. Dieses unterwirft Unternehmen, deren Aktiva (Vermögenswerte) zu mehr als 40 Prozent aus bestimmten Wertpapieren bestehen, besonderen Veröffentlichungs- und Betriebsauflagen.

Abfindung

Bei Übernahme oder Kauf einer Aktiengesellschaft (AG) durch eine andere AG steht den Aktionären der übernommenen Gesellschaft eine Abfindung zu. Während früher der Barausgleich üblich war, gewann ab dem Jahr 2000 der Aktientausch immer mehr an Bedeutung; eine Mischform ist nunmehr üblich geworden. Beim Aktientausch wird der Kaufpreis mit Aktien des aufkaufenden Unternehmens bezahlt.

Abgabedruck

Bezeichnung für eine Börsensituation, in der das Angebot an Wertpapieren die Nachfrage deutlich übertrifft, was zu sinkenden Kursen führt. Der Abgabedruck kann sich dabei sowohl auf den Gesamtmarkt als auch auf einzelne Wertpapiere oder Wertpapiergruppen beziehen.

Abgeld

Siehe: Disagio.

ABS

Bei Asset Backed Securities (ABS) handelt es sich um mit Vermögensgegenständen (Assets) unterlegte (Backed) Wertpapiere (Securities). ABS sehen in ihrer Grundform die Veräußerung des Forderungsbestands eines Unternehmens oder eines Kreditinstituts an eine eigens dafür gegründete Gesellschaft vor. Die Aufgabe dieser Zweckgesellschaft besteht ausschließlich im Ankauf der Forderungsbeständen und in deren Refinanzierung durch die Emission (Ausgabe) von Wertpapieren, die durch den Forderungsbestand gesichert sind.

Abschlag

Siehe: Discount.

Abschwung(phase)

Siehe: Rezession.

Absicherung

Siehe: Hedging.

Absteigendes Dreieck

Formation der charttechnischen Analyse, die auf einen drohenden Kursrückgang hinweist. Die Tiefpunkte (Bottoms) liegen ungefähr auf einer Höhe, während die Hochpunkte (Kursspitzen) von Kursbewegung zu Kursbewegung mehr nachgeben. Wenn die Spitzen und die Böden miteinander verbunden werden, entsteht ein abwärts gerichtetes Dreieck.

Abwärtstrend

Siehe: Baisse.

Abwertung

Eine Abwertung ist eine Maßnahme zur Stabilisierung eines Wechselkurses durch die Notenbank. Dadurch verringert sich der Außenwert der Währung, wodurch Exporte günstiger und Importe verteuert werden. Gegensatz: Aufwertung.

Abzinsungspapier

Bei abgezinsten Wertpapieren verzichtet der Anleger auf periodische Zinszahlungen. Stattdessen werden die ihm zustehenden Zinsen für die Laufzeit des Wertpapiers abgezinst und vom Ausgabepreis abgezogen. Zurückgezahlt wird aber der volle Nennbetrag des Wertpapiers. Die Differenz ist sein Anlageertrag.

Add

Der Begriff Add wird als positive Anlageempfehlung von verschiedenen Investmentbanken verwendet.

Additional Margin

Siehe: Margin Call.

Ad-hoc

Nach § 15 des Wertpapierhandelsgesetzes müssen Aktiengesellschaften kursbewegende Nachrichten aus dem Unternehmen – etwa die Übernahme einer anderen AG – als Ad-hoc-Meldungen veröffentlichen. Die AG muss vor der Veröffentlichung der berichtspflichtigen Tatsache in einem überregionalen Börsenblatt oder einem elektronischen Informationssystem auch die Börsengeschäftsführung und die Bundesanstalt für Finanzdienstleistungsaufsicht (BaFin) informieren.

Adjustierung

Siehe: Bereinigung.

ADR

ADR steht als Abkürzung für American Depositary Receipt. Dabei handelt es sich um von US-Banken ausgegebene Hinterlegungsscheine, die das Eigentum an Aktien verbriefen. Diese Aktien sind bei der US-Bank hinterlegt. ADRs werden an den US-Märkten wie Aktien gehandelt.

Hintergrund für deutsche Gesellschaften – wie zum Beispiel SAP, Daimler oder BASF – ist es, an US-Börsen zu notieren und dort neue Finanzierungsquellen zu erschließen.

ADS

Die Begriffe American Depositary Receipts (ADR; siehe dort) und American Depositary Shares (ADS) werden fälschlicherweise oft synonym verwendet. ADSs repräsentieren die für den US-Handel emittierten Aktien des ausländischen Unternehmens. Diese werden aber nicht gehandelt, sondern in einem ADR verbrieft. Ein ADR ist ein Zertifikat, das das Eigentum an einem oder mehreren ADS dokumentiert. Gehandelt werden an den US-Börsen die ADRs.

Advance/Decline-Linie (ADL)

Die Advance/Decline-Linie (ADL) ist ein Begriff der Technischen Analyse. Sie gibt Auskunft über die Marktbreite eines Index. Die ADL ist die grafische Darstellung der Kursveränderungen aller Aktien am Markt im Zeitverlauf. Der Advance Decline Index (ADI) drückt die kumulierte Differenz zwischen der Zahl von Aktien aus, die an einem Tag im Kurs gestiegen sind, und der Zahl derer, die an diesem Tag im Kurs gesunken sind. Wenn der Advance-Decline-Index steigt und die ADL fällt, bedeutet dies, dass die Kursavancen des Index nur von wenigen Werten getragen werden. Dies gilt als Warnsignal.

ADX

Der ADX (Average-Directional-Movement-Index) ist ein Indikator der Technischen Analyse. Er hat zwei Funktionen: Zum einen lassen sich mit ihm Stärke und Geschwindigkeit eines Trends messen (notiert er auf einem hohen Niveau, ist auch die Trenddynamik hoch). Des Weiteren gibt er darüber Auskunft, ob sich der Markt momentan in einer Trend- oder Seitwärtsphase befindet.

AEX

AEX ist das Kürzel für den Index der Börse Amsterdam (Niederlande).

AG

Abk. für: Aktiengesellschaft.

Agio (Aufgeld)

Das Agio ist die Differenz zwischen dem Nennwert eines Wertpapiers und dem zu zahlenden höheren Kurs. Das Aufgeld wird zumeist prozentual zum Nennwert ausgedrückt. Die Aktienausgabe ist mit einem Aufgeld üblich, weil hier die Unterpari-Emission verboten ist. Dagegen werden Schuldverschreibungen häufig mit einem Disagio emittiert. Bei Optionsscheinen drückt das Aufgeld aus, um wie viel Prozent der Basiswert bis zur Fälligkeit steigen (Call) beziehungsweise fallen (Put) muss, damit der Optionsschein oder die Option dem Käufer keinen Verlust bringt. Beim Aufgeld wird der Zeitwert eines Optionsscheins zuzüglich des Optionsscheinpreises ins Verhältnis zum Marktpreis des Basiswerts gesetzt.

Airbagzertifikat (Fallschirmzertifikat, Pufferzertifikat)

Zertifikat, das bis zu einer bestimmten Untergrenze Schutz vor Kursverlusten bietet, aber dennoch eine in der Regel unbegrenzte Partizipation an Kurssteigerungen des zu Grunde liegenden Basiswerts gewährleistet. In Abhängigkeit von Faktoren wie Restlaufzeit, Dividendenrendite und Volatilität des Basiswerts kann es allerdings auch dazu kommen, dass der Anleger nicht zu 100 Prozent von Kurssteigerungen des Basiswerts profitiert.

Akkumulieren

Analystensprache für die Einschätzung einer Aktie. Wenn ein Wert mit Akkumulieren eingestuft wird, rechnet der Analyst damit, dass sich die Aktie in den nächsten Monaten besser als der vergleichbare Branchenindex entwickelt. Oftmals sprechen Analysten auch von unterbewerteten Titeln. Diese gelten als preiswerte Papiere. Anleger, die bereits im Besitz solcher Aktien sind, sollten ihren Bestand aufstocken.

Akquisition

Bei Kapitalgesellschaften wird der Kauf eines anderen Unternehmens auch Akquisition genannt.

AktG

Abk. für: Aktiengesetz.

Aktie

Die Aktie ist als gedrucktes Wertpapier eine Urkunde, die ihrem Inhaber (Aktionär) einen Anteil am Grundkapital einer Aktiengesellschaft und damit verbundene bestimmte Eigentumsrechte am Unternehmen verbrieft. Als Miteigentümer ist der Aktionär am Vermögen der AG und somit am wirtschaftlichen Erfolg oder Misserfolg der Gesellschaft unmittelbar beteiligt. Seine Rechte werden durch das Aktiengesetz festgelegt.

Aktienanalyse

Untersuchung und Prognose der Kurs- und Renditeentwicklung von Wertpapieren. Die drei bekanntesten Verfahren der Analyse sind die Fundamentalanalyse, die Chartanalyse und die Portfolioanalyse.

Aktienanleihe

Bei einer Aktienanleihe (auch Aktienandienungsanleihe oder ISP-Anleihe) handelt es sich um eine Hochkuponanleihe mit Tilgungsmöglichkeit in Aktien. Im Unterschied zur Wandelanleihe entscheidet der Emittent und nicht der Anleger darüber, ob die Rückzahlung zum Nennwert oder in Aktien erfolgt.

Aktienbasket

Ein Aktienbasket (Aktienkorb) besteht aus einer vorher festgelegten Anzahl von Aktiengesellschaften, in die nach bestimmten Bedingungen investiert wird. Während der Laufzeit ändert sich – im Gegensatz zu einem Index – bei einem Aktienbasket die Zusammensetzung in der Regel nicht.

Aktienemission

Siehe: Emission.

Aktienfonds

Investmentfonds, deren Vermögen hauptsächlich aus Aktienwerten bestehen, werden Aktienfonds genannt. Aktienfonds bieten bei höherem Risiko größere Chancen auf Wertsteigerung als Rentenfonds. Es wird nach einer Reihe verschiedener Anlageschwerpunkte unterschieden: Beispielsweise gibt es Fonds, die nur Aktien einer bestimmten Branche, eines bestimmten Landes, bestimmter Regionen oder Aktien eines bestimmten Börsenindex erwerben. Gegensatz: Rentenfonds.

Aktiengesellschaft

Die Aktiengesellschaft (AG) ist ein Unternehmen in der Rechtsform einer Kapitalgesellschaft. Im Gegensatz zu Personengesellschaften haften aber die Eigentümer – die Aktionäre – nur mit ihrer Einlage, dem Grundkapital. Die Organe einer AG sind der Vorstand, der Aufsichtsrat und die Hauptversammlung. Die AG ist die typische Unternehmensform für die Verwirklichung von großen wirtschaftlichen Aufgaben, da das Eigenkapital von einer meist größeren Anzahl von Personen aufgebracht wird. Als Rechtsgrundlage für die AG dient das Aktiengesetz.

Aktiengesetz

Das Aktiengesetz (AktG) dient als rechtliche Grundlage für Aktiengesellschaften. Es regelt, wie die verschiedenen Organe einer AG (Hauptversammlung, Aufsichtsrat, Vorstand) zusammenwirken.

Aktienindex

Zusammenfassung bestimmter Aktien zu einem Index, der die Kursentwicklung des Markts im Zeitablauf angibt. Bekannte Indizes sind der deutsche Aktienindex DAX, der amerikanische Dow Jones oder der japanische Nikkei 225.

Aktien-Gewinnrendite

Die Aktien-Gewinnrendite ist eine Kennzahl zur fundamentalen Bewertung von Aktien. Sie berechnet sich aus dem Kehrwert des Kurs-Gewinn-Verhältnisses (KGV).

Aktienkategorien

Aktien lassen sich in verschiedene Sonderformen eingruppieren. Diese legen zum Beispiel die Übertragbarkeit der Aktien fest, welche Rechte der Aktionär hat, oder verdeutlichen, zu welchem Zeitpunkt die Aktien herausgegeben wurden.

Aktienmarkt

Auf dem Aktienmarkt treffen Angebot von und Nachfrage nach Aktien aufeinander. Aktien werden vor allem an Börsen gehandelt. Dort wird hinsichtlich der Strenge der Handelsvorschriften zwischen dem Amtlichen Handel, dem Geregelten Markt und dem Freiverkehr unterschieden. Aber auch außerhalb der Börse (Telefonverkehr) werden Aktien gehandelt.

Aktienoption

Siehe: Option.

Aktienrückkauf

Bei einem Aktienrückkauf kauft eine Aktiengesellschaft ihre eigenen Aktien am Markt zurück. Die AG erhöht damit in der Regel den Kurswert der Papiere – entweder um feindliche Übernahmen zu erschweren oder um die eigenen Aktien bei einem Firmenzukauf als wertvolles Zahlungsmittel zu verwenden.

Aktienrückkaufprogramm

Ein Aktienrückkaufprogramm (englisch: buy-back) ermächtigt eine Aktiengesellschaft zum Erwerb eigener Aktien über die Börse. Das Rückkaufprogramm muss nach deutschem Aktienrecht von der Hauptversammlung genehmigt werden und darf maximal zehn Prozent des Grundkapitals umfassen. Rückkaufprogramme führen für gewöhnlich zu steigenden Kursen.

Aktiensplit

Bei einem Aktiensplit von zum Beispiel eins zu eins gibt es für jede Aktie eine neue. Dadurch erhöht sich der Aktienbestand, der Kurs halbiert sich. Für den Anleger ändert sich nichts: Er hält dann zwei Aktien zum jeweils halb so hohen Kurs wie zuvor.

Aktientausch

Übernahmen von Aktiengesellschaften erfolgen meist nicht mit einer Barzahlung, sondern per Aktientausch. Dabei wird den Aktionären der zu übernehmenden Gesellschaft ein Angebot gemacht, in dem das Austauschverhältnis geregelt ist. Es besagt, wie viele Aktien der kaufenden Gesellschaft dem Eigentümer einer Aktie des anderen Unternehmens zustehen.

Aktienzertifikate

Aktienzertifikate sind Bescheinigungen, die für hinterlegte Aktien ausgestellt werden (in der Regel von Banken), wenn der Handel der Aktien selbst nicht möglich ist oder durch Zertifikate erleichtert wird.

Aktienzusammenlegung

Eine Aktienzusammenlegung (auch vereinfacht Kapitalherabsetzung genannt) wird vor allem als Sanierungsmaßnahme eingesetzt. Im Anschluss an die Kapitalherabsetzung erfolgt in der Regel eine Kapitalerhöhung durch die Ausgabe neuer Aktien. Mit dem zweiten Schritt soll frisches Geld in das notleidende Unternehmen fließen. Eine vereinfachte Kapitalherabsetzung bedarf der Drei-Viertel-Mehrheit der Hauptversammlung.

Aktionär

Ein Aktionär ist Miteigentümer einer Aktiengesellschaft. Das Anteilsrecht wird durch die Aktie verbrieft. In der Regel hat der Aktionär einen Anspruch auf Dividende, auf den Bezug neuer Aktien bei Kapitalerhöhungen, ein Recht auf den anteilsmäßigen Liquiditationserlös bei Auflösung der Gesellschaft und ein Stimmrecht auf der Hauptversammlung.

Aktiver Fonds

Der Manager versucht besser zu sein als zum Beispiel der DAX und analysiert alle Aktien vor dem Kauf genau.

All-Ordinaries-Index

Der All-Ordinaries-Index ist die Bezeichnung für den Index der Börse in Sydney (Australien).

Allokation

Begriff aus der Volkswirtschaftslehre und Wirtschaftstheorie. Unter Allokation wird die Zuweisung von Gütern und Faktoren im Hinblick auf Personen und Produktionsprozesse verstanden. In Marktwirtschaften wird die Allokation in erster Linie über Güter- und Faktorpreise (Preismechanismus) bestimmt.

Allzeithoch

Der historisch höchste an der Börse festgestellte Kurs eines Finanzwerts. Oft wird auch der englische Begriff All-Time-High verwendet. Das Allzeithoch ist vor allem interessant, um zu sehen, wie weit der Wert momentan von seinem Höchststand entfernt ist. Gegensatz: Allzeittief.

Allzeittief

Der historisch tiefste an der Börse festgestellte Kurs eines Finanzwerts. Oft wird auch der englische Begriff All-Time-Low verwendet. Das Allzeittief ist vor allem interessant, um zu sehen, wie weit der Wert momentan von seinem Tiefstand entfernt ist. Gegensatz: Allzeithoch.

Altersquotient

Er gibt an, wie viele Rentner von jeweils 100 Erwerbstätigen über die gesetzliche Rentenkasse finanziert werden.

Alpha, weighted

Alpha ist eine Maßeinheit, die angibt, um welchen Betrag (oder Prozentsatz) eine Aktie über einen bestimmten Zeitraum (für gewöhnlich ein Jahr) gestiegen oder gefallen ist. Die länger zurückliegenden Kursveränderungen werden dabei schwächer gewichtet als die aktuellen Bewegungen. Lässt sich die jeweilige Aktie gezielt einem Index zuordnen, wird dessen Performance von dem Kurszuwachs (oder Verlust) der Aktie subtrahiert.

Alte Aktien

Aktien werden als alte Aktien bezeichnet, wenn eine AG im Rahmen einer Kapitalerhöhung neue Aktien herausgegeben hat, die den Altaktien noch nicht gleichgestellt sind. Gegensatz: Junge Aktien.

American Depositary Receipt

Abk. für/siehe dort: ADR.

American Depositary Shares

Abk. für/siehe dort: ADS.

American Stock Exchange (Amex)

Die Amex ist eine amerikanische Wertpapierbörse mit Sitz in New York, der im Vergleich zur Nyse und Nasdaq aber eine geringere Bedeutung zukommt.

Amerikanische Option

Bei einer amerikanischen Option kann der Inhaber der Option (Optionskäufer) das Optionsrecht jederzeit während der gesamten Laufzeit der Option ausüben. Im Gegensatz dazu kann die europäische Option nur am Laufzeitende ausgeübt werden.

Amerikanisches Verfahren

Siehe: Zinstender.

Am Geld

Eine Option befindet sich at the money (am Geld), wenn der Basispreis in etwa dem gegenwärtigen Marktkurs des zu Grunde liegenden Basisinstruments entspricht.

Amortisation

Tilgung eines geschuldeten Betrags nach einem Tilgungsplan, der im Voraus festgelegt wurde. Amortisation ist auch die spezielle Bezeichnung für die Rückzahlung von Schuldverschreibungen auf Basis der Emissionsbedingungen.

Amtlicher Handel

Der Amtliche Handel umfasst die zur amtlichen Notierung zugelassenen Wertpapiere. Um für den Amtlichen Handel freigegeben zu werden, müssen die Aktiengesellschaften bestimmten Publizitätspflichten nachkommen. Gegensatz: Freiverkehr.

Amtlicher Makler

Siehe: Makler.

Analyst

Ein Analyst ist ein Experte, der Prognosen über die weitere Entwicklung einer Aktie abgibt. Er bedient sich hierbei der Fundamentalanalyse und/oder der Technischen Analyse.

Andienungsmonat

Siehe: Kontraktmonat.

Andienungsrecht

Der Käufer eines Puts (Optionsschein oder Option) bezahlt die Optionsprämie und sichert sich damit das Optionsrecht. Dieses gewährt ihm, am oder bis zum Laufzeitende den zu Grunde liegenden Basiswert zu einem festgelegten Preis (Basispreis) zu verkaufen.

Anfangskurs

Siehe: Eröffnungskurs.

Anlageberatung

Siehe: Vermögensberatung.

Anlagehorizont

Als Anlagehorizont wird der Zeitraum verstanden, in dem ein Investor eine Anlage in seinem Besitz hält. Generell wird zwischen einem kurz-, mittel- und langfristigen Anlagehorizont unterschieden. Als Anhaltspunkte für die verschiedenen Fristen gilt: Kurzfristige Anlagen besitzen eine Haltedauer von wenigen Tagen oder Wochen, mittelfristige Anlagen laufen bis zu ein Jahr, und langfristige Anlagen werden länger als ein Jahr gehalten.

Anlagepolitik

Die Anlagepolitik stellt die grundsätzliche Festlegung der Rahmenbedingungen für die Investition von Finanz- und Vermögenswerten dar. Sie orientiert sich in erster Linie an den Möglichkeiten, Zielen und Neigungen des Anlegers. Generell wird zwischen einer konservativen, wachstumsorientierten und spekulativen Anlagepolitik unterschieden.

Anlagestrategie

Gemäß der Anlagestrategie werden Finanz- und Vermögenswerte in verschiedenen Anlagen investiert. Die Anlagestrategie orientiert sich dabei an der jeweiligen Anlagepolitik. Während die Anlagepolitik die grundsätzlichen Rahmenbedingungen (konservativ, spekulativ) vorgibt, berücksichtigt die Anlagestrategie die momentane Marktsituation, um die definierten Anlageziele zu erreichen. Dazu gehört die Auswahl der Finanzinstrumente (zum Beispiel Aktien, Anleihen, Fonds und Derivate).

Anlagestreuung

Siehe: Diversifikation.

Anlagetyp

Beschreibt, welche Einstellung der Einzelne bei der Geldanlage hat – also: Steht für ihn Sicherheit an erster Stelle, oder wie hoch ist das Risiko, das er eingehen will?

Anlagezertifikate

Anlagezertifikate sind Wertpapiere, die die Teilnahme an der Kursentwicklung der entsprechenden Basiswerte (zum Beispiel Aktien oder Indizes) verbriefen. Anlagezertifikate sind in ihrer Laufzeit begrenzte oder unbegrenzte, von Banken begebene Anleihen ohne laufende Erträge und mit einem definierten Rückzahlungsbetrag, der an den Kurs von einem oder mehreren Basiswerten gekoppelt ist.

Anlageziel

Damit ist nicht gemeint, einen möglichst hohen Gewinn zu erzielen, sondern vielmehr der Zweck, für den das vermehrte Kapital in der Zukunft verwendet werden soll.

Anleihe

Sammelbegriff für verzinsliche Schuldverschreibungen mit fest vereinbarter Laufzeit. Als Emittenten treten sowohl Einrichtungen der öffentlichen Hand (zum Beispiel Bund, Länder und Gemeinden) als auch private Unternehmen (Industrieobligationen, Industrieanleihen, also Corporate Bonds) auf. Anleihen sind eine günstige Finanzierungsalternative von Investitionsvorhaben gegenüber einer herkömmlichen Bankfinanzierung. Die Zeitspanne zwischen dem Verzinsungsbeginn einer Emission und der Rückzahlung (Tilgung) bezeichnet man als Laufzeit des Wertpapiers. Ist ein Teil der Laufzeit bereits abgelaufen, so bezeichnet man den bis zur Tilgung noch verbleibenden Zeitraum als Restlaufzeit.

Anleihe, nachrangig

Eine nachrangige Anleihe ist eine Anleihe, bei der die Gläubiger (die Inhaber der Anleihe) im Fall einer Insolvenz (Konkurs) des Emittenten hinter die Ansprüche aller übrigen Gläubiger zurücktreten müssen. Damit steigt das Risiko, dass die Inhaber von nachrangigen Anleihen im Insolvenzfall nicht mehr bedient werden können. Für dieses höhere Ausfallrisiko zahlt der Emittent für gewöhnlich eine Risikoprämie in Form einer höheren Verzinsung.

Anleihenmarkt

Auf dem Anleihenmarkt treffen Angebot von und Nachfrage nach festverzinslichen Wertpapieren aufeinander. In der Regel findet Anleihenhandel in einem Teilbereich von Wertpapierbörsen statt. Aber auch außerhalb der Börse – etwa per Telefon – werden Anleihen gehandelt.

Annualisiert

Der Begriff Annualisiert bedeutet, dass zwischenjährige Daten (Veränderungsraten, Zinszahlungen) auf ein komplettes Jahr hochgerechnet werden.

Annuitätenanleihe

Eine Annuitätenanleihe ist ein festverzinsliches Wertpapier, das durch gleich bleibende periodische Annuitäten (Jahreszahlung), die sich aus den Zins- und Tilgungsraten zusammensetzen, an den Eigentümer zurückgezahlt wird.

Anrechnungsverfahren

Siehe: Halbeinkünfteverfahren.

Anrecht

Siehe: Bezugsrecht (BR).

Anteilseignerkontrolle

Die Absicht des Erwerbs bedeutender Beteiligungen ist anzeigepflichtig. Die Anteilseignerkontrolle durch das Bundesaufsichtsamt für das Kreditwesen (BAKred) ist ein Standardverfahren, das dann zum Einsatz kommt, wenn ein Anleger seinen Anteil an einer Bank deutlich erhöhen will. Laut Gesetz kann das Aufsichtsamt den beabsichtigten Erwerb einer bedeutenden Beteiligung oder deren Erhöhung unter bestimmten Voraussetzungen innerhalb von drei Monaten untersagen.

Anteilspreis

Der Kurs eines Fonds bestimmt sich nach dem Wert des gesamten Fondsvermögens, dem so genannten Inventarwert oder Net Asset Value (NAV), geteilt durch die Anzahl der ausgegebenen Anteile. Mit dem Kauf eines Anteils wird der Anleger Miteigentümer am Fondsvermögen und hat einen Anspruch auf Gewinnbeteiligung und Rückgabe seiner Anteile zum jeweils gültigen Anteilspreis, der daher auch Rücknahmepreis genannt wird. Der Ausgabepreis setzt sich aus dem Anteilspreis und dem regulären Ausgabeaufschlag zusammen.

Antizyklisch

Bezeichnung für das Handeln gegen den Trend. Wenn eine Aktie fällt, deutet dies darauf hin, dass es für den Wert mehr Verkäufer als Käufer gibt. Der antizyklisch agierende Anleger kauft in den fallenden Markt und hofft, dass die Kurse wieder steigen. Er ist der Ansicht, dass die Masse falsch liegt, und versucht, davon zu profitieren. Gegensatz: Prozyklisch.

Arbitrage

Das Ausnutzen unterschiedlicher Kurse beim gleichzeitigen Kauf und Verkauf von Waren an verschiedenen Märkten (Börsen), in verschiedenen Kontraktmonaten (im Terminmarkt), zwischen Kassa- und Terminmarkt oder von unterschiedlichen, aber zueinander bezogenen Waren.

Arbitrageur

Händler an der Börse, der sich besonders mit der Arbitrage bei Wertpapieren oder Devisen befasst.

AROON-Indikator

Der AROON besteht aus zwei Linien: Die AROON-Up-Linie misst die Tage, die seit dem letzten Hoch des Kurses vergangen sind, die AROON-Down-Line die Tage seit dem letzten Tief. Die Linien bewegen sich in einer Skala zwischen 0 und 100. Kommt es zum Beispiel zu einem neuen 14-Tage-Hoch, würde der 14er-AROON-Up den Wert 100 annehmen (der AROON-Down bei einem 14-Tage-Tief).

Arrondieren

Wenn ein Anleger durch Zu- oder Verkauf die Anzahl eines bestimmten Wertpapiers in seinem Depot auf eine runde Zahl stellt, etwa genau auf 100 Siemens-Aktien, wird dies als arrondieren bezeichnet.

AS-Fonds

Der Begriff AS-Fonds steht als Abkürzung für Altersvorsorge-Sondervermögen-Fonds. Diese dienen der Alterssicherung und dürfen in Aktien,

Anleihen und Immobilien investieren. Sie unterliegen speziellen Anlagevorschriften.

Ask

Ask (Angebot oder Briefkurs) ist der Preis, zu dem ein Marktteilnehmer bereit ist, ein Wertpapier zu verkaufen.

Asset

Angelsächsische Bezeichnung für Vermögenswerte; eigentlich Aktiva in der Bilanz.

Asset Allocation

Angelsächsische Bezeichnung für: Vermögensaufteilung. Asset Allocation ist die Aufteilung von Vermögen auf verschiedene Anlageformen wie Aktien, Anleihen, Rohstoffe oder Immobilien.

Asset Backed Securities

Bei Asset Backed Securities (ABS) handelt es sich um mit Vermögensgegenständen (Assets) unterlegte (Backed) Wertpapiere (Securities). ABS sehen in ihrer Grundform die Veräußerung des Forderungsbestands eines Unternehmens oder eines Kreditinstituts an eine eigens dafür gegründete Gesellschaft vor.

Asset Management

Angelsächsische Bezeichnung für Vermögensverwaltung

Assetklasse

Als Assetklasse bezeichnet man das Anlagesegment, in dem investiert wird, zum Beispiel Aktien, Fonds, Renten oder Immobilien.

Assignment

Siehe: Zuteilung.

At the market

Bezeichnung im Terminmarkt: Nach Erteilung einer Kauf- oder Verkaufsorder muss diese unverzüglich zum bestmöglichen, gegenwärtigen Marktkurs ausgeführt werden.

At-the-money-Option

Eine Option befindet sich at the money (am Geld), wenn der Basispreis in etwa dem gegenwärtigen Marktkurs des zu Grunde liegenden Basisinstruments entspricht.

ATX

Abk. für: Austrian-Traded-Index (Börse Wien).

au, ausg. (ausgesetzt)

Kurszusatz au, ausg.: ausgesetzt. Die Aktie war am betreffenden Handelstag vom Börsenhandel ausgeschlossen. Es fand kein Handel statt.

Aufgeld

Siehe: Agio.

Auflösen

Siehe: Glattstellung.

Aufschwung(phase)

Siehe: Hausse.

Aufsichtsrat

Bei Aktiengesellschaften ist der Aufsichtsrat das Kontrollorgan des Unternehmens. Seine Pflicht ist es, die Geschäftsführung zu überwachen. Der Aufsichtsrat muss aus mindestens drei Mitgliedern bestehen. Eine höhere Anzahl von Mitgliedern muss durch drei glatt teilbar sein.

Aufstocken

Siehe: Akkumulieren.

Auftrag

Siehe: Order.

Aufwärtstrend

Siehe: Hausse.

Aufwertung

Eine Aufwertung eines Wechselkurses durch die Notenbank sorgt für eine Erhöhung des Außenwerts einer Währung, wodurch Exporte verteuert und Importe billiger werden. Gegensatz: Abwertung.

Auktion

Die Auktion (auch Auktionsprinzip) ist eine Form der Preis- beziehungsweise Kursfindung für Wertpapiere, speziell für Aktien. Dabei werden alle limitierten und unlimitierten Kauf- und Verkaufsaufträge zu einem Wertpapier gesammelt und einander gegenübergestellt. Der Auktionspreis wird dabei nach dem Meistausführungsprinzip festgestellt. Es wird also der Preis ermittelt, der den größten Umsatz generiert.

Auktionsverfahren

Das Auktionsverfahren ist eine relativ neue Möglichkeit, Neuemissionen zu platzieren. Unter Beachtung einer Mindestsumme geben die Zeichner ihre Gebote in einer Höhe ab, die sie für angemessen halten. Beginnend beim höchsten Gebot werden die Papiere zu vollem Ordervolumen in fallender Reihenfolge verteilt. Das Geld, das für die letzte noch verfügbare Aktie zu zahlen ist, bestimmt den Emissionspreis. Andere Platzierungsmöglichkeiten sind das Festpreis- oder das Bookbuilding-Verfahren.

Aus dem Geld

Finanzterminologie bei Optionen und Optionsscheinen: Ein Call ist aus dem Geld, wenn der Basispreis über dem Kurs des zu Grunde liegenden Basiswerts liegt. Ein Put ist aus dem Geld, wenn der Basispreis unter dem Kurs des zu Grunde liegenden Basiswerts liegt. Gegensatz: Im Geld.

Ausgabeaufschlag

Beim Verkauf von Investmentfondsanteilen durch eine Fondsgesellschaft wird auf die Anteile für gewöhnlich ein Ausgabeaufschlag erhoben. Der Ausgabeaufschlag kann je nach Fondsart bis zu fünf Prozent betragen und dient hauptsächlich zur Deckung der Beratungs- und Vertriebskosten.

Ausgabekurs

Siehe: Emissionspreis.

Ausgleichen

Siehe: Glattstellen.

Austrian-Traded-Index

Der Austrian-Traded-Index ist der Index der Börse Wien.

Auszahlungsplan

Der Auszahlungsplan ist eine vertragliche Vereinbarung zwischen einem Sparer (Anleger) und einem Finanzinstitut (Bank, Fonds, Versicherung), welche die Höhe und Häufigkeit von regelmäßigen Auszahlungen (Entnahmen) aus einem Anlageprodukt regelt.

Ausübung

Begriff aus der Optionsterminologie: Eine Ausübung liegt vor, wenn der Käufer eines Calls die Lieferung des Basiswerts oder der Käufer eines Puts die Abnahme des Basiswerts verlangt. Nur Käufer von Optionsscheinen und Optionen haben das Anrecht auf Ausübung. Verkäufer (Stillhalter) nehmen dagegen eine passive Rolle ein.

Ausübungsanzeige

Wenn der Inhaber einer Option sein Optionsrecht ausüben möchte, muss er dies der Börse mitteilen. Die Mitteilung wird Ausübungsanzeige genannt. Die Börse ihrerseits sucht eine Gegenposition zu der des Optionsinhabers (Verkäufer der identischen Option), sodass das Optionsrecht erfüllt werden kann.

Ausübungspreis

Siehe: Basispreis.

Authorized Shares

Der Begriff Authorized Shares bezeichnet die maximale Anzahl von Aktien, die eine US-Gesellschaft emittieren kann. Die Zahl ist im Statut der Gesellschaft festgelegt und kann mit Genehmigung der Aktionäre erhöht werden.

Außerbörslicher Handel

Der außerbörsliche Handel ist eine Form des Wertpapierhandels, der jenseits der ordentlichen Börsenzeiten stattfindet und nicht in den offiziellen Räumen der Börse getätigt werden darf. Er kann sowohl vor- als auch nachbörslich erfolgen. Vor allem Banken, Versicherungen und Investmentgesellschaften nutzen den außerbörslichen Handel zur telefonischen Abwicklung von Geschäften.

Außerordentliche Hauptversammlung

Bei wichtigen Anlässen – wie etwa einer geplanten Fusion – kann der Vorstand einer Aktiengesellschaft neben der einmal pro Jahr stattfindenden ordentlichen Hauptversammlung eine außerordentliche Hauptversammlung einberufen. Auch die Aktionäre können bei berechtigtem Interesse eine außerordentliche Hauptversammlung anfordern. Voraussetzung dafür ist, dass die Aktionäre mindestens fünf Prozent des Grundkapitals halten.

Average Rate Warrant

Bei dieser Optionsscheinvariante ist nicht der Kurs des Basisobjekts am Laufzeitende relevant, sondern der Durchschnitt (Average) während der Laufzeit. Bei Fälligkeit wird die Differenz zwischen diesem Durchschnitt und dem Basispreis ausbezahlt.

Average Strike Warrant

Optionsschein, dessen Basispreis zum Zeitpunkt der Emission noch nicht feststeht. Am Laufzeitende werden der Durchschnittskurs des Basisobjekts während der Laufzeit errechnet und die Differenz zwischen diesem Durchschnitt und dem aktuellen Kurs des Basisobjekts ausbezahlt.

B

b (bezahlt)

Kurszusatz: b, bz, bez oder ohne Zusatz. Ausgeglichenes Angebots-Nachfrage-Verhältnis zum notierten Kurs. Alle unlimitierten Aufträge wurden ausgeführt, zusätzlich auch alle zum und über dem ermittelten Kurs limitierten Kauforders sowie alle zum oder unter dem Kurs limitierten Verkaufsorders.

B (Brief)

Kurszusatz: Brief, Angebot. Zum genannten Kurs lag lediglich Angebot für das betreffende Wertpapier vor. Es gab aber keine oder nur geringfügige Nachfrage zu einem vertretbaren Kurs.

B2B

B2B steht als Abkürzung für Business-to-Business und bezeichnet den Internethandel zwischen Unternehmen. Gegensatz: C2C.

B2C

B2C steht als Abkürzung für Business-to-Consumer und bezeichnet den Internethandel zwischen Unternehmen und Verbrauchern. Gebräuchlich ist ebenfalls der Begriff E-Tailing, in Anlehnung an Retailing (Einzelhandel).

Backwardation

Der Preis eines Futures ist niedriger als der Kassapreis. Das Gegenteil (Preis des Futures höher als der Kassapreis) ist Contango.

BaFin

Abk. für: Bundesanstalt für Finanzdienstleistungsaufsicht. Die BaFin vereint die Geschäftsbereiche der ehemaligen Bundesaufsichtsämter für das

Kreditwesen (BaKred, Bankenaufsicht), für das Versicherungswesen (Versicherungsaufsicht) sowie für den Wertpapierhandel (BaWe, Wertpapieraufsicht/Asset-Management) in sich und führt diese weiter. Die BaFin ist eine rechtsfähige, bundesunmittelbare Anstalt des öffentlichen Rechts im Geschäftsbereich des Bundesministeriums der Finanzen.

Baisse

Eine Baisse bezeichnet einen Zeitraum längerer Kursverluste an der Börse. Manchmal werden auch – eigentlich fälschlicherweise – schwache Tagestendenzen als Baisse bezeichnet. Der Begriff stammt aus dem Französischen. Gegensatz: Hausse.

Baisse Spread

Siehe: Bear Spread.

Baissier

Der Baissier erwartet fallende Kurse. Damit nimmt er die gegenteilige Meinung und Position des Haussiers ein. Baissier leitet sich von Baisse ab.

BaKred

Abk. für: Bundesaufsichtsamt für das Kreditwesen. Siehe auch: BaFin

Balanced Scorecard

Die Balanced Scorecard, der ausgewogene Berichtsbogen, ist ein Instrument der Leistungsmessung. Sie soll anhand einer durchgängig wertorientierten Unternehmenssteigerung effektive Steuerungsansätze für Unternehmen liefern. Dabei wird das Unternehmen aus vier verschiedenen Perspektiven (Kunden, Finanzwirtschaft, Geschäftsprozesse, Mitarbeiter/Lernen) betrachtet.

Bandbreite

Der Bereich zwischen einer Ober- und Untergrenze, in dem die Kurse schwanken können.

Bandbreiten-Optionsschein

Optionsschein, der mit einer festgelegten Kursbandbreite (Range) ausgestattet ist. In der Regel erhält der Inhaber für jeden Tag, an dem sich das Basisobjekt innerhalb dieser Bandbreite bewegt, einen bestimmten Geldbetrag. Bandbreiten-Optionsscheine gibt es in verschiedenen Ausstattungsvarianten, so zum Beispiel mit fixen und flexiblen Ranges und mit oder ohne Kursobergrenze bzw. -untergrenze.

Bär

Ein Bär ist ein Börsenpessimist, der von fallenden Kursen ausgeht. Der Gegenbegriff ist der Bulle. Wie die Symbolik entstanden ist, weiß niemand. Eine gängige Erklärung ist: Ein Bulle stößt mit seinen Hörnern die Kurse nach oben, während der Bär sie mit seinen Tatzen nach unten drückt.

Barausgleich (Cash Settlement)

Bei der Ausübung des Kauf- oder Verkaufsrechts eines Optionsscheins gibt es grundsätzlich zwei Möglichkeiten. Die eine ist, dass tatsächlich das Basisinstrument, zum Beispiel eine Aktie, gekauft oder verkauft wird. Die andere ist der sogenannte Barausgleich. Hierbei erhält der Käufer die Kursdifferenz zwischen dem Basispreis des Optionsscheins und dem Kurs des Basisinstruments am Ausübungstag in bar ausgezahlt.

Bar Chart (Balkenchart)

Begriff aus der Charttechnik: Im Englischen bedeutet Bar Balken; für jeden Börsentag wird in der Grafik ein senkrechter Balken eingezeichnet, wobei die Länge des Balkens dem täglichen Kursschwankungsbereich (Höchst- und Niedrigstkurs) entspricht. Ein kurzer, waagrechter Strich, an der linken Seite des Balkens angehängt, kennzeichnet den Eröffnungskurs, an der rechten Seite angehängt den Schlusskurs. Nach einigen Tagen ergibt sich in der Grafik ein bestimmtes Muster, das Fachleute für ihre Preisvorhersage auswerten.

Bardividende

Die Bardividende entspricht dem ausgeschütteten Gewinn einer Aktiengesellschaft nach Abzug der körperschaftsteuerlichen Belastungen. Gegensatz: Bruttodividende.

Bärenfalle

Bärenfalle ist ein umgangssprachlicher Begriff aus der technischen Wertpapieranalyse. Damit wird ein Verkaufssignal bezeichnet, das sich als falsch (Fehlsignal) erweist. Der Bär spekuliert auf fallende Kurse und tappt in die Falle, weil der erhoffte Kursrückgang nicht eintritt. Gegensatz: Bullenfalle: Ein falsches Kaufsignal.

Barreserve

Siehe: Liquidität.

Barrier Warrant

Sammelbezeichnung für mit einer Kursschwelle (Barrier) ausgestattete Optionsscheine. Je nach Optionsbedingungen führt das Unter- oder Überschreiten dieser Kursschwelle zum Verfall oder dazu, dass eine Auszahlung an den Inhaber fällig wird.

Barwertmethode

Siehe: Discounted-Cashflow.

Bär-Zertifikat (Bear-Zertifikat)

Indexzertifikat, mit dem Anleger ohne Hebelwirkung auf fallende Kurse setzen können. Bär-Zertifikate haben einen hohen Basispreis, zum Beispiel 10.000 DAX-Punkte. Der Kurs errechnet sich aus Basis minus aktuellem Indexstand (unter Berücksichtigung des Bezugverhältnisses). Fällt der zu Grunde liegende Index, steigt der Wert des Bär-Zertifikats.

Basis

Als Basis wird die Differenz zwischen Futures- und Kassapreis bezeichnet. Kassa – Futures = Basis. Normalerweise ist die Basis negativ, der Futures-Kurs liegt also über dem Kassakurs. Dies liegt an den Carrying Charges.

Basisinstrument

Bei Termingeschäften benennt das Basisinstrument – auch Basiswert genannt – das dem Optionsgeschäft zu Grunde liegende Wertpapier.

Basispreis

Bei Abschluss einer Kaufoption wird vereinbart, zu welchem Basispreis Wertpapiere, Waren oder Future-Kontrakte der Käufer vom Verkäufer beziehen kann oder im Falle einer Verkaufsoption der Käufer dem Verkäufer liefern darf.
Siehe auch: Finanzierungslevel.

Basispunkt

Maß für die Kurs- oder Renditeveränderung eines Finanzinstruments. Entspricht dem hundertsten Teil eines Prozentpunkts.

Basistender

Refinanzierungsgeschäft der Zentralbank, das einmal im Monat mit einer Laufzeit von drei Monaten angeboten wird. Der Basistender hat den Diskontkredit ersetzt, den es seit dem Euro-System nicht mehr gibt. Er orientiert sich mit seiner dreimonatigen Laufzeit an der Wechseldiskontpolitik der Deutschen Bundesbank und ermöglicht vor allem kleineren Banken in Deutschland eine etwas längerfristige Zentralbankgeldversorgung.

Basiswert

Der Wert, auf den sich eine Option oder ein Future bezieht. Der Basiswert wird auch als Kontraktwert, Underlying oder zu Grunde liegender Wert bezeichnet. Für gewöhnlich dienen Wertpapiere, Indizes, Währungen, Zinsinstrumente und Rohstoffe als Basiswert. An sich können jedoch alle Werte, die einer Veränderung unterliegen, als Basiswert dienen. So gibt es auch Futures auf das Wetter.

Basket

Aus mehreren verschiedenen Aktien zusammengesetzter „Korb“, der als Basisinstrument eines Optionsscheins oder eines Zertifikats dient.

Bausparen

Der Vertrag besteht aus zwei Phasen. Zunächst wird das Mindestguthaben angespart. Danach kann der Bausparer ein Darlehen in Anspruch nehmen. Spar- und Kreditzinsen stehen für die gesamte Laufzeit fest.

BaWe

Abk. für: Bundesaufsichtsamt für den Wertpapierhandel. Siehe auch: BaFin.

BB (bezahlt Brief)

Kurszusatz: bezahlt Brief. Zum ermittelten Kurs wurden alle unlimitierten Aufträge ausgeführt, ebenso die zum ermittelten Kurs oder höher limitierten Kaufaufträge. Die zum festgestellten Kurs limitierten Verkaufsaufträge wurden nur teilweise ausgeführt, aber alle niedriger limitierten Verkaufsaufträge.

Bear (Bär)

Bear kommt aus dem Englischen und heißt Bär. Der Bär steht an der Börse als Symbol für fallende Kurse. Das Symbol für steigende Kurse ist dagegen der Bulle.

Bear-Call-Spread

Optionsstrategie, bei der gleichzeitig ein Call mit hohem Basispreis gekauft und ein Call mit niedrigerem Basispreis verkauft wird. Beide Optionen unterscheiden sich ausschließlich hinsichtlich ihres Basispreises, das heißt, dass sie den gleichen Basiswert, die gleiche Laufzeit und dergleichen besitzen. Der größtmögliche Profit entspricht der erhaltenen Nettoprämie (erhaltene Prämie minus bezahlte Prämie), während der größtmögliche Verlust durch Subtrahieren der Nettoprämie von der Differenz zwischen hohem Basispreis und niedrigem Basispreis berechnet wird (hoher Basispreis minus niedriger Basispreis abzüglich der erhaltenen Nettoprämie). Ein Bear-Call-Spread sollte eingegangen werden, wenn niedrige Kurse erwartet werden.

Bearish

Bearish ist der angelsächsische Ausdruck für eine negative Grundeinstellung der Marktteilnehmer. Es wird mit fallenden Kursen gerechnet. Gegensatz: Bullish.

Bearish Engulfing

Begriff aus der Technischen Analyse: Verkaufsformation im Kerzenchart, die zwei Handelstage zur Ausbildung benötigt. Sie tritt nur nach Aufwärtsbewegungen auf. Am ersten Tag findet eine Rally statt: Die Kurse steigen stark, was eine lange weiße Kerze zur Folge hat. Am zweiten Tag eröffnet der Markt oberhalb des Vortagesschlusskurses, fällt jedoch unter das Niveau des Eröffnungskurses des ersten Tags. Als Resultat ergibt sich im Chart eine lange schwarze Kerze, deren Körper den der weißen Kerze komplett einhüllt (engl. einhüllen = to engulf). Meistens fallen die Kurse weiter, zumindest findet eine Konsolidierung statt.

Bear Market

Bear Market (Bärenmarkt) ist der angelsächsische Ausdruck für einen Markt mit fallenden Kursen. Gegensatz: Bull Market.

Bear-Put-Spread

Der Kauf eines Put mit einem hohen Basispreis beim gleichzeitigen Verkauf eines Put mit einem niedrigen Basispreis in der Erwartung fallender Kurse. Der höchstmögliche Gewinn wird wie folgt berechnet: (hoher Basispreis – niedriger Basispreis) – Nettoprämie. Der größtmögliche Verlust ist die bezahlte Nettoprämie.

Bear Spread

Der Bear Spread wird kombiniert aus dem Verkauf eines nahen Futures-Kontraktmonats mit dem gleichzeitigen Verkauf eines entfernten Futures-Kontraktmonats. Diese Handelsstrategie wird verwendet, wenn ein kurzer, starker Kursverfall erwartet wird. Der kürzere Kontraktmonat reagiert auf kurzfristige Kursbewegungen sensibler als der längere Kontraktmonat. Die Differenz entspricht dem Gewinn eines Bear Spread. Mit Optionen: Ein Bear Spread kann sowohl mit Calls (siehe Bear-Call-Spread) als auch mit Puts (siehe Bear-Put-Spread) konstruiert werden. Grundsätzlich erwartet der Anleger fallende Kurse. Um aus dieser Erwartung einen begrenzten Gewinn bei begrenztem Risiko davonzutragen, wird gleichzeitig eine Option mit hohem Basispreis gekauft und eine Option mit niedrigem Basispreis verkauft.

Bear-Zertifikat

Zertifikat, das an Wert zulegt, wenn der Kurs oder Preis des Basisobjekts sinkt.

Begebung

Siehe: Emission.

Behavioral Finance

Die verhaltensorientierte Kapitalmarktforschung untersucht Ökonomie und Psychologie.

Beige Book

Die US-Notenbank Fed veröffentlicht achtmal im Jahr einen Bericht über die wirtschaftliche Situation der Vereinigten Staaten. Er enthält Informationen zu Wirtschaftswachstum und Preisentwicklung in den verschiedenen Regionen der USA.

Belegschaftsaktien

Aktiengesellschaften bieten ihren Mitarbeitern häufig Aktien der eigenen Firma zum Erwerb an, um diese stärker an das Unternehmen zu binden. Der Preis dieser Belegschaftsaktien liegt üblicherweise unter dem aktuellen Börsenkurs. Trotzdem genießen Belegschaftsaktionäre die gleichen Rechte wie jeder andere Aktionär, sie sind also Miteigentümer des Unternehmens, bei dem sie beschäftigt sind. Meist ist Bedingung, dass die Belegschaftsaktien für einen bestimmten Zeitraum gehalten werden und in dieser Zeit nicht verkauft werden dürfen.

Benchmark

Als Benchmark wird in der Regel ein Referenz- oder Vergleichswert bezeichnet, der zur besseren Beurteilung des Erfolgs einer Anlage herangezogen wird. Dabei handelt es sich meist um einen Index, etwa um den Deutschen Aktienindex DAX.

Benmax

Benmax ist die Abkürzung für einen vom Wertpapierdienstleister Bloomberg berechneten Aktienindex, der sich aus 50 europäischen Wachstumsaktien zusammensetzt (Bloomberg European New Markets 50 Index).

Beobachtungstage

Börsentage, an denen Kursstände von Basisinstrumenten im Verlauf oder als Schlussstand zur Ermittlung von Rückzahlungsmodalitäten von Zertifikaten festgehalten werden.

Bereinigung

1. Durch die Bereinigung (Adjustierung) von Aktienkursen soll die Vergleichbarkeit zwischen Werten hergestellt werden. 2. Bei Konjunkturdaten für ein Quartal werden zum Beispiel saisonale Effekte herausgerechnet, um sie mit dem Vorquartal vergleichen zu können.

Berichtigungsaktien

Berichtigungsaktien erhält ein Aktionär, wenn Rücklagen der Aktiengesellschaft in Grundkapital umgewandelt, also neue zusätzliche Aktien ausgegeben werden. Der Sinn ist, dass der Anteil des einzelnen Aktionärs am Unternehmen auch nach der Kapitalerhöhung gleich bleibt. Der Wert der einzelnen Aktie verringert sich jedoch entsprechend der Anzahl der neu ausgegebenen Aktien.

Bermuda-Optionsschein

Optionsschein-Variante, bei der erst während der Laufzeit bestimmte Termine zur Ausübung des Optionsrechts festgelegt werden.

Berufsunfähigkeitspolice (BU)

Für alle ab 1961 Geborenen im Berufsleben ist sie ein absolutes Muss. Je jünger und gesünder man beim Abschluss der Police ist, desto günstiger sind die Beiträge. Anders als bei anderen Versicherungen sind die Leistungsbedingungen wichtiger als der Preis.

Bestandsprovision

Als Bestandsprovision wird die jährliche Vergütung bezeichnet, die der Vermittler von Fonds von der Investmentgesellschaft erhält.

Bestens

Wer ein Wertpapier bestens verkauft, weist den Händler an, den Verkaufsauftrag unlimitiert auszuführen. Er verkauft das Papier zum höchstmöglichen sofort erzielbaren Kurs. Der Begriff ist irreführend, da insbesondere bei wenig gehandelten Wertpapieren bestens für den Verkäufer oft einen ungünstigen Kurs bedeutet. In diesen Fällen ist es sinnvoll, den Auftrag zu limitieren. Gegensatz: Billigst.

Best-of-Warrant

Optionsschein mit mehreren Basisobjekten, die jeweils mit festen Basispreisen versehen sind. Am Ende der Laufzeit hat der Inhaber das Recht, den Basiswert mit der besten (Best-of-Call) Entwicklung zu kaufen beziehungsweise den mit der schlechtesten Entwicklung zu verkaufen (Best-of-Put). Die Regulierung erfolgt in der Regel durch Barausgleich.

Bestätigungsformation

Die Bestätigungsformation ist ein Begriff aus der Chartanalyse. Sie deutet auf eine Pause oder Konsolidierung bestehender Trends hin. Die nächste Kursbewegung erfolgt in dieselbe Richtung, die der Formation vorausgegangen war. In der Regel dauert die zeitliche Ausbildung einer Bestätigungsformation weniger als drei Monate, oft nur einige Wochen.

Beta-Faktor

Der Beta-Faktor ist ein Risikoindikator, der die Volatilität einer Aktie (zum Beispiel Siemens) im Vergleich zu einem Markt (zum Beispiel DAX) oder Teilmarkt oder Branche zeigt. Beispiel: Für Siemens wurde ein Beta-Faktor von 1,4 errechnet – bei einem Anstieg des DAX um ein Prozent müsste die Siemens-Aktie (bei Gültigkeit des Beta-Faktors für die Zukunft) um 1,4 Prozent ansteigen. Das Gleiche gilt bei Kursrückgängen. Aktien mit einem Beta-Faktor von mehr als eins schwanken stärker als der Markt. Bei einem Beta-Faktor kleiner eins bleiben die Kursausschläge unter dem Index.

Beta-Hedging

Das Risiko einer Aktie besteht aus dem Titelrisiko (Alpha) und dem Marktrisiko (Beta). Durch das Beta-Hedging versucht man – vereinfacht gesagt –, das Marktrisiko auszuschalten, indem man die Aktie kauft und den dazugehörigen Index auf Termin verkauft. Dadurch wird die erwartete Outperformance der Aktie isoliert und das Risiko der Anlage reduziert.

Beteiligungsgesellschaft

Begriff für eine Gesellschaft, an der eine andere Gesellschaft eine Minderheitsbeteiligung besitzt. Die Bezeichnung Beteiligungsgesellschaft ist daher irreführend. Siehe auch: Holdinggesellschaft.

Betriebliche Altersvorsorge

Finanziert wird eine Betriebsrente durch den Arbeitgeber selbst oder durch den Mitarbeiter, indem dieser Teile seines Gehalts umwandeln lässt. Im Alter bezieht der Beschäftigte dann eine lebenslange monatliche Rentenleistung.

Bewertungsniveau

Das Bewertungsniveau drückt aus, ob der Preis für ein bestimmtes Wertpapier – etwa eine Aktie – im Vergleich zu ähnlichen Titeln zu hoch (überbewertet) oder zu gering (unterbewertet) angesetzt ist.

Bezahlt

Kurszusatz, der aussagt, dass auf diesem Kursniveau die komplette Nachfrage befriedigt wurde.

Bezugsangebot

Das Bezugsangebot für junge Aktien nach einer Kapitalerhöhung unterliegt bestimmten Publizitätspflichten. Es muss im Bundesanzeiger, in den Gesellschaftsberichten und in einem Börsenpflichtblatt bekannt gemacht werden.

Bezugsfrist

Die Bezugsfrist ist die Zeitspanne, in der ein Altaktionär seine Bezugsrechte junger Aktien (nach einer Kapitalerhöhung) ausüben kann. Sie muss mindestens zwei Wochen betragen.

Bezugskurs

Der Bezugskurs ist der an der Börse festgestellte Preis, den ein Erwerber für ein Bezugsrecht junger Aktien nach einer Kapitalerhöhung bezahlen muss. Der Bezugskurs richtet sich nach Angebot und Nachfrage und ist unter anderem vom Bezugsverhältnis und vom Kurs der neuen und der alten Aktie abhängig.

Bezugspreis

Siehe: Basispreis.

Bezugsrecht (BR)

Bei Kapitalerhöhungen einer Aktiengesellschaft verbrieft das Bezugsrecht (BR) den Anspruch der Aktionäre auf junge Aktien. Bei Optionen ist das Bezugsrecht das Anrecht des Käufers einer Option auf Lieferung des Basiswerts.

Bezugsrecht, Ausschluss

Gemäß AktG 186 (3) kann das Bezugsrecht ganz oder zum Teil nur im Beschluss über die Erhöhung des Grundkapitals ausgeschlossen werden. In diesem Fall bedarf der Beschluss neben den in Gesetz oder Satzung für die Kapitalerhöhung aufgestellten Erfordernissen einer Mehrheit, die mindestens drei Viertel des bei der Beschlussfassung vertretenen Grundkapitals umfasst. Die Satzung kann eine größere Kapitalmehrheit und weitere Erfordernisse bestimmen. Ein Ausschluss des Bezugsrechts ist insbesondere dann zulässig, wenn die Kapitalerhöhung gegen Bareinlagen zehn Prozent des Grundkapitals nicht übersteigt und der Ausgabebetrag den Börsenpreis nicht wesentlich unterschreitet.

Bezugsrechtshandel

Ein Aktionär hat laut § 186 Aktiengesetz das Recht, bei einer Kapitalerhöhung entsprechend seiner bisherigen Beteiligung am Unternehmen berücksichtigt zu werden. Dieses Recht wird in Bezugsrechten verbrieft. Dabei handelt es sich um Wertpapiere, die an der Börse gehandelt werden. Denn der Aktionär ist nicht gezwungen, sein Recht auszuüben, sondern kann es auch verkaufen.

Bezugsverhältnis

Bei einer Kapitalerhöhung erhalten Altaktionäre das Recht, entsprechend ihrer bisherigen Beteiligung am Unternehmen berücksichtigt zu werden. Ein Bezugsverhältnis von zum Beispiel eins zu drei bedeutet, dass man für eine alte Aktie drei neue Aktien erhält.

bG (bezahlt Geld)

Kurszusatz: bezahlt Geld. Zum ermittelten Kurs wurden alle unlimitierten Aufträge ausgeführt, ebenso alle zum ermittelten Kurs oder niedriger limitierten Verkaufsaufträge. Die zum festgestellten Kurs limitierten Kaufaufträge wurden nur teilweise ausgeführt, aber alle höher limitierten Kaufaufträge.

Bias

Als Bias wird die geldpolitische Einstellung der US-Notenbank zur künftigen Zinspolitik bezeichnet.

Bid

Kurs, zu dem ein Anleger bereit ist, eine bestimmten Anzahl von Wertpapieren zu kaufen. Der englische Ausdruck lautet Bid. Gegensatz: Ask.

Bid-Ask-Spread

Englische Bezeichnung für die Kursdifferenz zwischen Geld- und Briefkurs.

Bilanz

Periodische Gegenüberstellung sämtlicher Aktiva und Passiva eines bestimmten Stichtags. Die Aktivseite der Bilanz gibt Aufschluss über die Verwendung der Mittel (Vermögen), während die Passivseite über die Beschaffung der Mittel (Finanzierung) informiert. Die Gliederung der Bilanz in bestimmte Posten ist Aktiengesellschaften gesetzlich vorgeschrieben.

Bilanzanalyse

Auswertung der Bilanz und Erfolgsrechnung eines Unternehmens.

Bilanzgewinn

Gewinn, der von der Hauptversammlung einer Aktiengesellschaft für die Dividendenausschüttung bestimmt wird.

Bilanzierung nach HGB

Siehe: HGB, Bilanzierung.

Bilanzkurs

Siehe: Buchwert.

Billigst

Zusatz zu einem unlimitierten Kaufauftrag von Wertpapieren. Der Käufer erwirbt die Aktien umgehend zum nächsten niedrigstmöglichen Kurs, also billigst aus der Sicht des Auftraggebers. Das Risiko liegt bei volatilen Märkten oder umsatzschwachen Papieren darin, dass der Investor unter Umständen einen weit höheren Preis als erwartet zahlen muss. Daher ist der Begriff irreführend, da insbesondere bei wenig gehandelten Wertpapieren billigst für den Käufer oft einen ungünstigen Kurs bedeutet. In diesen Fällen ist es sinnvoll, den Auftrag zu limitieren. Gegensatz: Bestens.

Binär-Optionsschein

Mit europäischem Optionsrecht ausgestatteter digitaler Optionsschein.

Binomialmodell

Modell zur Bewertung von Preisen amerikanischer Optionen bzw. von Warrants mit amerikanischem Optionsrecht. In die Bewertung fließen verschiedene Faktoren ein: Kurs des Basisobjekts, Basispreis, Restlaufzeit, Dividende, Zinssatz und Volatilität.

Biotechs

Umgangssprachlicher Begriff für Firmen der Biotechnologiebranche.

BIP

Siehe: Bruttoinlandsprodukt.

Black-Scholes-Modell

Von Fischer Black und Myron Scholes 1973 entwickeltes Grundmodell zur preislichen Bewertung von Optionen europäischen Stils auf Aktien und Indizes.

Blue Chips

Aus dem Amerikanischen übernommene Bezeichnung für Standardaktien oder Standardwerte, die qualitativ hochwertig sind und von großen Unternehmen mit hoher Börsenkapitalisierung und international hohem Ansehen stammen. Sie sind in der Regel in wichtigen nationalen oder internationalen Indizes enthalten wie dem DAX, dem Euro Stoxx 50, dem Dow Jones oder dem Nikkei. Als deutsche Blue Chips werden zum Beispiel die Deutsche Bank, DaimlerChrysler oder die Allianz bezeichnet.

Board of Trade

Siehe: Börse.

Bobl

Abk. für: Bundesobligation.

Bobl-Future

Börsenterminkontrakt auf mittelfristige Bundesschuldverschreibungen (Bundesobligationen). Da Bundesobligationen eine Daueremission der Bundesrepublik Deutschland und der Treuhandgesellschaft sind, gibt es unendlich viele Bundesobligationen mit verschiedenen Laufzeiten. Daher unterliegt dem Future eine fiktive Schuldverschreibung mit einer Laufzeit zwischen drei und fünf Jahren sowie einer Verzinsung von sechs Prozent. Der Bobl-Future besitzt einen Kontraktwert von 100.000 Euro. Der Handelsplatz ist die Terminbörse Eurex.

Bodenbildung

Charttechnischer Begriff, der die Stabilisierung eines Finanzwerts nach einer längeren Abwärtsbewegung beschreibt. Ein Chartist untersucht den Wert nach sogenannten Bodenbildungsformationen. Siehe auch: Chartformationen.

Bogen

Wertpapiere sind in Mantel und Bogen verbrieft. Während mit dem Mantel die Wertpapierurkunde selbst gemeint ist, besteht der Bogen aus den Zins- beziehungsweise Dividendenscheinen (Coupon) und dem Erneuerungsschein (auch Talon).

Bond

Bond ist der angelsächsische Ausdruck für ein festverzinsliches Wertpapier.

Bond Warrant

Bezeichnung für Optionsscheine, deren Basisinstrumente festverzinsliche Wertpapiere sind.

Bonität

Bezeichnet die Zahlungsfähigkeit eines Schuldners. Die Bonität ist der wichtigste Gradmesser dafür, ob ein Schuldner kreditwürdig ist. Wichtig ist die Bonität insbesondere bei der Verzinsung von Anleihen. Je höher die Bonität des Schuldners, wie etwa ein Industrieunternehmen oder Staat, desto niedriger die Zinsen für seine Anleihe. Die international angesehensten sind Moody's und Standard & Poor's. Die gebräuchlichsten Ratingskalen reichen von AAA (höchste Bonitätsstufe) bis D (der Schuldner ist in Verzug und zahlungsunfähig).

Bonus

Im Aktienbereich ist der Bonus eine Sondervergütung zusätzlich zur regulären Dividende, die den Aktionären in besonders günstigen Geschäftsjahren oder bei Erzielung eines außergewöhnlichen Gewinns vom Unternehmen gewährt wird.

Bonuspapiere

Bonuspapiere partizipieren voll an Kursanstiegen – bis auf die Dividenden. Nach unten existiert ein Puffer, der meist 30 bis 50 Prozent beträgt. Berührt oder unterschreitet das Papier während der Laufzeit nie die Barriere, gibt es zur Fälligkeit mindestens den Einsatz plus eine Bonuszahlung (je nach Bezugswert 25 bis 60 Prozent) zurück, oder den Gewinn, falls er den Bonus übertrifft. Wird die Barriere einmal berührt, wird aus dem Bonus- ein normales Index- oder Aktienzertifikat mit vollem Verlustrisiko. Dann entfällt die Bonusfunktion.

Bonuszertifikat

Wenn der Basiswert (Aktie oder Index) während der Laufzeit nie die Risikoschwelle erreicht, gibt es mindestens den Einsatz plus Bonus zurück. Nach oben sind Gewinne unbegrenzt möglich.

Bookbuilding

Das verbreitetste Platzierungsverfahren bei Börsengängen ist die Bookbuilding-Methode. Dabei bestimmt das Konsortium eine Ober- und Untergrenze für den Ausgabekurs. Innerhalb dieser Spanne zeichnen die Interessenten ihre Orders. Nach Ablauf der Frist wird der Emissionspreis festgelegt. Übersteigt die Anzahl der Aufträge das zur Verfügung stehende Aktienvolumen, muss eine Zuteilungsregelung gefunden werden.

Book-to-Bill-Ratio

Das Book-to-Bill-Ratio gibt das Verhältnis zwischen Auftragseingang und Umsatz wieder und ist ein Indikator für den mittelfristigen Trendverlauf. Ein Wert größer eins signalisiert Wachstum.

Boom

Siehe: Hochkonjunktur.

Börse

Markt für Wertpapiere, Devisen, derivate Instrumente, Rohstoffe und andere Waren und Werte. In Deutschland findet Handel an sieben Börsenplätzen statt. Dies sind Berlin-Bremen, Düsseldorf, Hamburg, Hannover, Frankfurt, Stuttgart und München. Dazu kommt das elektronische Handelssystem Xetra. Die Börse wird auch Exchange oder Board of Trades genannt.

Börsenarten

Börsenarten lassen sich hinsichtlich der gehandelten Güter (zum Beispiel Wertpapiere oder Rohstoffe), des offiziellen Charakters (zum Beispiel amtliche Börsen oder freie Börsen), nach der Regelmäßigkeit (zum Beispiel periodisch oder unbestimmt) und nach der Örtlichkeit (zum Beispiel feste Räumlichkeiten oder örtlich ungebundene Börsen) unterscheiden.

Börsencrash

Schlagartiger massiver Rückgang der Börsenkurse. Als Synonym für einen Crash steht der 19. Oktober 1987, als der Dow-Jones-Index um 508 Indexpunkte absackte. An den internationalen Aktienmärkten führte dieser Tag zur größten Vertrauenskrise seit dem Schwarzen Freitag am 25. Oktober 1929. Der deutsche Aktienmarkt wurde vom Börsencrash besonders stark in Mitleidenschaft gezogen, weil sich die Kurse, im Gegensatz zu internationalen Handelsplätzen, nach dem Einbruch nicht kurzfristig kräftig erholten.

Börsenhype

Der Begriff Börsenhype (auch Börsenhausse, Börsenboom) benennt eine Phase stark steigender Aktienkurse.

Börsenhändler

Siehe: Floor Trader.

Börsenkapitalisierung

Siehe: Marktkapitalisierung.

Börsenkurs

Der Börsenkurs ist der Preis, der sich für börsengehandelte Güter (zum Beispiel Aktien) durch Angebot und Nachfrage ergibt. An den deutschen Aktienbörsen erfolgt die Notierung des Börsenkurses in Euro pro Aktie.

Börsenmakler

In Deutschland wird zwischen Amtlichen und Freien Maklern unterschieden. Der amtliche Makler ist vereidigt und von der Landesregierung bestellt. Er hat den Auftrag, Kurse für die im Amtlichen Handel zugelassene Aktien festzustellen, und ist grundsätzlich nicht dazu berechtigt, selbst Aktien zu kaufen. Für seine Arbeit bekommt der Makler die sogenannte Maklercourtage. Der Freie Makler wird vom Börsenvorstand zugelassen und darf auf eigene Rechnung Aktien kaufen und verkaufen. Zusätzlich übernimmt er Aufgaben bei der Kursfeststellung im Freiverkehr.

Börsenordnung

Satzung der Börse, die laut Börsengesetz vorgeschrieben ist. Durch die Börsenordnung soll gewahrt werden, dass die Börse den Interessen des Handels und des Publikums gerecht wird.

Börsenplatz

Der Markt, an dem Wertpapiere und andere Finanzinstrumente wie Optionen und Futures gehandelt werden, wird Börsenplatz genannt. Der Ort, an dem Angebot und Nachfrage aufeinandertreffen, kann dabei realer (Präsenzbörse) oder virtueller (Computerbörse) Natur sein. Der wichtigste Börsenplatz für Wertpapiere ist die amerikanische Parkettbörse New York Stock Exchange (NYSE). In Deutschland gibt es die Präsenzbörsen in Berlin, Bremen, Düsseldorf, Frankfurt, Hamburg, Hannover, München und Stuttgart. Daneben hat sich auch das Computerhandelssystem Xetra durchgesetzt. Der weltweit größte Handelsplatz für Optionen und Futures ist - gemessen an der Kontraktanzahl - die Computerbörse European Exchange (Eurex).

Börsensaal-Broker

Siehe: Floor-Broker.

Börsensegment

In Deutschland können Wertpapiere in drei verschiedenen Segmenten gehandelt werden: im Amtlichen Handel, am Geregelten Markt oder im Freiverkehr (General, Entry und Prime Standard).

Börsentendenzen

Börsentendenzen bringen die Kursentwicklung von Wertpapieren oder Indizes zum Ausdruck. Die gängigsten Begriffe für Börsentendenzen sind sehr fest, fest, freundlich, gut behauptet, knapp behauptet, leichter, schwach und sehr schwach.

Börsenumsatzstatistik

Die Börsenumsatzstatistik gibt als historische Wertereihe die Anzahl der gehandelten Stücke eines Werts in einer Zeitperiode wieder. Häufig verwendete Zeitperioden sind ein Tag, ein Monat oder ein Jahr.

Börsenwert

Siehe: Marktkapitalisierung.

Bottom-up-Ansatz

Ein Begriff aus der Aktienanalyse. Analysten betrachten zuerst bestimmte Einzeltitel, die dann hinsichtlich der Branchenkonjunktur, der Region und schließlich der allgemeinwirtschaftlichen Einflussfaktoren analysiert werden. Gegensatz: Top-down-Ansatz.

Bottom-up-Optionsschein

Am Laufzeitende dieser Optionsscheinvariante kommt es zur Auszahlung eines bestimmten Geldbetrags für jeden Tag, an dem der Schlusskurs des Basisobjekts oberhalb eines bestimmten Niveaus lag. Während der Laufzeit angesammelte Beträge bleiben auch dann erhalten, wenn das Basisobjekt zwischenzeitlich oder dauerhaft wieder unter dieses Niveau sinkt.

Bought Spread

Siehe: Gekaufter Spread.

Branchenfonds

Ein Branchenfonds ist ein Investmentfonds, der nur in Werte einer bestimmten Industriebranche investiert.

Branchenindizes/-index

Branchenindizes veranschaulichen die Entwicklung einer bestimmten Branche wie zum Beispiel Internet, Medizintechnik, Software, Technologie oder Telekommunikation.

Break

Als Break wird häufig eine unerwartete Kursbewegung bezeichnet, die nach oben oder unten gehen kann.

Break-away-Gap

Begriff der charttechnischen Analyse: Ein Break-away-Gap kommt in der Regel bei einem Ausbruch aus einem Trend vor und signalisiert den Beginn eines neuen Trends. In nachfolgenden Korrekturen bieten sowohl die untere als auch die obere Begrenzung des Gaps starke Unterstützungen.

Break-even-Point

Der Break-even-Point (Break-even = Gewinnschwelle) bezeichnet den Punkt eines Kurses, bei dessen Erreichen die Kosten gedeckt werden. Bei Unternehmen wird der Break-even als Bezeichnung für die Schwelle verwendet, bei der das Unternehmen aus der Verlust- in die Gewinnzone kommt. Auch gebräuchlich als Gewinnschwelle oder Rentabilitätsgrenze.

Bretton-Woods-System

Kurz vor dem Ende des Zweiten Weltkriegs wurde in Bretton Woods, USA, im Rahmen einer Neuordnung der internationalen Währungsordnung über ein System mit festen Wechselkursen zwischen der Leitwährung US-Dollar und den Währungen der teilnehmenden Länder entschieden. Feste Wechselkurse haben den Vorteil, dass sie Kalkulationssicherheit und Vergleichbarkeit bieten. Entspricht aber ein Wechselkurs nicht mehr dem realen volkswirtschaftlichen Austauschverhältnis, müssen die Zentralbanken mit Devisenkäufen oder -verkäufen ausgleichend am Devisenmarkt tätig werden. Das war auch der Grund, warum 1974 das Bretton-Woods-System aufgegeben wurde. Die USA finanzierten die immer höher werdenden Kosten für den Vietnam-Krieg über die Notenpresse. Dadurch kam es zur Dollar-Inflationierung, ein Dollar entsprach real nicht mehr dem Wert aus dem Bretton-Woods-Abkommen. Die europäischen Zentralbanken stützten lange Zeit den Kurs, indem sie Dollars gegen einheimische Währung kauften und damit die eigene Geldmengeninflation anheizten. Heute hat sich zwischen den großen Währungen Dollar, Euro und Yen das sogenannte Dirty Floating durchgesetzt. Die Wechselkurse werden durch Angebot und Nachfrage bestimmt.

BRIC

BRIC steht für die Anfangsbuchstaben von Brasilien, Russland, Indien und China und damit für die Länder, die sich nach Expertenmeinungen in den kommenden Jahrzehnten zu den führenden Wirtschaftsmächten der Welt entwickeln sollten.

Briefkurs

Kurs, zu dem ein Marktteilnehmer bereit ist, ein bestimmtes Volumen eines Wertpapiers zu verkaufen. Siehe: Ask. Gegensatz: Geldkurs.

Broker

Angelsächsische Bezeichnung für Börsenmakler.

Brokerhaus

Bezeichnung einer Firma, die hauptsächlich Börsenorders für fremde Rechnung abwickelt.

Bruttodividende

Dividende oder Rendite ohne Berücksichtigung von Steuern; die Körperschaftsteuergutschrift wird mit ausgeschüttet.

Bruttogewinn

Als Bruttogewinn wird der Erlös aus Verkäufen ohne Abzug von Verkaufskosten (zum Beispiel Transaktionskosten bei Wertpapieren) bezeichnet. Der Gewinn ist fiktiv, da erst nach Abzug der Aufwendungen der tatsächliche Gewinn beziehungsweise ein Verlust ermittelt wird.

Bruttoinlandsprodukt (BIP)

Wert aller im Inland einer Volkswirtschaft erwirtschafteten Güter und Dienstleistungen innerhalb eines bestimmten Zeitraums, soweit sie gegen Entgelt hergestellt beziehungsweise erbracht wurden. Der Unterschied zwischen Bruttoinlandsprodukt (BIP) und Bruttosozialprodukt (BSP) liegt in der Frage, ob die in einer Volkswirtschaft angebotenen Güter und Dienstleistungen von Inländern oder im Inland erstellt wurden. Das BIP richtet sich dabei nach dem Inlandsprinzip, das BSP berechnet sich dagegen nach dem Inländerprinzip, also auch alle ausländischen Aktivitäten von Inländern werden hinzuaddiert.

Bruttomarge (Gross Margin)

Bei der Bruttomarge (angelsächsisch: Gross Margin) handelt es sich um eine Kennziffer zur Beurteilung, wie kosteneffizient ein Unternehmen produziert. Sie beziffert den prozentualen Anteil des Umsatzes, der nach Abzug der Herstellkosten übrig bleibt. Eine sinnvolle Interpretation dieser Kennziffer ist allerdings nur im Branchenvergleich möglich. Ein Autokonzern hat in der Regel eine deutlich geringere Bruttomarge als ein Softwareunternehmen, bei dem kaum Herstellungskosten anfallen.

Bruttorendite

Siehe: Bruttodividende.

Bruttosozialprodukt (BSP)

Gesamtsumme aller von einer Volkswirtschaft erbrachten Güter und Dienstleistungen. Das Bruttosozialprodukt (BSP) ist ein Indikator zur Messung des Wohlstands einer Volkswirtschaft und wird je nach Land quartals-, halbjahresweise oder einmal pro Jahr veröffentlicht. Das reale BSP wird um die Inflationsrate korrigiert. In den amtlichen Statistiken wurde das Bruttosozialprodukt durch das Bruttoinlandsprodukt abgelöst.

Bruttovergleichsrendite

Die Bruttovergleichsrendite ist eine Kennziffer zum Renditevergleich. Sie ist die Rendite vor Steuern, die ein Anleger mit festverzinslichen Anlagen erzielen müsste, um die gleiche Rendite wie bei der betrachteten Anlage nach Steuern zu erhalten. Dagegen werden bei der Nettovergleichsrendite beide Anlagealternativen nach Steuern betrachtet.

BSP

Abk. für/siehe dort: Bruttosozialprodukt.

Bubills

Bubills sind unverzinsliche Schatzanweisungen des Bunds mit einer Laufzeit von sechs Monaten bis zu mehreren Jahren. Im Gegensatz zu festverzinslichen Schatzanweisungen sind sie ohne laufende Verzinsung ausgestattet.

Buchwert je Aktie

Der Buchwert je Aktie ist eine fundamentale Kennziffer, mit der die Substanz einer Aktiengesellschaft bewertet wird. Dabei wird das in der Bilanz ausgewiesene Eigenkapital um folgende Posten korrigiert: Eigenkapital + 50 Prozent der Sonderposten mit Rücklageanteil - Anteile anderer Gesellschafter - Dividendenausschüttung - Geschäftswert (Goodwill) = Buchwert. Dieser Wert wird schließlich durch die Anzahl der ausstehenden Aktien dividiert.

Bull

Bull kommt aus dem Englischen und bedeutet Bulle (siehe dort). Der Bulle steht an der Börse als Symbol für steigende Kurse. Das Symbol für fallende Kurse ist dagegen der Bär.

Bull-Call-Spread

Der Kauf einer Call-Option mit einem niedrigen Basispreis beim gleichzeitigen Verkauf einer Call-Option mit einem höheren Basispreis in Erwartung steigender Kurse. Der größtmögliche Profit errechnet sich wie folgt: (hoher Basispreis – niedriger Basispreis) – Nettoprämie, wobei die Nettoprämie dem Prämienaufwand abzüglich der erhaltenen Prämie entspricht. Den größtmöglichen Verlust stellt die bezahlte Nettoprämie dar.

Bulle

Ein Bulle ist ein Börsenoptimist, der von steigenden Kursen ausgeht. Der Gegenbegriff ist der Bär. Wie die Symbolik entstanden ist, weiß niemand. Eine gängige Erklärung ist: Ein Bulle stößt mit seinen Hörnern die Kurse nach oben, während der Bär sie mit seinen Tatzen nach unten drückt.

Bullenfalle

Siehe: Bärenfalle.

Bullish

Bullish ist der angelsächsische Ausdruck für eine positive Grundeinstellung der Marktteilnehmer. Es wird mit steigenden Kursen gerechnet. Gegensatz: Bearish.

Bullish Engulfing

Begriff aus der Technischen Analyse: Kaufformation im Kerzenchart, die zwei Handelstage zur Ausbildung benötigt. Sie tritt nur nach Abwärtsbewegungen auf. Am ersten Tag findet ein Ausverkauf statt; die Kurse fallen stark, was eine lange schwarze Kerze zur Folge hat. Am zweiten Tag eröffnet der Markt unterhalb des Vortagesschlusskurses, erholt sich jedoch über das Niveau des Eröffnungskurses des ersten Tags. Als Resultat ergibt sich im Chart eine lange weiße Kerze, deren Körper den der schwarzen Kerze komplett einhüllt (engl. einhüllen = to engulf).

Bull Market

Bull Market (Bullenmarkt) ist der angelsächsische Ausdruck für einen Markt mit steigenden Kursen. Gegensatz: Bear Market.

Bull-Put-Spread

Der Kauf einer Verkaufsoption (Put) mit einem niedrigen Basispreis beim gleichzeitigen Verkauf einer Verkaufsoption mit einem höheren Basispreis in Erwartung steigender Kurse. Der größtmögliche Gewinn entspricht der erhaltenen Nettoprämie. Der größtmögliche Verlust errechnet sich wie folgt: (hoher Basispreis – niedriger Basispreis) – erhaltene Nettoprämie, wobei die erhaltene Nettoprämie gleich der bezahlten abzüglich der erhaltenen Prämie ist.

Bull Spread

Der Kauf eines nahen Futures-Kontraktmonats beim gleichzeitigen Verkauf eines entfernten Futures-Kontraktmonats in Erwartung eines verhältnismäßig großen Kursanstiegs im kurzfristigen Bereich. Der kürzer laufende Futures-Kontrakt reagiert sensibler auf kurzfristige Kursbewegungen. So kann der Bull Spread in die Gewinnzone laufen.

Bull-Zertifikat

Zertifikat, das an Wert zulegt, wenn der Kurs oder Preis des Basisobjekts steigt.

Bundeswertpapiere

Die Ausgabe von Wertpapieren dient dem Bund zur Finanzierung des Staatshaushalts. Besichert sind Anleihen, Obligationen, Schatzbriefe und Co. mit dem Vermögen und den Steuereinnahmen des Bunds.

Bundesanleihe

Anleihe, die von der Bundesrepublik Deutschland mit verschiedenen Laufzeiten ausgegeben wird. Sie ist ohne Prospektpflicht zum Amtlichen Handel zugelassen.

Bundesaufsichtsamt für das Kreditwesen (BaKred)

Banken und Sparkassen unterliegen in Deutschland der Kontrolle durch das Bundesaufsichtsamt für Kreditwesen (BAKred). Zu den wichtigsten Aufgaben der Behörde gehören die Zulassung von Kreditinstituten, die Überprüfung der fachlichen Eignung von Geschäftsleitern, die Anteilseignerkontrolle sowie die Überwachung der im Kreditwesengesetz vorgeschriebenen Eigenkapital- und Liquiditätsvorschriften.

Bundesaufsichtsamt für den Wertpapierhandel (BaWe)

Das Bundesaufsichtsamt für den Wertpapierhandel (BaWe) soll Missständen beim Wertpapierhandel entgegenwirken. Zu den Aufgabengebieten der Behörde gehören insbesondere die Verfolgung und präventive Bekämpfung von Insidergeschäften, die Überwachung von Meldepflichten für Wertpapiertransaktionen und der Ad-hoc-Publizität sowie die Durchsetzung von bestimmten Verhaltensregeln bei Wertpapierdienstleistungsgesellschaften.

Bundesobligationen

Festverzinsliche Wertpapiere, die mit fünfjähriger Laufzeit und jährlicher Zinsausschüttung vom Bund als Daueremissionen ausgegeben werden.

Bundesschatzbriefe

Festverzinsliche Wertpapiere, die als Daueremissionen des Bunds in zwei Varianten ausgegeben werden. Typ A besitzt eine Laufzeit von sechs Jahren mit steigendem Zinssatz und einer jährlichen Ausschüttung. Die Rückzahlung erfolgt zum Nominalbetrag. Typ B besitzt eine Laufzeit von sieben Jahren. Die Zinsen werden während der Laufzeit akkumuliert und mit dem Kapital bei Fälligkeit in einer Summe ausgezahlt. Bundesschatzbriefe sind mündelsicher, der Bund haftet also für sie mit seinem Vermögen und Steueraufkommen.

Bund-Future

Börsenterminkontrakt auf eine langfristige Bundesschuldverschreibung (Bundesanleihe). Da Bundesanleihen eine Daueremission der Bundesrepublik Deutschland sind, gibt es eine Vielzahl von Bundesanleihen mit verschiedenen Laufzeiten. Dem Bund-Future unterliegen eine fiktive Schuldverschreibung mit einer Laufzeit zwischen acht und zehn Jahren, einer Verzinsung von sechs Prozent sowie ein Kontraktwert von 100.000 Euro. Der Handelsplatz ist die Terminbörse Eurex.

Bund-Future-Optionen

Optionen auf den Bund-Future sind Termingeschäfte und beruhen auf dem Bund-Future-Kontrakt der Eurex. Sie werden durch die Eröffnung einer entsprechenden Bund-Future-Position erfüllt.

Bunny-Anleihen

Bunny-Anleihen (Bunny Bonds) sind Anleihen, bei denen der Gläubiger (Käufer) das Recht hat, auszuwählen, auf welche Weise er die Verpflichtungen (zum Beispiel Zinszahlungen) erfüllt haben will: in bar oder in neuen Anleihen.

Business-to-Business

Siehe: B2B.

Business-to-Consumer

Siehe: B2C.

Butterfly Spread

Optionsstrategie, bei der jeweils zwei Optionen ge- und verkauft werden. Bei einem Butterfly-Bull-Call-Spread werden beispielsweise ein am Geld liegender Call gekauft, zwei aus dem Geld liegende Calls verkauft und ein aus dem Geld liegender Call gekauft. Diese Strategie ist risikolos, wenn beim Eingehen der Positionen keine Nettoprämie zu zahlen ist.

Buy

Analystensprache für die Einschätzung einer Aktie. Bei dem Ausdruck Buy handelt es sich um eine Kaufempfehlung für ein Wertpapier. Dabei ist die Bedeutung der Terminologie je nach Gesellschaft unterschiedlich.

Buy and Write

Optionsstrategie, bei der man eine Aktienposition oder einen Aktienindex kauft und danach Kaufoptionen auf die Position/den Index verkauft (schreibt).

Buy on bad News

Börsenweisheit, die auf den Zeitpunkt des Kaufs einer Aktie anspielt. Wenn das betreffende Unternehmen eine schlechte Nachricht bekannt gibt, fallen die Kurse nach der Meldung zumeist deutlich. In die fallenden Kurse zu kaufen kann für den langfristig orientierten Anleger die richtige Entscheidung sein.

Buy-out-Fonds

Fonds finanzieren die Übernahme einer Gesellschaft durch das bestehende Management.

Buy-Side

Als Buy-Side-Analysten werden Analysten bezeichnet, die Unternehmen für institutionelle Investoren beobachten. Siehe auch: Sell-Side.

BVI

BVI ist die Abkürzung für Bundesverband Deutscher Investmentgesellschaften e.V. Das Ziel des Verbands ist es, den Investmentgedanken zu fördern. Vor allem Kleinanleger sollen von den Vorteilen von Investmentfonds überzeugt werden. Dazu gehören günstigere Konditionen im Vergleich zur Direktanlage und die Minimierung von Risiken durch die Streuung der Anlagegelder.

C

C2C

C2C steht als Abkürzung für Consumer-to-Consumer und kennzeichnet den Internethandel zwischen Verbrauchern. Dieser Online-Handel findet beispielsweise über Auktionen oder Kleinanzeigen im Netz statt. Gegensatz: B2B.

CAC 40

CAC 40 ist die Abkürzung für Compagnie des Agents de Change 40 Index. So heißt der Index der Pariser Wertpapierbörse. Er umfasst die 40 umsatzstärksten Titel, die in der französischen Hauptstadt gehandelt werden.

CAGR

CAGR ist die Abkürzung für Compound Annual Growth Rate. Mit dieser Kennzahl wird die durchschnittliche jährliche Wachstumsrate eines Investments angegeben. Zur Berechnung wird zuerst der aktuelle Wert einer Investition durch den Ausgangswert geteilt. Von dem Ergebnis (dem Gewinn oder Verlust in Prozent) wird die n-te Wurzel gezogen, wobei n = die Anzahl der Jahre ist, die das Investment gelaufen ist.

Calendar Spread

Siehe: Time Spread.

Call

International übliche Bezeichnung für Kaufoptionen beziehungsweise Kaufoptionsscheine (Call Warrants). Im Gegensatz zum Put verbrieft der Call das Recht zum Kauf des Basisinstruments während der Laufzeit zum vereinbarten Basispreis.

Callable Bonds

Unter Callabe Bonds versteht man kündbare Anleihen. Der Schuldner hat das Recht, diese Anleihe zu einem vorher definierten Zeitpunkt in der Regel zum Nennwert zu kündigen.

Candlesticks

Siehe: Kerzencharts.

Cap

Cap kommt aus dem Englischen und heißt Deckel. Im Kapitalmarkt bezeichnet man mit einem Cap das Deckeln von Gewinnen – ein Finanzinstrument sieht beim Gewinn einen Maximalbetrag vor, der nicht überschritten werden kann.

Capex

Unter der Abkürzung Capex verbirgt sich die angelsächsische Bezeichnung Capital Expenditure. Das sind die Investitionsausgaben eines Unternehmens für längerfristige Anlagegüter (wie beispielsweise neue Maschinen, neue Werkshallen).

Capital-Asset-Pricing-Modell (CAPM)

Das Capital-Asset-Pricing-Modell (CAPM) ist eine Portfoliotheorie, die besagt, dass man in effizient funktionierenden Märkten, wo jede Information bereits in die Preise eingeflossen ist, ein Mehr an Ertrag nur durch ein Mehr an Risiko erkaufen kann.

Capped Warrant

Optionsschein mit begrenzten Gewinnmöglichkeiten. Der Anleger kann nur bis zu einem bestimmten, in den Optionsbedingungen fixierten Marktpreis (Cap) von steigenden oder fallenden Kursen profitieren. Die maximale Zahlung ist auf die Differenz zwischen Basispreis und Cap begrenzt.

Carried Interest

Der Begriff gehört zum Bereich Private Equity/Venture Capital. Unter Carried Interest versteht man die Gewinnbeteiligung der Managementgesellschaft und deren Manager am Erfolg der verwalteten Investorengelder. Zuvor erhalten die Investoren aber eine Basisvergütung.

Carry

Siehe: Carried Interest.

Carrying Charges

Als Carrying Charges werden Kosten im Futures-Geschäft bezeichnet, die zum Halten einer Ware erforderlich sind. Darunter fallen Zinsen für Investitionen, Versicherungen, Lagerkosten und andere Nebenausgaben. Siehe auch: Cost-of-Carry.

Cash

Flüssige Mittel (bar, Girokonto oder Tagesgeld), die relativ schnell in Wertpapiere investiert werden können.

Cashflow

Der Cashflow ist eine Kennzahl, mit der sich bewerten lässt, wie finanzkräftig ein Unternehmen ist. Im Gegensatz zum Jahresüberschuss in der Gewinn-und-Verlust-Rechnung (GuV) bezieht er sich nur auf die ausgabe- und einnahmewirksamen Positionen. Zusammensetzung des Cashflows: Jahresüberschuss + Abschreibungen +/– Veränderungen bei den langfristigen Rückstellungen +/– Veränderungen bei den Rücklagen = Cashflow

Cashflow je Aktie

Der Cashflow je Aktie berechnet sich folgendermaßen: Cashflow dividiert durch die ausgegebenen Aktien einer Gesellschaft. Der Cashflow pro Aktie dient als Grundlage zur Berechnung des Kurs-Cashflow-Verhältnisses (auch Cashflow-Ratio).

Cashflow-Ratio

Die Cashflow-Ratio (auch Kurs-Cashflow-Verhältnis oder KCV) ist eine Rentabilitätskennziffer, die angibt, wie oft der Cashflow pro Aktie im Kurs der Aktie enthalten ist. Beispiel: Ein Cashflow je Aktie von zwei Euro führt bei einem aktuellen Kurs von 50 zu einer Cashflow-Ratio von 25.

Cash Market

Siehe: Kassamarkt.

Cash Price

Der sofort oder valutagerecht (innerhalb von zwei Tagen) zu bezahlende Preis für den Kauf einer vorhandenen Ware zum gegenwärtigen Wert im Kassamarkt, im Gegensatz zum Kauf eines Kontrakts im Terminhandel.

Cash Settlement

Siehe: Barausgleich.

Catbonds

Siehe: Katastrophenanleihen.

Catch-up

Ein Begriff aus dem Bereich Private Equity/Venture Capital. Unter einer Catch-up-Periode wird der Zeitraum verstanden, in dem die Veräußerungsgewinne ausschließlich der Venture-Capital-Gesellschaft zufließen. Zuvor erhalten allerdings die Investoren ihre Einlage zuzüglich der vereinbarten Mindestverzinsung zurück.

CCI

Abk. für: Commodity Channel Index.

CDAX

Abk. für: Composite DAX (DAX = Deutscher Aktienindex).

CEO

Abk. für: Chief Executive Officer. Angelsächsische Bezeichnung für den Vorstandsvorsitzenden eines Unternehmens.

Certificates of Deposit (CD)

Ein Certificate of Deposit ist ein von einer Bank ausgestelltes, nicht börsennotiertes Zertifikat, das die Einlage einer relativ großen Summe Geld mit kurzfristiger Laufzeit zu einem bestimmten Zinssatz bestätigt.

CFD

CFD: Abkürzung für Contract for Difference.

CFO

Abk. für: Chief Financial Officer. Angelsächsische Bezeichnung für den Finanzvorstand eines Unternehmens.

CFTC

Abk. für: Commodity Futures Trading Commission.

Chance-Risiko-Verhältnis

Beschreibt das Verhältnis der Gewinnchancen gegenüber den Verlustrisiken bei einer Anlage. Das Chance-Risiko-Verhältnis ist keine mathematisch berechenbare Zahl, sondern unterliegt der persönlichen Einschätzung eines Anlegers oder Analysten. In der Regel gilt: Je höher die Gewinnchancen, desto höher auch die Verlustrisiken. So haben beispielsweise Optionsscheine eine sehr hohe Gewinnchance bei entsprechendem Risiko, Bundesanleihen dagegen eine geringere Gewinnchance und fast kein Risiko.

Chart

Kursverläufe werden in Charts grafisch dargestellt. Änderungen von Angebot und Nachfrage werden dadurch im zeitlichen Ablauf sichtbar.

Chartanalyse

Die Methodik der Auswertung anhand historischer Kursverläufe (Charts). Dabei wird nach wiederkehrenden Mustern (Chartformationen) oder Trends gesucht, um zu einer Aussage über die wahrscheinliche künftige Kursentwicklung des analysierten Werts zu gelangen.

Charterraten

Als Charterraten werden Tagesmieten für Schiffe bezeichnet, vergleichbar etwa den Mieteinnahmen bei Immobilien.

Chartformationen

Unter Chartformationen werden immer wieder auftauchende Erscheinungsbilder von Kurs- und Umsatzverläufen verstanden. Diese Kursbilder können sowohl als Trendwende- als auch als Trendbestätigungsformationen auftauchen.

Charting

Charting ist ein Begriff aus der Technischen Analyse und beschreibt das Darstellen (Zeichnen) von Charts und eventuellen Indikatoren. Die Chartanalyse selber ist dann deren Auswertung.

Chartist

Ein Analyst, der seine Finanzprognosen schwerpunktmäßig aus technischer Sicht begründet.

Charttechnik

Sammelbegriff für die unterschiedlichsten Arten der Chartanalyse.

Chinese Wall

Eine Chinese Wall soll Insiderhandel verhindern. Auch innerhalb eines Instituts, wie zum Beispiel einer Bank, dürfen Informationen von Insidern nicht weitergegeben werden. Deshalb sind Investmentbanker, Händler und Analysten durch Chinesische Mauern räumlich und organisatorisch voneinander getrennt.

Chooser

Derivatives Finanzprodukt, dessen Performance von der Wertentwicklung zweier unterschiedlicher Wertpapiere abhängt. Meist sind dies zwei verschiedene Aktien. Am Laufzeitende erhält der Inhaber meist eine bestimmte Stückzahl einer der beiden Aktien oder einen Geldbetrag, wobei es eine Obergrenze (Cap) gibt.

Class Action

Unter einer Class Action versteht man eine Sammelklage bestimmter Aktionäre gegen die Gesellschaft nach amerikanischem Recht.

Clearing

Aufrechnen von gegenseitigen Forderungen zwischen zwei oder mehreren Wirtschaftseinheiten, zum Beispiel Kreditinstituten, wobei nur die Spitzenbeträge ausgeglichen werden. An der Terminbörse beschreibt Clearing das börsentägliche Zahlen von Sicherheitssummen bei der Clearingstelle. So wird beispielsweise bei fallenden Kursen das Marginkonto des Käufers eines Futures-Kontrakts belastet, während der Verkäufer eine Gutschrift erhält. Damit wird sichergestellt, dass die bei Ablauf des Futures entstehende Zahlungsverpflichtung erfüllt wird.

Clearinggarantie

An jeder Terminbörse, zum Beispiel der Eurex, existiert eine Clearingstelle, die sicherstellt, dass bei Ablauf von Optionen oder Futures entstehende Zahlungsverpflichtungen erfüllt werden. Die Clearingstelle springt für den Fall ein, dass ein Kontraktpartner bei Fälligkeit zahlungsunfähig ist, und übernimmt damit die Clearinggarantie. Mitglieder sind meist Banken.

Clearing House (Clearinghaus)

Eine Geschäftsstelle, die mit einer Terminbörse assoziiert ist und alle Kontraktabschlüsse als direkter Geschäftspartner garantiert. Im Deutschen auch als Verrechnungsstelle bezeichnet.

Cliquet-Optionsscheine

Diese Gattung gehört zu den exotischen Optionsscheinen. Hier wird zu festgelegten Zeitpunkten der Basispreis des Optionsscheins an die aktuelle Marktentwicklung angepasst. Ein zu diesem Zeitpunkt bereits erzielter innerer Wert wird dem Inhaber gutgeschrieben. Dieses Geld ist ihm sicher; die gesamte Summe wird am Ende der Laufzeit ausgezahlt.

CLN

Siehe: Credit Linked Note.

Closing

Schluss des Börsenhandels an einem Handelstag.

Closing Trade

Siehe: Glattstellungstransaktion.

CMS (Constant Maturity Swap)

Der Constant Maturity Swap ist eine Form des Zinsswaps, bei dem die Zinszahlung eines Swappartners in regelmäßigen Abständen an einen (längerfristigen) Referenzzinssatz angepasst wird. Die Zinszahlung des anderen Swappartners orientiert sich in der Regel an einem kurzfristigen Zinssatz (zum Beispiel Drei-Monats-Euribor).

Collar

Eine Kombination aus einem Floor und einem Cap. Es besteht eine Vereinbarung zwischen dem Käufer und dem Verkäufer des Collars, dass sowohl bei Sinken eines festgelegten Marktzinses unter eine vereinbarte Zinsobergrenze als auch bei Steigen desselben festgelegten Marktzinses über eine vereinbarte Zinsobergrenze der Verkäufer dem Käufer den Differenzbetrag, bezogen auf einen vereinbarten Nennwert, erstattet.

Commercial Papers

Commercial Papers (CP) sind kurzfristige Anleihen (Schuldverschreibungen), die keine Zinszahlung vorsehen, sondern unter dem Nennwert (Nominalwert) ausgegeben werden. Da die Rückzahlung zu 100 Prozent erfolgt, profitiert der Inhaber von Kursgewinnen. Commercial Papers werden von Unternehmen und Banken mit hoher Bonität zur Deckung ihres kurzfristigen Fremdkapitalbedarfs ausgegeben. Die Laufzeit ist frei gestaltbar und liegt in der Regel unter einem Jahr - im Extremfall bei nur wenigen Tagen.

Commodities

Bezeichnung für Waren, die kommerziell gehandelt werden. An einer Börse sind dies zum Beispiel Mais, Gold oder Schlachtschweine, aber auch immaterielle Handelsobjekte wie Staatsanleihen oder Aktienindizes.

Commodity Channel Index

Der Commodity Channel Index (CCI) ist ein Begriff aus der Technischen Analyse. Der CCI gehört zur Gruppe der Trendfolger. Er gibt den Abstand des Kurses zu einer gleitenden Durchschnittslinie an.

Commodity Futures

Siehe: Rohstoffterminkontrakt.

Commodity Futures Trading Commission (CFTC)

Die US-Aufsichtsbehörde für den Terminhandel mit Sitz in Washington, D. C., die 1974 eingerichtet wurde, um das Warenbörsengesetz (Commodity Exchange Act) zu überwachen. Diese Behörde überwacht den Futures- und Optionsmarkt an den US-Terminbörsen.

Commodity-Pool-Operator (CPO)

US-Bezeichnung für Fondsmanager, die ihr Fondsvermögen teilweise oder ganz im Terminhandel investieren. Zum Auflegen und zum Vertrieb eines solchen Fonds muss der CPO in Amerika eine Prüfung ablegen.

Commodity-Trading-Advisor (CTA)

US-Bezeichnung für Anlageberater, deren Anlageberatung sich teilweise oder ganz direkt oder indirekt auf den Terminhandel bezieht. Sie veröffentlichen meistens den Terminmarkt betreffende Analysen, Berichte und Rundschreiben. Der CTA ist auch berechtigt, Warenterminaufträge seiner Kunden an einen Broker weiterzuleiten.

Common Gap

Begriff der charttechnischen Analyse: Ein Common Gap ist ein Gap, das in der Regel in den nächsten zehn Handelstagen geschlossen wird.

Common Shares

Englische Bezeichnung für Stammaktien.

Composite DAX (CDAX)

Im März 1993 von der Deutschen Börse AG entwickelter Index. Er umfasst die an der Frankfurter Börse amtlich gehandelten Werte und repräsentiert damit den breiten Markt.

Computerbörse

Börse, bei der im Gegensatz zu herkömmlichen Börsen kein reales Parkett existiert, sondern die auf einem reinen Computersystem basiert. So werden die Orders über Terminals von Händlern eingegeben und sofort elektronisch an einen Zentralrechner weitergeleitet. Die amerikanische Nasdaq oder Xetra sind zum Beispiel reine Computerbörsen. Die Vorteile sind, dass sie ortsunabhängig funktionieren, der Markt äußerst transparent ist und die Orders ohne große Zeitverluste eingegeben und bei unlimitierten Orders sofort ausgeführt werden können.

Computerhandel

Beim Computerhandel schließen die Marktteilnehmer Börsengeschäfte mit Hilfe von Computern ab. Durch die örtliche Ungebundenheit, die

Transparenz und die hohe Reaktionsgeschwindigkeit gewinnt der Computerhandel im Vergleich zum Parketthandel mehr und mehr an Bedeutung.

Conduit Theory

Conduit Theory ist ein steuerrechtlicher Begriff bei Fonds. Wenn ein Fonds Dividendenzahlungen von einem Unternehmen erhält, hat das Unternehmen schon Steuern auf dessen Gewinn gezahlt. Der Fonds muss aber auf seinen eigenen Gewinn noch einmal Steuern zahlen, und dann müsste letztlich auch noch der Fondanteilseigner Steuern auf die Ausschüttung des Fonds zahlen. Allerdings kann man diese dreifache Versteuerung umgehen, falls der Fonds „Subchapter M"-Status hat. Das bedeutet, dass der Fonds als Pipeline (= Conduit) zwischen Unternehmen und Anteilseigner auftritt. Dafür müsste der Fonds aber dann mindestens 90 Prozent der Gewinne an die Anteilseigner ausschütten. Steuern muss der Fonds dementsprechend dann nur noch auf die verbleibenden zehn Prozent zahlen (den Teil, der nicht ausgeschüttet wird). Der Anteilseigner muss aber regulär Einkommensteuer zahlen.

Consols

1. Theoretischer Begriff für festverzinsliche Wertpapiere mit einer unbegrenzten Laufzeit. 2. In Großbritannien die Bezeichnung für staatliche Anleihen (Rentenpapiere).

Constricted-Range-Day

Charttechnischer Begriff, der verwendet wird, wenn die Schwankungsbreite eines Kurses die kleinste seit mehreren Tagen ist. Die Wahrscheinlichkeit ist in diesem Fall sehr hoch, dass es zu einem Ausbruch entweder nach oben oder nach unten kommt.

Consumer-to-Consumer

Abk. für: C2C.

Contango

Der Preis des Futures ist höher als der Kassapreis. Das Gegenteil (Preis des Futures niedriger als der Kassapreis) ist Backwardation.

Contingent-Optionsschein

Bei diesem Optionsschein muss der Kaufpreis nicht bei der Emission, sondern erst am Laufzeitende entrichtet werden. Die Zahlung der Prämie wird nur fällig, wenn der Schein am Laufzeitende einen inneren Wert aufweist.

Continuation Gap

Siehe: Runaway Gap.

Contract for Difference (CFD)

Ein Contract for Difference (CFD) ist ein derivates Finanzinstrument, das es dem Anleger ermöglicht, auf fallende oder steigende Aktienkurse zu spekulieren, ohne dass er sich im Besitz des Papiers befindet (siehe: Leerverkauf). Spekuliert wird auf die Differenz zwischen einem Eröffnungs- und einem Schlusskurs. Beim Verkauf eines CFDs (Short-Position) erwartet der Anleger, dass der Kurs im Handelsverlauf fällt. Beim Kauf (Long-Position) eines CFDs rechnet er mit einem kurzfristigen Kursanstieg.

Contrarian Theory

Eine Theorie, die behauptet, dass die allgemeine Meinungsbildung über Markttendenzen falsch ist. Der Contrarian nimmt die entgegengesetzte Position zur mehrheitlichen Meinung ein, um aus einer überverkauften oder überkauften Situation zu profitieren.

Convertible Arbitrage

Strategie, bei der versucht wird, Fehlbewertungen der bei Wandelanleihen (Convertible Bonds) eingebauten Call-Optionen zur Gewinnerzielung zu nutzen. Meist werden dabei die Wandelanleihen erworben und die entsprechenden Aktien leerverkauft.

Convertible Bonds

Siehe: Wandelanleihe.

COO

Abk. für: Chief Operating Officer. Angelsächsische Bezeichnung für den Vorstand des operativen Geschäfts, entspricht dem Vertriebsvorstand eines Unternehmens.

Copex

Copex ist die Abkürzung für Collective Operational Expenditure: Gesamtkosten für den operationalen Geschäftsbetrieb. Siehe auch: Opex.

Core Investment

Als Core Investment wird der Anlageschwerpunkt (= das Kerninvestment) in einem Investmentfonds bezeichnet.

Core-Satellite-Ansatz

Unter dem Core-Satellite-Ansatz versteht man, dass der größte Teil des Vermögens mit indexnahen Produkten oder Fonds abgedeckt wird, um die dann Spezialitäten wie Emerging-Markets-Fonds gruppiert werden.

Corporate Bonds

Siehe: Anleihe.

Corporate Governance

Unter dem Begriff Corporate Governance werden die Regeln guter und wertorientierter Unternehmensführung verstanden. Ziel ist die Kontrolle des Unternehmensmanagements, also die Schaffung von Mechanismen, um die Manager dazu zu bekommen, dass sie im Interesse der Aktionäre handeln. Die Notwendigkeit besteht, da zwischen Risikoträgern (Aktionäre) und Entscheidungsträgern (Manager) keine Identität und damit eine Trennung von Eigentum und Kontrolle der unternehmerischen Ressourcen besteht.

Cost-Average-Effect

Unter dem Cost-Average-Effect wird ein Vorteil beim regelmäßigen Sparen in Investmentfonds verstanden. Die gleich bleibenden Sparraten bewirken, dass ein Anleger in Zeiten hoher Kurse weniger Fondsanteile erwirbt als bei niedrigen Kursen. Langfristig senkt der Investor dadurch seinen durchschnittlichen Einstandskurs.

Cost-of-Carry

Nettofinanzierungskosten. Normalerweise notieren Futures-Kontrakte über dem aktuellen Marktwert des Basiswerts. Die Ursache hierfür sind die Nettofinanzierungskosten, auch Cost-of-Carry genannt. Diese ergeben sich daraus, dass die Erfüllung von Termingeschäften in der Zukunft liegt und es dadurch zu einer Verschiebung von Kosten und Einnahmen kommt. Der Käufer eines Futures muss bei Geschäftsabschluss lediglich eine Margin hinterlegen, die einem Bruchteil des gesamten Kontraktwerts entspricht. Weil auch die Lieferung der Ware zu einem späteren Zeitpunkt erfolgt, muss er zudem für keine eventuellen Lager- oder Versicherungskosten aufkommen.

Coupon

Der Coupon oder auch Zins- beziehungsweise Dividendenschein ist formaler Bestandteil einer Anleihe oder Aktie. Er verbrieft das Recht auf Zins- oder Dividendenzahlung. Neben dem Coupon gehören auch der Erneuerungsschein (Talon) und der Mantel zur Ausstattung eines Titels.

Courtage

Siehe: Provision.

Cover

Siehe: Deckung.

Covered Position

Siehe: Gedeckte Position.

Covered Warrants

Optionsscheine, die vom emittierenden Bankhaus durch eine entsprechende Gegenposition abgesichert sind, werden auch als gedeckte Optionsscheine (Covered Warrants) bezeichnet. Ein DAX-Call auf Daimler ist beispielsweise gedeckt, wenn die Emissionsbank die entsprechende Anzahl an Daimler-Aktien auf einem Sperrkonto besitzt. Siehe auch: Naked Warrants.

Covered Writer

Siehe: Stillhalter, gedeckter.

Crash

Schlagartiger massiver Rückgang der Kurse. Siehe: Börsencrash. Im Gegensatz dazu geht es bei einer Baisse längere Zeit und mit gemäßigtem Tempo abwärts.

Credit Default Swap (CDS)

Ein Credit Default Swap (CDS) ist ein Instrument zur Absicherung von Kreditrisiken. Es handelt sich dabei um eine Vereinbarung zwischen zwei Parteien, in der sich Vertragspartner A dazu verpflichtet, Vertragspartner B Ersatz zu leisten für den Fall, dass sich das Rating der Kreditausleihungen von Vertragspartner B an Dritte verschlechtert. Als Gegenleistung für die Übernahme dieses Risikos erhält Vertragspartner A eine Prämie. Kurz: Der Credit Default Swap ist eine Art Versicherung gegen Kreditausfälle.

Credit Linked Note (CLN)

Bei einer Credit Linked Note (CLN) handelt es sich um die verbriefte Form eines Credit Default Swaps (CDS), also einer Kombination aus einem CDS und einer Anleihe. Der Emittent (eine Bank oder eine Zweckgesellschaft) einer CLN begibt eine Anleihe, die bei Fälligkeit getilgt wird, wenn während der Laufzeit keines der vereinbarten Kreditereignisse eintritt. Im Falle des Eintritts eines Kreditereignisses wird der Referenzwert entweder physisch geliefert oder bis zur Höhe des Restwerts – im Extremfall überhaupt nicht – zurückgezahlt. Der Investor (Sicherungsgeber) erhält eine Zinszahlung, die als Prämie für das übernommene Kreditrisiko zu verstehen ist. Die CLN weist denselben Nominalwert auf wie der Referenzwert.

Credit Spread

Als Credit Spread bezeichnet man den Zinsunterschied, der sich auf Grund der unterschiedlichen Bonität (Kreditwürdigkeit) von Kreditnehmern/Emittenten ergibt.

CRM

CRM steht als Abkürzung für Customer-Relationship-Management. Mit Hilfe des CRM lassen sich Kundenbeziehungen optimieren. Es wird eine Software eingesetzt, die eine Interaktion des Unternehmens mit Kunden und Lieferanten ermöglicht und sämtliche Geschäftsbeziehungen dokumentiert.

Cross Hedge

Absicherung einer Kassaposition bei einem Optionsgeschäft. Nicht für jede Ware, die jemand hedgen will, gibt es einen Terminhandel. Deshalb muss der Hedger in diesem Fall ersatzweise einen Cross Hedge durchführen, indem ein Terminkontrakt für eine ähnliche Ware mit einer ähnlichen Kursbewegung ausgesucht wird.

Cross Rate

Die Cross Rate bezeichnet das Austauschverhältnis zweier ausländischer Währungen zueinander.

CRV

Abk. für: Chance-Risiko-Verhältnis. Siehe dort.

CTO

Abk. für: Chief Technical Officer. Angelsächsische Bezeichnung für den Vorstand für Forschung und Entwicklung eines Unternehmens.

Custodian

Treuhänder, der Wertpapiere und andere Vermögensgegenstände im Auftrag und im Namen anderer Personen verwahrt.

Customer-Relationship-Management (CRM)

Siehe: CRM.

D

Dachfonds

Bestimmter Typus von Investmentfonds, der statt in Aktien oder Anleihen selbst in Fonds anlegt. Meist gibt es eine Dachfonds-Familie mit unterschiedlichen Chancen und Risiken.

Daily Settlement

An Terminbörsen führen die Clearingstellen täglich einen Gewinn- und Verlustausgleich aus. Dabei passen sie die Sicherheitsleistung (Margin) auf der Grundlage der Kursbewegungen an. Dadurch kommt es entweder zu einer Belastung oder zu einer Gutschrift auf dem entsprechenden Margin-Konto eines Anlegers in Terminkontrakten.

Dart Warrant

Optionsschein, der mit mehreren Kursspannen (Ranges) ausgestattet ist. Für jeden Tag, an dem der Kurs des Basisobjekts innerhalb einer dieser Spannen liegt, kommt es zu einer festgelegten Auszahlung.

Daueremittent

Emittent von Wertpapieren, der regelmäßig Wertpapiere herausgibt. Der Bund als Emittent von Bundesobligationen, Bundesanleihen und Bundesschatzbriefen ist ein Beispiel für einen Daueremittenten.

DAX

Der Deutsche Aktienindex (DAX) ist der meistbeachtete Aktienindex in Deutschland. Er wird von der Deutschen Börse AG ermittelt und umfasst die 30 größten deutschen börsennotierten Unternehmen. Der Begriff Größe richtet sich dabei nach zwei Kriterien: dem Börsenumsatz (Handel oder Turnover) und der Marktkapitalisierung (nach Streubesitz) des Unternehmens. Die Deutsche Börse erstellt dazu jeden Monat eine Rangliste und passt die Indexzusammensetzung gegebenenfalls an. Planmäßig geschieht dies einmal im Jahr (September). Der DAX wird sowohl als Kurs- als auch als Performance-Index von der Deutschen Börse gerechnet. Die übliche Form jedoch ist die Performanceberechnung, was unter den großen internationalen Aktienindizes eine Ausnahme darstellt. Im Gegenzug dazu ist der Dow Jones beispielsweise ein Kursindex.

DAX-Future

Future-Kontrakt auf den Deutschen Aktienindex (DAX).

DAX-Option

DAX-Optionen sind Kassa-Index-Optionen, sie beziehen sich direkt auf den DAX. Siehe auch: Option.

DAX-Werte

Gängige Bezeichnung für die 30 im Deutschen Aktienindex (DAX) vertretenen Unternehmen oder deren Aktien.

Daytrader

Daytrader sind Anleger, die offene Positionen noch am gleichen Tag wieder schließen. Sie spekulieren auf sehr kurzfristige Kursgewinne.

DCF

Siehe: Discounted-Cashflow.

DCF-Modell

Siehe Discounted-Cashflow.

DCF-Wert

Siehe Discounted-Cashflow.

Deckung

Im Terminmarkt wird dieser Ausdruck benutzt, um den Rückkauf von vorher verkauften Kontrakten anzuzeigen, wenn also jemand seine Verkaufsposition (Short Position) eindeckt.

Deckungskauf

Kauf von Wertpapieren oder Devisen, um bei Leerverkäufen termingemäß liefern zu können. In Deutschland ist das Leerverkaufen nicht erlaubt.

Deep-Discount-Zertifikat

Discount-Zertifikat, dessen Basispreis zum Zeitpunkt der Emission besonders weit unter dem Kurs des Basisobjekts liegt.

Deep out of the money

Siehe: Weit aus dem Geld.

Deficit Spending

Als Defizit Spending bezeichnet man die Kreditaufnahme (Verschuldung) des Staats zur Finanzierung von Konjunkturprogrammen. Damit soll im Rahmen einer antizyklischen Fiskalpolitik eine lahmende Wirtschaft wieder in Fahrt gebracht werden. Die Vergangenheit hat aber gezeigt, dass die positiven Effekte solcher staatlichen Konjunkturmaßnahmen nur kurzfristig greifen. Was bleibt, ist die höhere Staatsverschuldung.

Defizit

Fehlbetrag, Minusbetrag in einer Rechnung (Beispiel: Haushaltsdefizit). Gegensatz: Überschuss.

Deflation

Die Deflation ist von fallenden Preisen und einer daraus resultierenden nachlassenden Investitionsbereitschaft gekennzeichnet. Ursache ist nach volkswirtschaftlicher Lehre eine Verringerung der Geldmenge. Als Folge übersteigt das gesamtwirtschaftliche Angebot die Nachfrage. In Erwartungen weiter fallender Preise verschieben Unternehmen ihre Investitionen. Mögliche Konsequenz ist eine Rezession. Gegensatz: Inflation.

DEL-Notierung

DEL ist eine Abkürzung aus dem Bereich Rohstoffe. So wird die tägliche Kupfernotierung an der Börse ermittelt. DEL ist dabei die Deutsche Notiz für Elektrolytkupfer für Leitzwecke (Deutsches Elektrolytkupfer). Siehe auch: MK-Notierung.

Delayed Opening

Die Orderausführung an den Börsenplätzen in den Vereinigten Staaten ist von einer Vielzahl von Regeln abgesichert, um die Ausführung für den Kunden so sicher und fair wie möglich zu machen. Eine davon ist das Delayed Opening (Verspätete Eröffnung). Hier liegt eine Orderunstimmigkeit vor. Diese tritt auf, wenn es einen großen Unterschied zwischen der Anzahl der Kauf- oder Verkaufsorders gibt. Der Handel beginnt nicht, bevor diese Unstimmigkeit ausgeglichen ist.

Delisting

Rückzug einer Aktiengesellschaft von der Börse. In der Regel wird dies durch mangelndes Anlegerinteresse ausgelöst.

Delivery

Siehe: Lieferung.

Delivery Month

Der Monat, in dem ein Terminkontrakt ausläuft und angedient werden muss.

Delta

Sensitivitätskennzahl, die den Einfluss eines Finanzprodukts auf die Wertveränderung eines anderen Finanzprodukts wiedergibt. Bei Optionen und Optionsscheinen stellt das Delta den Korrelationsfaktor zwischen der Kursänderung des Basiswerts und der Änderung der Optionsprämien beziehungsweise Optionsscheinpreise dar. Das Delta wird oft für die Absicherung von Kassapositionen verwendet.

Delta Hedging

Absicherung einer Kassaposition durch eine Optionsposition, sodass sich bei einer Kursveränderung des zu Grunde liegenden Basiswerts (Underlying) idealerweise die Wertveränderungen beider Positionen ausgleichen. Es tritt also keine wertmäßige Veränderung des Gesamtportfolios ein. Die Anzahl der zum Hedge benötigten Optionskontrakte wird ständig durch das dynamische Delta der Optionen angeglichen, was eine ständige Beobachtung der Gesamtposition erfordert.

Delta Spread

Spread, bei dem die Anzahl der gekauften und geschriebenen Optionen vom Delta der Optionen abhängt.

Deport

Von einem Deport (Abschlag) wird gesprochen, wenn der Terminkurs eines Basiswerts (zum Beispiel eine Währung) unter dem Kassakurs liegt. Dieser Basiswert wird dann mit einem Deport gehandelt.

Depository Trust Company (DTC)

DTC steht als Abkürzung für Depository Trust Company. Damit wird die weltgrößte Wertpapieraufbewahrungsbank mit Sitz in den USA bezeichnet.

Depot

Wer Aktien kauft, der braucht auch eine Verwahrstelle, ein Depot. Es ist das Konto, auf dem Aktien und andere Wertpapiere lagern.

Depotauszug

Auflistung des aktuellen Depotwerts und der einzelnen Depotpositionen. Er wird von Banken und Sparkassen mindestens einmal jährlich an die Depotinhaber versandt. Entsprechend den Allgemeinen Geschäftsbedingungen (AGB) gelten die Inhalte als anerkannt, wenn nicht innerhalb von 14 Tagen schriftlich Einspruch erhoben wurde.

Depotbank

Die Investmentgesellschaft darf die von ihr aufgelegten Fonds nicht selbst verwahren, sondern muss ein anderes Kreditinstitut beauftragen. Die Depotbank verwahrt die Wertpapiere des Fonds. So findet eine Trennung zwischen dem Vermögen der Gesellschaft und dem Fonds statt. Außerdem übernimmt die Depotbank die Ertragsausschüttungen, die Ausgabe und Rücknahme von Anteilscheinen und die Ermittlung der Ausgabe- und Rücknahmepreise. Die Depotbank erhält aus dem Fondsvermögen ein Entgelt (Depotbankgebühr).

Depotgebühr

Banken und Sparkassen verlangen für das Verwahren und Verwalten von Wertpapieren eine Depotgebühr. Diese kann sich von Institut zu Institut unterscheiden, schwankt aber in der Regel zwischen 0,5 und fünf Promille. Auch die Wertpapierart spielt für die Höhe der Depotgebühr eine Rolle. Bei Aktien wird sie vom Kurswert am Berechnungsstichtag ermittelt, bei festverzinslichen Wertpapieren von deren Nennwert.

Depression

Tiefer Einbruch in der Wirtschaftsentwicklung. Gekennzeichnet ist diese Phase unter anderem durch Tiefstände in Beschäftigung und Investitionen, einer hohen Anzahl von Konkursen sowie einer geringen Konsumkraft.

Deregulierung

Als Deregulierung wird die Privatisierung von Märkten, in denen vorher staatliche Wirtschaftsmonopole tätig waren, bezeichnet. Beispiel: die Deregulierung des Telekommunikationsmarkts in der Bundesrepublik in den neunziger Jahren.

Derivate

Börsentechnisch per Definition Sammelbegriff für austauschbare Werte und Instrumente, die sich auf einen anderen Wert (zu Grunde liegender Basiswert) beziehen. Die Wertentwicklung von derivaten Instrumenten hängt von der jeweiligen Wertentwicklung des zu Grunde liegenden Basiswerts ab und kann auch das entgegengesetzte Chance-Risiko-Verhältnis vom Basiswert besitzen. Es kann zum Beispiel auch auf fallende Kurse gesetzt oder ein Aktiendepot mit Hilfe der sogenannten Basis gegen fallende Kurse gehedgt werden. Das Chance-Risiko-Verhältnis kann sich durch den sogenannten Leverage-Effekt wesentlich erhöhen. Die Laufzeit ist begrenzt (Termingeschäft). Mit einem Derivat kann ein Forward, ein Future, eine Option oder ein Optionsschein gemeint sein.

Derivate Instrumente

Siehe: Derivate.

Designated Sponsor

Englische Bezeichnung für Betreuer. Seit dem 12. Oktober 1998 erleichtern Designated Sponsors den elektronischen Aktienhandel der Deutschen Börse AG. Diese Betreuer sorgen für höhere Liquidität, indem sie verbindliche Preise für den An- und Verkauf der Aktien stellen. Bis auf die DAX-Werte, die bereits ohne Hilfe von Designated Sponsors sehr liquide gehandelt werden, können alle an der Frankfurter Wertpapierbörse gehandelten Aktien betreut werden, unabhängig davon, ob sie im Amtlichen Handel, Geregelten Markt oder Freiverkehr notiert sind.

Deutsche Börse AG

Die Deutsche Börse AG ist in Deutschland der größte Anbieter von Börsendienstleistungen. Zu ihr gehören das Handelssystem Xetra, die Terminbörse Eurex und das Clearinghaus Clearstream. Die Deutsche Börse AG wurde 1993 mit Sitz in Frankfurt gegründet.

Deutsche Börse Clearing AG

Innerhalb der Gruppe Deutsche Börse AG wickelt die Deutsche Börse Clearing alle Wertpapiergeschäfte ab. Dazu gehört auch die Verwahrung und Verwaltung inländischer und ausländischer Wertpapiere. Sie ist eine 100-prozentige Tochter der Deutschen Börse AG.

Deutsche Schutzvereinigung für Wertpapierbesitz e.V. (DSW)

Die Deutsche Schutzvereinigung für Wertpapierbesitz (DSW) setzt sich für die Achtung der Rechte von Aktionären ein, etwa indem sie bei Verstößen gegen das Anlegerinteresse gerichtliche Schritte einleitet.

Deutsche Terminbörse (DTB)

Die Deutsche Terminbörse (DTB) nahm 1990 ihre Tätigkeit als einzige Terminbörse in Deutschland auf. Über Computer konnten Optionen und Futures gehandelt werden. 1998 ging die DTB durch die Fusion mit der Soffex in der Eurex auf.

Deutscher Aktienindex

Siehe: DAX.

Deutscher Kassenverein (DKV)

Siehe: Deutsche Börse Clearing AG.

Deutscher Rentenindex

Seit 11. Juni 1991 bestehender Index, der die Kursveränderungen des Marktsegments der öffentlichen Anleihen aufzeigt. Zur Berechnung werden unter anderem Bundesanleihen und Bundesobligationen herangezogen.

Deutsches Aktieninstitut (DAI)

Das Deutsche Aktieninstitut (DAI) ist eine Institution, die sich der Förderung der Aktie als Mittel der Unternehmensfinanzierung verschrieben hat. Die Aktie soll als Anlageinstrument breiten Bevölkerungsschichten zugänglich gemacht werden. Träger sind Unternehmen und Banken.

Devisen

Devisen sind bei ausländischen Banken gehaltene Guthaben. Sie verkörpern einen Anspruch auf Auszahlung in ausländischer Währung.

Devisen-Future

Mit einem Devisen-Future kauft oder verkauft der Anleger einen festgelegten Devisenbetrag auf Termin. Bei Futures ist das daraus resultierende Termingeschäft im Gegensatz zu Optionsscheinen und Optionen sowohl für Käufer als auch für Verkäufer verpflichtend. Allerdings erfolgt die Erfüllung des Börsenterminkontrakts meist nicht durch physische Lieferung der Währung, sondern durch Barausgleich. Zudem schließen die Marktteilnehmer ihre Terminposition vor dem Laufzeitende des Futures durch eine identische Gegenposition. In diesem Fall entscheidet die Differenz aus Kauf- und Verkaufskurs über Gewinn und Verlust.

Devisenkurs

Der Devisenkurs benennt den Preis, der für eine Einheit ausländisches Buchgeld in nationaler Währung bezahlt werden muss. Der Preis für ausländisches Bargeld heißt Sortenkurs.

Devisenoption

Eine Option, die eine Devise als zu Grunde liegenden Basiswert hat. Eine Devisenoption gewährt dem Optionskäufer das Recht, die entsprechende Währung zu einem bestimmten Zeitpunkt zu einem vorher festgelegten Kurs zu kaufen (Call) oder zu verkaufen (Put). Wird die entsprechende Devise bei der Ausübung der Option nicht physisch geliefert, erfolgt ein Barausgleich.

Devisen-Swapgeschäft

Bei einem Devisen-Swapgeschäft werden gleichzeitig zwei gegenläufige Devisentransaktionen sowohl am Kassamarkt als auch am Terminmarkt durchgeführt. Der Währungsbetrag, der beim kurzläufigen Geschäft verkauft wurde, wird bei Fälligkeit des Termingeschäfts wieder zurückgekauft. Es findet ein Tausch (Swap) zweier Währungen zu vorher festgelegten Kursen für den Zeitraum zwischen den Erfüllungsterminen der beiden Geschäfte statt.

Diagonal Spread

Der Diagonal Spread ist eine Optionsstrategie, bei der eine Option ge- und eine verkauft wird. Dabei unterscheiden sich die beiden Optionen sowohl hinsichtlich ihres Basispreises als auch hinsichtlich ihres Verfallstermins. Der Diagonal Spread ist eine Mischung aus einem Horizontal und einem Vertical Spread.

Digitale Option

Bezeichnung für eine Option, die dem Inhaber das Recht auf Erhalt eines festgelegten Geldbetrags gewährleistet, falls das Underlying am Laufzeitende einen bestimmten Preis (Basispreis) unterschreitet bzw. überschreitet.

Digitaler Optionsschein

Ein mit einer Kursbarriere (Ober und Untergrenze bzw. Bandbreite) ausgestatteter Optionsschein. Der Inhaber erhält nur dann eine Auszahlung, wenn der Kurs des Basisobjekts diese Barriere während der Laufzeit (amerikanische Option) bzw. am Laufzeitende (europäische Option) über- bzw. unterschreitet. Die Bezeichnung „digital" kommt daher, weil es nur zwei mögliche Auszahlungsvarianten gibt: Entweder der festgelegte Betrag wird ausgezahlt, oder der Schein verfällt wertlos.

Diluted Share

Die amerikanischen Bilanzrichtlinien verlangen, dass Unternehmen ein Diluted Earnings per Share (verwässertes Ergebnis je Aktie) und ein Basic Earnings per Share (unverwässertes Ergebnis je Aktie, auch bereinigtes Ergebnis je Aktie) veröffentlichen. Der Begriff diluted (verwässert) wird dann gebraucht, wenn das Ergebnis je Aktie zum Beispiel wegen Aktiensplit oder Kapitalerhöhung nicht mehr vergleichbar ist.

Directbroker

Siehe: Discountbroker.

Directbrokerage

Wertpapierdienstleistung einer Direktbank ohne individuelle Anlageberatung, die telefonisch oder online durchgeführt wird.

Direct Hedge

Wenn bei einem Termingeschäft ein Hedger genau die Ware besitzt oder kaufen will, die den Spezifikationen des verwendeten Future-Kontrakts entspricht, so führt er ein direktes Hedgegeschäft durch.

Direktbank

Direktbanken sind Kreditinstitute, die auf einen Filialvertrieb verzichten. Geschäfte mit Direktbanken werden für gewöhnlich per Telefon, Fax oder Internet abgewickelt. Eine Anlage- oder Finanzberatung findet in der Regel nicht statt. Dafür sind die Konditionen wie Gebühren- oder Zinssätze häufig günstiger als bei Filialbanken.

Direkte Immobilienanlage

Der Käufer erwirbt ein Objekt per notariellem Vertrag. Nach Zahlung des Kaufpreises und der Grunderwerbsteuer von 3,5 Prozent wird er ins Grundbuch eingetragen und damit Eigentümer der Immobilie.

Disagio

Das Disagio ist die Differenz zwischen dem Nennwert des Wertpapiers und dem zu zahlenden niedrigeren Kurs oder die Spanne zwischen Rückzahlungs- und niedrigerem Ausgabekurs. Das Abgeld wird zumeist prozentual zum Nennwert ausgedrückt. Schuldverschreibungen werden häufig mit einem Disagio emittiert, bei Aktien ist eine Unterpari-Emission verboten. Siehe auch: Agio.

Discount

Auch als Abschlag oder Preisnachlass bezeichnet. 1. Kursunterschied zwischen Terminkontrakten mit verschiedenen Andienungsmonaten. 2. Bei Finanztiteln mit kurzer Laufzeit kann der Discount zur Nennung des Zinssatzes herangezogen werden. Kurzfristige Titel werden zu einem Preis gekauft, der niedriger ist als der Nominalwert. Bei Fälligkeit wird der volle Nominalwert an den Inhaber des Titels ausbezahlt. Die Zinsen werden sozusagen zu Beginn der Laufzeit gutgeschrieben.

Discountbroker

Discountbroker sind Kreditinstitute, die auf ein Filialgeschäft verzichten. Im Gegensatz zu Direktbanken, die umfassende Finanzdienstleistungen online oder per Telefon anbieten, konzentriert sich der Discountbroker ausschließlich auf das Wertpapiergeschäft.

Discounted-Cashflow-Methode (DCF)

Die Discounted-Cashflow-Methode (DCF) ist eine Art der Unternehmensbewertung. Dabei werden die geschätzten künftigen Zahlungsüberschüsse des Unternehmens auf den Gegenwartswert abgezinst. Die Gewinnreihen werden auf Basis einer Kassenflussrechnung (Cashflow) ermittelt und geben den Betrag an, der an die Kapitalgeber (sowohl Fremd- als auch Eigenkapital) bezahlt bzw. ausgeschüttet werden kann (Free Cashflow). Als Abzinsungsfuß dient der WACC (Weightet Average Capital Costs), der sich aus den gewichteten Kapitalkosten des Bewertungsobjekts errechnet. Durch Abzinsung der Free-Cashflow-Reihen mit dem WACC erhält man den Unternehmenswert. Von diesem wird schließlich die Nettoverschuldung (Finanzschulden minus liquide Mittel) abgezogen. Die Differenz ist der Barwert des Eigenkapitals. Eine Gesellschaft ist (an der Börse) dann unterbewertet, wenn der Barwert des Eigenkapitals über der Marktkapitalisierung (Börsenwert) liegt. Eine Überbewertung liegt im umgekehrten Fall vor.

Discountzertifikat

Papier, das mit einem Kursabschlag gegenüber dem jeweiligen Basiswert gehandelt wird. Für den Preisnachlass nimmt der Anleger eine Gewinnbegrenzung in Kauf. Die meisten Discountzertifikate sind mit einer begrenzten Laufzeit ausgestattet, aber es gibt Ausnahmen (Rolling-Discount-Zertifikate).

Diskontierungsfaktor

Der Diskontierungsfaktor wird verwendet, um Anleihen mit unterschiedlichen Gestaltungsmerkmalen miteinander vergleichen zu können. Dies ist vor allem bei Optionen und Futures wichtig, die eine fiktive Anleihe als zu Grunde liegenden Basiswert haben. Um beispielsweise einen Zins-Future zu erfüllen, kann eine große Auswahl an Anleihen geliefert werden. Um die gleiche Qualität für alle lieferbaren Anleihen gewährleisten zu können, wird der Anleihenkurs mit dem Diskontierungsfaktor multipliziert.

Dispositionseffekt

Verluste wiegen schwerer als Gewinne. Deswegen werden Verlustaktien zu lange gehalten.

DivDAX

Beim DivDAX handelt es sich um den Dividendenindex der Deutschen Börse. Er enthält die 15 DAX-Unternehmen mit der höchsten Dividendenrendite, wobei der Berechnung die DAX-Indexregeln zu Grunde liegen. Der DivDAX wird einmal jährlich im September angepasst.

Divergenzen

Kommt es zwischen dem Verlauf eines Indikators und dem der Analyse zu Grunde liegenden Basiswert (Index, Aktie etc.) zu einer gegenläufigen Entwicklung, spricht man von einer Divergenz. Eine negative Divergenz kommt zum Beispiel zustande, wenn ein Index immer wieder auf einem neuen Hoch notiert, während der Chart des Indikators seitwärts oder sogar abwärts gerichtet verläuft. Bei einer positiven Divergenz verhält es sich umgekehrt. Dies gibt einen Hinweis darauf, dass sich die aktuelle Bewegungsrichtung des Basiswerts bald umkehren wird.

Diversifikation/Diversifizierung

Diversifikation bedeutet, das Vermögen auf verschiedene Anlageformen zu streuen. Dadurch versuchen Investoren das Marktrisiko zu mindern.

Dividende

Der Anteil am Gewinn einer Aktiengesellschaft, der pro Aktie ausgeschüttet wird. Die Höhe legt die Hauptversammlung auf Vorschlag von Vorstand und Aufsichtsrat fest. Sie wird bei deutschen Unternehmen am Tag nach Zusammenkunft der jährlichen ordentlichen Hauptversammlung an die Aktionäre ausgezahlt, in der Regel über die depotführende Bank. Im Ausland ist der Auszahlungsrhythmus oft anders. US-Unternehmen beispielsweise zahlen vierteljährlich eine Dividende.

Dividendenabschlag

Der üblicherweise auftretende Kursverlust einer Aktie am Tag, an dem die Dividende ausgezahlt wird. Rein rechnerisch beträgt der Dividendenabschlag exakt die Höhe der Dividende. In der Praxis beeinflussen jedoch auch andere Faktoren den Dividendenabschlag.

Dividendenbarwert

Der Wert einer Aktie wird auch nach der Höhe der (künftigen) Dividende bestimmt. Eine einfache Methode zur Bestimmung des Dividendenbarwerts geht von der geschätzten künftigen Dividende und einem angenommenen Kapitalisierungszinssatz (zur Abzinsung der erst künftig zu zahlenden Dividenden) aus. Daraus erfolgt die Abzinsung auf den Gegenwarts- oder Barwert.

Dividendengarantie

Durch eine Dividendengarantie wird Aktionären durch Dritte eine Mindestdividende gewährt. Die Dividendengarantie ist bei stimmrechtslosen Vorzugsaktien häufig anzutreffen, wobei der Dividendenanspruch in Verlustjahren nicht verfällt, sondern auf spätere Jahre verschoben wird.

Dividendenrendite

Stellt die Dividende in Relation zum Kurs der Aktie dar. Gibt eine Art Verzinsung des eingesetzten Kapitals an.

Dividendenschein

Siehe: Bogen.

Dividendenstripping

Dividendenstripping bedeutet, den Verkauf einer Aktie kurz vor dem Dividendentermin und den Rückkauf der gleichen Aktie kurz nach dem Auszahlungstag zu verknüpfen. Die zumeist institutionellen Anleger verzichten auf steuerpflichtige Dividendeneinnahmen.

Dividendenwerte

Aktien mit überdurchschnittlich hoher Dividendenrendite im Vergleich zur Gesamtbörse, aber auch genereller Ausdruck für Aktien und ähnliche Wertpapiere, die Dividenden ausschütten. Berechnung: geschätzte Dividende (in der Regel für das kommende Geschäftsjahr), dividiert durch aktuellen Kurs der Aktie. In Prozent ausgedrückt ermöglicht sie den Vergleich zwischen der Rendite einer Aktie und der einer Anleihe, allerdings ohne Kursveränderungen zu berücksichtigen.

DMS

DMS steht als Abkürzung für Dokumenten-Management-System. Mit Hilfe des DMS können Kosten, Zeit und Platz für effizienteres Arbeiten gespart werden.

DM-Vorläufer

Ein DM-Vorläufer ist ein Rentenfonds, der ursprünglich nur in festverzinsliche Papiere, die auf DM lauteten, investierte. Weil es die D-Mark seit Einführung des Euros nicht mehr gibt, dient der Vermerk dazu, auf die ursprüngliche Anlagestrategie hinzuweisen. Das Gleiche gilt für Fonds, die in die ehemaligen Währungen der übrigen Länder des Euro-Raums investierten.

Dokumenten-Management-System

Siehe: DMS.

Domestic-Bond

Ein Domestic-Bond (wörtlich übersetzt: Inlandsanleihe) ist eine Anleihe, die der Emittent im eigenen Land und in eigener Währung ausgibt.

Doppelaktienanleihe

Aktienanleihe, deren Rückzahlungsmodalitäten nicht von der Kursentwicklung einer einzigen Aktie, sondern von deren zwei abhängen. Die Rückzahlung erfolgt zum Nennwert, wenn beide oberhalb ihrer Basispreise bleiben. Falls nicht, wird die schlechtere der beiden Aktien geliefert.

Doppeltop

Siehe: M-Formation.

Dotcom-Firmen

Umgangssprachlicher Begriff für Unternehmen, die ihre Geschäftstätigkeit im Internet abwickeln. Die Endung Dotcom (.com) zeigt die Affinität zum World Wide Web. Ein Beispiel ist Amazon.com, das seine Waren ausschließlich online vertreibt.

Double Dip

Als Double Dip bezeichnen Ökonomen ein immer wieder zu beobachtendes Konjunkturphänomen: Eine rezessive Wirtschaft zeigt plötzlich wieder Wachstumsraten. Die Mehrzahl der Marktteilnehmer erwartet, dass die Konjunkturwende geschafft sei, doch nur kurze Zeit später fällt die Wirtschaft wieder in die Rezession zurück. Deshalb auch Double (doppeltes) Dip (eintauchen). Zu beobachten war ein Double Dip beispielsweise in den US-Rezessionsjahren 1969/70.

Double-Chance-Zertifikat

Siehe: Sprinter.

Double-Lock-out-Warrant

Optionsschein, der mit einer fixen Kursspanne ausgestattet ist, innerhalb derer das Basisobjekt während der Laufzeit des Scheins verbleiben muss. Geschieht dies, dann kommt ein zuvor festgelegter Geldbetrag zur Auszahlung. Sobald der Kurs des Basisobjekts die Kursspanne aber verlässt, verfällt der Schein wertlos.

Dow Jones

Kursindex der New York Stock Exchange (Nyse). Er wird sowohl gesondert für Industrie- (30 Werte), Transport- (20 Werte) und Public-Utilities- (15 Werte)-Aktien (Aktien von Versorgungsbetrieben) als auch als Gesamtindex für alle 65 berücksichtigten Titel berechnet. In der Regel wird nicht der Gesamtindex, sondern der Industriewerteindex kurz als Dow bezeichnet.

Down-and-Out-Call

Dieser Warrant verfällt schon vor dem Laufzeitende, wenn der Kurs des Basisobjekts ein bestimmtes Niveau unterschreitet. Er ist also mit einer Knock-out-Schwelle ausgestattet und zählt zur Gruppe der Barrier Warrants.

Downside Deviation

Unter einer Downside Deviation versteht man die Abweichung der Performance vom Mittelwert nach unten.

Downside-Volatilität

Unter der Downside-Volatilität wird die Schwankungsbreite der negativen Abweichungen von einem Mittelwert verstanden. Positive Performancezahlen fließen in diese Berechnungen nicht mit ein.

Down-Tick-Rule

Sinkt der Dow Jones innerhalb kürzester Zeit um 50 Punkte, wird eine Handelsbeschränkung an der New Yorker Börse, die sogenannte Down-Tick-Rule, wirksam. Diese hat zum Ziel, einen Crash durch das Auslösen weiterer computergesteuerter Verkaufsorders zu verhindern. Gegensatz: Up-Tick-Rule.

Downtrend

Siehe: Abwärtstrend.

Drawdown

Unter Drawdown wird der maximale Wertverlust bis zur Wiedererreichung des Ursprungswerts verstanden.

Dreieck

Technische Formation, die dadurch gekennzeichnet ist, dass man jeweils Hoch- und Tiefpunkte einer Kursbewegung verbindet. Zur Bildung eines Dreiecks müssen beide Begrenzungslinien aufeinander zulaufen. So können sowohl Aufwärts- als auch Abwärtsdreiecke entstehen, die unter bestimmten Umständen sowohl als Trendbestätigungs- als auch als Trendwendeformationen gedeutet werden können.

Dreifacher Verfallstermin

Als dreifacher Verfallstermin wird der Tag bezeichnet, an dem an der Terminbörse Eurex für die drei Kontraktarten DAX-Future, DAX-Optionen sowie Optionen auf die DAX-Aktien der letzte Handelstag ist. Da an der Eurex hinsichtlich der Verfallstermine ein quartalsmäßiger Zyklus herrscht, fällt der dreifache Verfallstermin jeweils auf den dritten Freitag im März, Juni, September und Dezember eines jeden Jahres.

DTB

Abk. für: Deutsche Terminbörse.

Due Diligence

Der Begriff Due Diligence kommt aus dem Angelsächsischen und bedeutet wörtlich übersetzt „mit gebührender Sorgfalt". Due-Diligence-Prüfungen werden im Vorfeld von Börseneinführungen, aber auch von

Unternehmensakquisitionen durchgeführt, um eine solide Informationsbasis der daran Beteiligten wie Investoren, Emissionsbanken oder Altaktionären zu gewährleisten. Bei einer Due Diligence wird ein Unternehmen hinsichtlich wirtschaftlicher, finanzieller, rechtlicher, steuerlicher und umweltbezogener Kriterien analysiert.

Duration

Die Duration bezeichnet den Zeitraum, bis das in einem festverzinslichen Papier gebundene Kapital durch Zins- und Tilgungszahlungen des Schuldners wieder zurückgeflossen ist. Je kürzer die Duration, desto weniger reagiert die Anleihe auf Zinsänderungen. Da die Kurse von festverzinslichen Wertpapieren auch von Markterwartungen beeinflusst werden, ist die Duration in der Praxis oft nur ein ungenauer Maßstab für die Zinssensitivität. Die modifizierte Duration zeigt die zu erwartende prozentuale Kursänderung einer Anleihe auf eine geschätzte Veränderung des Marktzinses, wobei sich die Kursänderung auf den Kurs der Anleihe inklusive Stückzinsen bezieht.

Duration, modifizierte

Siehe: Duration.

DVFA

Abk. für: Deutsche Vereinigung für Finanzanalyse und Anlageberatung. Berufsverband der deutschen Finanzanalysten und Anlageberater.

DVFA-Ergebnis

DVFA ist die Abkürzung für Deutsche Vereinigung für Finanzanalyse und Anlageberatung. Der 1960 gegründete Verband hat allgemein akzeptierte Richtlinien zur Aufstellung von Unternehmensbilanzen entwickelt. Daraus errechnet sich das sogenannte DVFA-Ergebnis, das in der Regel von dem Ergebnis abweicht, das nach den Vorschriften des Handelsgesetzbuchs errechnet wird. Grund ist, dass das DVFA-Ergebnis grundsätzlich um Sondereinflüsse bereinigt ist. Dadurch ergibt sich ein objektiveres und besser vergleichbares Bild von der Ertragskraft des Unternehmens.

Dynamisches KGV

Siehe: KGV, dynamisch.

E

E-Commerce

Bei dieser Art von Internethandel wird die Transaktion, der Zahlungsvorgang, online abgewickelt.

Earnings per Share

Englische Bezeichnung für: Gewinn pro Aktie.

ebB (etwas bezahlt Brief)

Kurszusatz: etwas bezahlt Brief. Wie bB. Die zum festgestellten Kurs limitierten Verkaufsaufträge wurden nur zu einem geringen Teil ausgeführt.

ebG (etwas bezahlt Geld)

Kurszusatz: etwas bezahlt Geld. Wie bG. Die zum festgestellten Kurs limitierten Kaufaufträge wurden nur zu einem geringen Teil ausgeführt.

Ebit

Ebit (Earnings before Interests and Taxes) ist der Ausdruck für das Ergebnis eines Unternehmens vor dem Zinsergebnis, dem außerordentlichen Ergebnis sowie vor Steuern. Das Ebit gibt nähere Auskunft über die operative Ertragskraft eines Unternehmens.

Ebitda

Das Ebitda (Earnings before Interests, Taxes, Depreciation and Amortization) ist eine der aussagekräftigsten Kennzahlen, um die Ertragskraft einer Gesellschaft zu beurteilen. Es setzt sich aus dem Jahresüberschuss vor Steuern, dem Zinsergebnis und vor Abschreibungen des Unternehmens zusammen. Die Kennzahl Ebitda ermöglicht aussagekräftige Vergleiche bei der operativen Ertragskraft von Gesellschaften, die – international betrachtet – unter verschiedenen Gesetzgebungen bilanzieren.

Ebitda-Marge

Die Ebitda-Marge ist eine Bewertungskennzahl, die die Ertragskraft von Unternehmen aus verschiedenen Ländern vergleichbar macht. Die Ebitda-Marge wird durch die Division des Umsatzes mit dem Ebitda errechnet. Je höher die Ebitda-Marge, desto rentabler arbeitet das Unternehmen.

Ebit-Marge

Bei der Ebit-Marge handelt es sich um eine Kennzahl zur Unternehmensbewertung. Sie macht die Ertragskraft von Gesellschaften aus verschiedenen Ländern vergleichbar. Die Ebit-Marge errechnet sich durch die Division des Umsatzes mit dem Ebit (Gewinn vor Steuern und Zinsen).

Ebt

Ebt (Earnings before Taxes) ist der angelsächsische Ausdruck für das Ergebnis vor Steuern. Im Gegensatz zum Ebit und Ebitda ist die Kennzahl bei der Unternehmensbewertung weniger gebräuchlich.

Eckrentner

Das Politikerideal: Er hat 45 Jahre stetig in die gesetzliche Rentenkasse eingezahlt – es gibt ihn aber kaum noch.

Effekten

Bezeichnung für Wertpapiere, die an der Börse handelbar sind.

Effektivverzinsung

Im Gegensatz zur Nominalverzinsung gibt die effektive Verzinsung den tatsächlichen Ertrag einer Kapitalanlage wieder. Bei der Berechnung werden etwaige Kursgewinne oder -verluste sowie Währungsgewinne oder -verluste mit berücksichtigt. Beispiel: Kauf einer Anleihe zu 99 Prozent und vier Prozent Nominalzins. Rückzahlung in einem Jahr zu 100 Prozent. Die effektive Verzinsung beträgt fünf Prozent (vier Prozent Nominalzins plus ein Prozent Kursgewinn).

EfP-Markt

EfP steht für Exchange for Physicals. Ein Markt für Termingeschäfte, vor allem unter Banken, die von ihrer Vertragsausgestaltung den standardisierten, börsengehandelten Futures-Kontrakten entsprechen. Am EfP-Markt abgeschlossene Termingeschäfte können auch über die Clearingstellen der Terminbörsen verrechnet werden.

Eigene Aktien

Eigene Aktien sind Papiere, die sich im Besitz der ausgebenden Aktiengesellschaft befinden. In der Regel findet kein Handel mit eigenen Aktien statt. Nur in Ausnahmefällen, etwa wenn an Mitarbeiter Belegschaftsaktien ausgegeben werden, geraten diese Papiere in Umlauf.

Eigenemission

Bei einer Eigenemission werden die Wertpapiere direkt vom Emittenten ohne Einschaltung eines Zwischenhändlers (zum Beispiel Bankenkonsortium) bei den Anlegern platziert. Voraussetzung ist, dass der Emittent über eine gute Platzierungskraft verfügt, er also entweder viele kleine oder einige sehr solvente Anleger direkt ansprechen und von einem Investment überzeugen kann. Der Vorteil einer Eigenemission liegt in den geringeren Kosten.

Eigenkapital

Mittel, die von den Eigentümern eines Unternehmens zur Finanzierung der Firma aufgebracht werden oder als erwirtschaftete Gewinne im Unternehmen verbleiben. Das buchmäßige Eigenkapital setzt sich in der Bilanz aus der Differenz zwischen den Aktivposten (Vermögen, Rechnungsabgrenzung, Bilanzierungshilfen) und den Verbindlichkeiten (Rückstellungen und passiven Rechnungsabgrenzungsposten) zusammen.

Eigenkapitalquote

Die Eigenkapitalquote ist der Anteil des Eigenkapitals an der Bilanzsumme in Prozent.

Eigenkapitalrendite

Die Eigenkapitalrendite gibt Aufschluss über die Verzinsung des Eigenkapitals eines Unternehmens. Zur Berechnung wird der Jahresüberschuss durch das eingesetzte Kapital dividiert. Beispiel: Bei einem Eigenkapital von einer Million Euro und einem Jahresüberschuss von 80.000 Euro beträgt die Eigenkapitalrendite acht Prozent.

Eigenkapitalrentabilität

Die Eigenkapitalrentabilität zeigt, wie sich das investierte Eigenkapital eines Unternehmens durch den erwirtschafteten Gewinn verzinst hat.

Einführungskurs

Die erste Kursnotiz bei Einführung eines Wertpapiers an einer Börse.

Einheitskurs

1. Kursfeststellung für diejenigen Wertpapiere, bei denen es börsentäglich nur einen Kurs gibt. Im Gegensatz dazu werden im variablen Handel fortlaufend Kurse ermittelt. Kassakurse werden bei Aktien verwendet, wenn eine Order die von der Börse festgesetzte Mindeststückzahl für den variablen Handel nicht erreicht. Siehe auch: Einheitskurs. 2. Bei derivativen Finanzinstrumenten: Derivate wie Optionsscheine, Optionen und Futures beziehen sich auf einen zu Grunde liegenden Basiswert. Der Marktkurs dieses Basiswerts wird oft als Kassakurs bezeichnet.

Einkaufsmanager-Index

Der Einkaufsmanager-Index wird vom Institute of Supply Management (ISM) monatlich für das verarbeitende und das nicht-verarbeitende Gewerbe ermittelt. Er gibt Aufschluss über die Geschäftsentwicklung in den Vereinigten Staaten. Dabei deutet ein Wert von mehr als 50 Punkten auf eine konjunkturelle Expansion des entsprechenden Sektors hin, Werte darunter zeigen ein Schrumpfen an.

Einlagefazilität

Neben der Offenmarktpolitik gehören zum Instrumentarium des Euro-Systems zwei sogenannte Fazilitäten (= Erleichterung einer Zahlungsbedingung): Einlagefazilität und Spitzenrefinanzierungsfazilität. Die Einlagefazilität dient dazu, ein starkes Absacken des Tagesgeldsatzes zu verhindern. Kreditinstitute können überschüssige Zentralbankguthaben bis zum nächsten Geschäftstag bei den nationalen Zentralbanken zu einem festen Zins anlegen.

Einlagensicherungsfonds

Sie schützen den Sparer vor Kapitalverlust. Bei Mitgliedsinstituten im Bundesverband deutscher Banken ist das Guthaben jedes Kunden praktisch voll abgesichert. Genossenschaftsbanken und Sparkassen garantieren die Einlagen zu 100 Prozent.

Einmalanlage

Eine einmalige Einzahlung eines größeren Betrags für den Kauf von Investmentanteilen wird als Einmalanlage bezeichnet. Bei Aktienfonds ist ein günstiger Anlagezeitpunkt bei niedrigen Kursen gegeben, während der Einstieg in Rentenfonds attraktiv ist, wenn die Zinsen am Kapitalmarkt hoch und die Kurse der fest verzinslichen Wertpapiere niedrig sind.

Einmaleffekte

Erträge oder Aufwendungen aus Einmaleffekten (Sondereffekten) führen – genau wie andere Aufwendungen oder Erträge auch – in der Gewinn-und-Verlust (GuV)-Rechnung zu einer Erhöhung (bei Erträgen) beziehungsweise zu einer Minderung (bei Aufwendungen) des Ergebnisses. So gesehen sind sie ganz normale Kosten/Erträge, die immer im Nettoergebnis (Nettogewinn/Verlust) enthalten sind – egal ob sie als außerordentliche Erträge/Aufwendungen oder als betriebliche Erträge/Aufwendungen (auch dies ist möglich) verbucht worden sind.

Einschuss

Siehe: Margin.

Einschusserfordernis

Betrag, der vor allem für Termingeschäfte zu hinterlegen ist. Die Einschusserfordernis soll das Risiko abdecken, das dem Börsenteilnehmer aus einer unterstellten ungünstigen Kursentwicklung innerhalb des Margin-Intervalls am folgenden Börsentag erwachsen kann.

Elastizität

Die (Preis-)Elastizität gibt an, um wie viel Prozent sich die nachgefragte Menge eines Guts ändert, wenn dessen Preis sich um ein Prozent ändert. Bei lebensnotwendigen Gütern – wie Nahrung – dürfte die Nachfrage unelastisch sein, ein Preisanstieg von einem Prozent führt zu einem Nachfragerückgang, der kleiner als ein Prozent ist. Bei Gütern des gehobenen Bedarfs – etwa Autos oder Reisen – dürfte die Nachfrage elastisch reagieren.

Elliott-Wave-Theorie

Die Elliott-Wave-Theorie gehört zur technischen Finanzanalyse, die der Amerikaner Ralph Nelson Elliott (1871 - 1948) entwickelte. Demnach verlaufen Kursbewegungen an Aktienmärkten nach bestimmten Mustern, die Elliott als Wellen bezeichnete. Die Elliott-Wave-Theorie ist fraktal aufgebaut, eine Welle besteht aus kleineren Unterwellen und ist selber Bestandteil einer größeren Wellenbewegung.

Embedded Value

Der Begriff Embedded Value wird vor allem für die Bewertung von Versicherungsunternehmen verwendet. Dabei gilt: Buchwert (Substanzwert) der Aktie + Wert des Versicherungsportfolios (stille Reserven im Kapitalvermögen des Versicherers) je Aktie = Embedded Value.

Emerging Markets

Bezeichnung für Aktienmärkte in Schwellenländern, deren Wirtschaftskraft stetig wächst und die an der Schwelle zu einer modernen Industrie- und Dienstleistungsgesellschaft stehen. Durch die wirtschaftliche Dynamik sind hier hohe Gewinnchancen für Investitionsanlagen möglich. Allerdings kämpfen diese Schwellenländer oft mit volkswirtschaftlichen Instabilitäten, was wiederum die Verlustrisiken von Investitionen erhöht. Als Emerging Markets werden beispielsweise Argentinien, Mexiko und Taiwan bezeichnet, wie auch mittel- und osteuropäische Reformstaaten, so Ungarn, Polen und Tschechien.

Emission

Die Ausgabe neuer Wertpapiere zu dem Zweck, Eigenkapital für ein Unternehmen zu beschaffen.

Emissionsdatum

Der Tag, an dem ein Wertpapier in den Börsenhandel eingeführt wird. Das Emissionsdatum wird vorab im Emissionsprospekt offiziell bekannt gegeben. Bei Optionsscheinen erfolgt der eigentliche Verkaufsbeginn oftmals an einem späteren Tag als dem Emissionsdatum.

Emissionshaus

Siehe: Emittent.

Emissionskonsortium

Eine Gemeinschaft von Banken, die eine Emission organisiert und begleitet. In der Regel steht dem Konsortium ein Konsortialführer vor.

Emissionskurs

Siehe: Emissionspreis.

Emissionspreis

Der Emissionspreis beziffert den Wert, zu dem ein neues Wertpapier dem Publikum beim Börsengang angeboten wird.

Emissionsrendite

Die Rendite von Anleihen zum Zeitpunkt ihrer Emission.

Emissionsvolumen

Alle Wertpapiere, die zu einer Emission gehören.

Emittent

Herausgeber eines Wertpapiers. Dies kann eine juristische Person des Privatrechts sein, etwa eine Aktiengesellschaft, aber auch eine Körperschaft des öffentlichen Rechts wie etwa ein Bundesland.

Endlos-Zertifikat

Zertifikat ohne festgelegtes Fälligkeitsdatum, das eine theoretisch unbegrenzte Laufzeit aufweist.

Energiederivate

Dabei handelt es sich um Optionsscheine, Optionen und Futures auf Strom. Große Unternehmen können beispielsweise ihren Bedarf an Strom auf Termin einerseits bereits im Voraus kaufen, wenn sie einen Anstieg des Strompreises fürchten. Auf der anderen Seite können beispielsweise Energieversorger Strom auf Termin verkaufen, wenn sie mit einem Preisverfall rechnen.

Enger Markt

Ein enger Markt besteht, wenn ein Wertpapier nur unregelmäßig gehandelt wird oder sich nur wenige Stücke eines Titels in Streubesitz befinden. Größere Kauf- oder Verkaufsaufträge führen bei einem engen Markt zu starken Kursausschlägen.

Enterprise Resource Planning

Siehe: ERP.

Enterprise Value (EV)

Der Enterprise Value (EV) berechnet sich aus der Marktkapitalisierung (Aktienkurs mal Anzahl Aktien) plus Verbindlichkeiten abzüglich Kassenbestand. Der Cash wird abgezogen und Verbindlichkeiten werden addiert, da ein Käufer dieses Unternehmens sofort über die Barmittel verfügt, gleichzeitig aber auch die Schulden übernehmen muss.

Entgeltumwandlung

Auch Gehaltsumwandlung genannt. Der sozialversicherungspflichtige Arbeitnehmer investiert Teile seines Einkommens steuerfrei in einen Altersvorsorgevertrag.

Entlastung des Vorstands

Die Entlastung des Vorstands erfolgt gemäß § 120 Aktiengesetz durch die Hauptversammlung (HV). Durch sie billigen die Eigentümer (Aktionäre) die Geschäftsführung der Gesellschaft durch die Mitglieder des Vorstands. Wird die Entlastung verweigert, spricht man von einem Vertrauensentzug. In diesem Fall wird sich der Aufsichtsrat an § 84 Absatz 3 Aktiengesetz halten. Darin heißt es: Der Aufsichtsrat kann die Bestellung zum Vorstandsmitglied und die Ernennung zum Vorsitzenden des Vorstands widerrufen, wenn ein wichtiger Grund vorliegt. Ein solcher ist namentlich grobe Pflichtverletzung, Unfähigkeit zur ordnungsmäßigen Geschäftsführung oder Vertrauensentzug durch die HV.

EoP

Die Abkürzung EoP steht für End of Period, gibt also den Wechselkurs (Exchange Rate) am Ende der betrachteten Periode an. Das Kürzel AoP (Average of Period) bezieht sich dagegen auf den Durchschnittskurs in der betrachteten Periode.

EpA

Abk. für: Ergebnis pro Aktie.

EPS

Abk. für: Earnings per Share (Gewinn je Aktie).

Equalweight

Siehe: Overweight.

Equity-Bewertung

Die Equity-Bewertung stellt eine aus dem angelsächsischen Rechtskreis stammende Methode zur Bewertung von Unternehmensbeteiligungen dar. Dabei wird, ausgehend von den Anschaffungskosten, der Wertansatz der Beteiligung in den Folgejahren entsprechend der Entwicklung des anteiligen Eigenkapitals des Beteiligungsunternehmens fortgeschrieben. Auf dieser Grundlage soll der Beteiligungsansatz stets ein Spiegelbild des anteiligen Eigenkapitals sein.

Equity Carve-out

Verkauf von Anteilen von maximal 20 Prozent an einem Tochterunternehmen in Form eines Initial Public Offerings (IPO).

Equity-Linked Notes

Englische Bezeichnung für Hochkuponanleihen mit Aktienandienungsrecht. Siehe: Aktienanleihe.

Equity Market Neutral

Statistische Arbitrage. Es werden Long- und Short-Positionen gebildet. Als unterbewertet betrachtete Titel werden gekauft, überbewertete leerverkauft. So kann ein Portfolio konstruiert werden, das von der Entwicklung des Aktienmarkts in seiner Gesamtheit unabhängig ist. Das sogenannte systematische Risiko wird somit eliminiert.

Equity Story

Equity Story ist der angelsächsische Ausdruck für die zusammenfassende Darstellung einer Aktiengesellschaft hinsichtlich ihrer Chancen und Risiken (auch anlässlich eines Börsengangs). Die Informationen sollen es potenziellen Investoren ermöglichen, das Unternehmen eigenständig zu beurteilen.

Erfolgsrechnung

Siehe: Gewinn-und-Verlust-Rechnung.

Erfüllung

Lieferung des Basiswerts oder Barausgleich (Cash Settlement) bei Fälligkeit eines Future-Kontrakts. Der Barausgleich ersetzt bei bestimmten Future-Kontrakten Lieferung und Zahlung, indem der realisierte Gewinn gutgeschrieben oder der realisierte Verlust belastet wird. An der Eurex findet die Erfüllung zwei Börsentage nach Ausübung statt.

Ergebnis je Aktie

Das Ergebnis je Aktie wird von der Deutschen Vereinigung für Finanzanalyse und Anlageberatung (DVFA) nach einem vereinheitlichten Schema ermittelt. Das Ergebnis je Aktie nach DVFA soll den Ergebnistrend eines Unternehmens im Zeitablauf aufzeigen, die Basis schaffen, um die künftige Ergebnisentwicklung besser beurteilen zu können, Vergleiche des wirtschaftlichen Erfolgs zwischen verschiedenen Unternehmen ermöglichen und eine auch international geeignete Ausgangsgröße für die Bewertung von Kursen darstellen.

Erholt

Als Börsentendenz drückt erholt aus, dass die Kurse nach einem vorausgegangenen Abwärtstrend wieder steigen.

Erlös

Siehe: Umsatz.

Erneuerungsschein

Siehe: Talon.

ERP

ERP steht als Abkürzung für Enterprise Resource Planning. Mithilfe des ERP lässt sich der allgemeine Betrieb eines Unternehmens organisieren. In der Regel wird die meiste ERP-Software heutzutage mit integrierten E-Commerce-Anwendungen entworfen.

Ersatzinvestitionen

Siehe: Investitionen.

Ersatzsicherungsgeschäft

Siehe: Cross-Hedge.

Ersteinschuss

Siehe: Initial Margin.

Erstmarkt

Als Erstmarkt (oder auch Primärmarkt) werden die erstmalige Ausgabe von Wertpapieren und deren Platzierung bei Investoren oder Anlegern bezeichnet. Das Gegenteil ist der Umlaufmarkt (Sekundärmarkt), mit dem sowohl der allgemeine Börsenhandel als auch der außerbörsliche Handel gemeint sind.

Ertrag

Ertrag ist ein Begriff aus der Gewinn-und-Verlust-Rechnung eines Unternehmens. Alle Buchungsvorgänge, die den Gewinn erhöhen – etwa der Verkauf von Produkten –, gehören zu den Erträgen. Buchungsvorgänge, die die Gewinnrechnung vermindern, heißen Aufwand.

Ertragskraft

Die Ertragskraft wird durch die Rentabilität eines Unternehmens ausgedrückt. Dabei wird der Gewinn mit dem eingesetzten Kapital ins Verhältnis gesetzt.

Erweiterungsinvestitionen

Siehe: Investitionen.

Eröffnungskurs

1. Eröffnung und Bestimmung des Eröffnungskurses (Opening) eines bestimmten Wertpapiers zu Beginn der täglichen Börsenzeit nach einer

festgelegten Reihenfolge. 2. Mit Opening kann auch eine Opening Transaction (siehe Eröffnungstransaktion) gemeint sein.

Eröffnungstransaktion

Eine Eröffnungstransaktion (Opening Transaction) lässt eine Long- oder Short-Position entstehen oder erhöht diese. Dagegen schließt eine Closing Transaction eine bestehende Position. Am Terminmarkt können Kontrakte verkauft werden, ohne sie zu besitzen. Der Anleger hofft in diesem Fall, den verkauften Kontrakt zu einem späteren Zeitpunkt günstiger einzukaufen, um einen Gewinn zu erzielen.

Eskomptieren

Bei der Bewertung von Wertpapieren ein Ereignis berücksichtigen, bevor es eingetreten ist.

ETFs

Abkürzung für: Exchange Traded Fund, siehe: Indexaktien.

Eurex

Die European Exchange, kurz Eurex, ist eine Terminbörse für Futures und Optionen. Der Handel erfolgt ausschließlich über ein Computersystem. Die Eurex entstand im Mai 1998 durch den Zusammenschluss der Deutschen Terminbörse (DTB) und der Schweizer Terminbörse Soffex. Daher werden an ihr Derivate auf deutsche und Schweizer Werte gehandelt. Neben dem Hauptsitz in Frankfurt befindet sich eine weitere Niederlassung in Zürich.

Euribor

Abk. für: European Interbank Offered Rate; bezeichnet den Briefsatz ausgewählter europäischer Referenzbanken für Ausleihungen von Drei- und Sechs-Monats-Termingeldern an Erste Adressen im Interbankenhandel.

Euro Stoxx

Auf Grundlage der am 1. Januar 1999 in Kraft getretenen Währungsunion von elf europäischen Ländern haben die Deutsche Börse AG, die Gesellschaft Dow Jones und die Schweizer Börse im Rahmen einer Kooperation die Index-Familie Euro Stoxx ins Leben gerufen. Das bekannteste Mitglied ist der Dow Jones Euro Stoxx 50. Er enthält die wichtigsten Werte des Währungsraums. Die Auswahlkriterien sind Marktkapitalisierung, Börsenumsatz und Branche.

Euro Stoxx 50

Ein Index des Verlags Dow Jones, der unter anderem das Wall Street Journal und das US-Anlegermagazin Barron's herausgibt. Er umfasst die 50 größten börsennotierten Unternehmen im Gebiet der europäischen Einheitswährung.

Euro-Auslandsanleihe

Festverzinsliches Wertpapier, das von einem Emittenten außerhalb des Euro-Raums in Euro begeben wird. Zins und mögliche Tilgung erfolgen in Euro. Die Zinsen sind normalerweise auf Grund des ausländischen Emittenten höher als herkömmliche Euro-Anleihen. Das vorrangige Bewertungskriterium bei der Auswahl der Anleihe ist deswegen die Bonität des Schuldners.

Euro-Dollar-Deposits

US-Dollar-Anlagen, die außerhalb der USA entweder bei einer ausländischen Bank oder der Auslandsfiliale einer US-Bank deponiert werden.

Europäische Option

Bei einer europäischen Option kann der Inhaber der Option (Optionskäufer) das Optionsrecht nur am Ende der Laufzeit ausüben. Im Gegensatz dazu kann die amerikanische Option jederzeit während der gesamten Laufzeit ausgeübt werden.

European Exchange

Siehe: Eurex.

Euwax

Das Handelssegment European Warrant Exchange, kurz Euwax, wurde 1999 als spezielles Segment der Börse Stuttgart eingerichtet. Es bietet Anlegern eine Plattform, auf der verbriefte Derivate wie Plain-Vanilla-Optionsscheine, Knock-out-Produkte, Exotische Produkte, Anlagezertifikate, Aktienanleihen und Exchange Traded Funds (ETFs) gehandelt werden.

EVA

EVA steht als Abkürzung für Economic Value Added. Das bedeutet übersetzt so viel wie Wertsteigerung. Ein positiver EVA bedeutet, dass ein Unternehmen Werte schafft. Die Firma erwirtschaftet mit dem eingesetzten Kapital mehr Rendite, als ein risikoloses Investment am Kapitalmarkt bringt. Das EVA berechnet sich aus Rendite minus Kapitalkosteneinsatz.

Event Driven

Eine der wichtigsten Strategien von Hedge Fonds. Es wird in Unternehmen investiert, die in besondere Ereignisse (Fusionen, Übernahmen etc.) verstrickt sind oder sich in finanziellen Schwierigkeiten befinden. Dabei sind hohe Gewinne möglich, aber die Risiken sind ebenfalls beträchtlich.

Ewige Anleihe

Eine Anleihe ohne festgelegte Laufzeit. Die Laufzeit endet, wenn der Schuldner die Anleihe kündigt.

exB (ex Bezugsrecht)

Kurszusatz exB oder exBR: ex (ohne) Bezugsrecht. Die Aktie wird am Tag des Bezugsrechtsabschlags ohne Bezugsrecht gehandelt. Nach einer Kapitalerhöhung häufig der vorletzte Börsentag vor Ablauf der Bezugsfrist.

exBA (ex Berichtigungsaktien)

Kurszusatz: exBA: ex (ohne) Berichtigungsaktien. Kurszusatz am Tag des Berichtigungsaktienabschlags.

Excess Return

Excess Return ist auch unter dem Begriff Überschussrendite bekannt. Dabei handelt es sich um die Differenz zwischen der Rendite eines Portfolios und der Rendite einer risikolosen Kapitalanlage. Diese Differenz lässt sich in Prozent oder in absoluten Werten ausdrücken.

Exchange

Angelsächsische Bezeichnung für Börse.

Exchange Rates

Siehe: Wechselkurs.

Exchange Traded Funds (ETFs)

Siehe: Indexaktien.

exD (ex Dividende)

Kurszusatz exD, exDiv: ex (ohne) Dividende. Die Dividende ist ausgeschüttet und nicht mehr im Kurs enthalten. Der Dividendenabschlag erfolgt meist am zweiten Tag nach der Hauptversammlung.

Exercise

Siehe: Ausübung.

Exercise Price

Siehe: Basispreis.

Exhausting Gap

Begriff der charttechnischen Analyse: Ein Exhausting Gap tritt zum Ende eines Trends auf. Der Trendbruch steht hier unmittelbar bevor.

Exit

Begriff aus dem Übernahmegeschäft: Der Begriff Exit steht für den Verkauf einer Unternehmensbeteiligung. Der Exit erfolgt in der Regel entweder durch einen Börsengang (Going Public) oder durch Veräußerung an einen industriellen Investor oder einen strategischen Partner (Trade Sale). Weitere Ausstiegsmöglichkeiten sind der Verkauf an einen anderen Finanzinvestor (Secondary Purchase) oder der Rückkauf durch Alteigentümer.

Exit Tax

Werden Immobilien an einen Reit (siehe Real Estate Investment Trust) verkauft, unterliegt der Gewinn einem geringeren Steuersatz – der Exit Tax.

Expiration

Siehe: Verfall.

Expiration Date

Siehe: Verfallstag.

Ex-Pit Transactions

Außerbörsliche Transaktionen, die sich außerhalb der Börsenstände (Pits) abspielen. Sie beinhalten Zahlungsanweisungen, Andienungsabwicklungen und Kontoübertragungen offener Positionen auf andere Broker. Alle anderen Transaktionen, die den Handel mit Terminkontrakten betreffen, müssen in den Börsenständen im öffentlichen Ausrufverfahren erfolgen. Eine besondere Form der Ex-Pit Transactions ist der EFP-Markt.

Expresszertifikate

Sie beziehen sich meist auf einen Index oder eine Aktie. Dessen Stand am Emissionstag wird als Startniveau definiert. Der Emittent legt bis zur Fälligkeit mehrere Beobachtungstermine fest, die in der Regel jährlich oder halbjährlich sind. Für jedes Intervall zwischen diesen Zeitpunkten wird ein Performance-Kupon festgeschrieben. Liegt der Basiswert am ersten Beobachtungstag auf oder über seinem Startniveau, wird das Zertifikat sofort fällig gestellt. Der Anleger erhält sein eingesetztes Kapital plus den Kupon. Liegt der Basiswert am Beobachtungstag unter seinem Startkurs, verlängert sich die Laufzeit des Papiers bis zum nächsten Beobachtungstag. Liegt dann der Startkurs über oder auf dem Ausgangsniveau, erhält der Anleger seinen Einsatz plus einen höheren Kupon als beim ersten Beobachtungstermin – meist ist er doppelt so hoch. Ist das nicht der Fall, beginnt das Spiel von neuem – diesmal wieder mit einem höheren Kupon (meist das Dreifache wie am ersten Prüftermin). So geht es immer weiter bis zum Ende der Laufzeit. Die meisten Expresszertifikate haben maximal eine vier- bis fünfjährige Laufzeit.

EZB

Abk. für: Europäische Zentralbank.

F

Fairer Preis

Begriff aus dem Optionsgeschäft, mit dem der gerechte Wert einer Option auf Grund eines mathematischen Modells charakterisiert werden soll, wobei der Kurs des Basiswerts, Basispreis, Volatilität, Restlaufzeit, Dividenden und Zinssätze die beeinflussenden Faktoren sind.

Fair Value

Siehe: Fairer Preis.

Fälligkeit

Zeitpunkt, zu dem ein Terminkontrakt ausläuft. Eine Lieferung wird vermieden, wenn die Position vor dem Fälligkeitsdatum glattgestellt wird.

Fast Market

Besondere Marktsituation, bei der von der Börse auf Grund eines momentan hohen Umsatzes keine Ausführung zu den aktuell angegebenen Preisen gewährleistet werden kann.

Fazilität

Fachbegriff aus dem Bereich geldpolitischer Instrumente: Die Zinssätze der Europäischen Zentralbank werden als Fazilitäten bezeichnet, vergleichbar mit dem Vorgänger in Deutschland, den Leitzinsen der Deutschen Bundesbank. Es wird zwischen der Einlagefazilität und dem Spitzenrefinanzierungssatz (vormals Lombardsatz) unterschieden.

FCM

Abk. für: Futures Commission Merchant.

Fed

Fed ist die umgangssprachliche Bezeichnung für Federal Reserve Board, also die US-Notenbank. Sie wurde 1913 vom US-Kongress gegründet.

Fehlbetrag

Siehe: Jahresfehlbetrag.

Feindliche Übernahme

Zusammenschluss von Firmen auf Druck eines Unternehmens. Die übernehmende Gesellschaft unterbreitet dabei den Aktionären des anderen Unternehmens ein Kaufangebot, um so eine Stimmenmehrheit zu erlangen. In Deutschland sorgte vor Jahren die feindliche Übernahme von Mannesmann durch Vodafone Airtouch für großes Aufsehen.

Feinunze

Gewichtseinheit für Edelmetalle. Eine Feinunze entspricht 31,1035 Gramm.

Fest

Tendenzbezeichnung an der Börse, wenn die Kursnotierungen zwischen einem und bis zu drei Prozent gestiegen sind. Gegensatz: Schwach.

Festgeld

Bei einer Bank eingezahltes Geld, das für einen zuvor vereinbarten Zeitraum angelegt wird. Die Dauer beträgt mindestens 30 Tage, der Zinssatz ist festgelegt. Oft muss der Anleger vor dem Rückzahlungstermin kündigen, ansonsten verlängert sich die Anlagedauer automatisch.

Festpreisverfahren

Das Festpreisverfahren wurde früher häufig bei der Zuteilung von Neuemissionen eingesetzt. Dabei wird ein bestimmter Aktienpreis für den Börsenkandidaten festgelegt. Damit entfällt für das Emissionskonsortium die Möglichkeit, den Preis auf veränderte Marktbedingungen während der Zeichnungsfrist anzupassen. Die mangelnde Flexibilität ist der

Grund, warum das Festpreisverfahren in der Praxis so gut wie nicht mehr angewendet wird.

Festverzinsliche Wertpapiere

Wertpapiere, bei denen vom Schuldner (Emittenten) das eingesetzte Kapital während der gesamten Laufzeit garantiert wird und zu einem festen Zinssatz verzinst wird. Das Besondere an festverzinslichen Wertpapieren ist deren Kursentwicklung, die sich entgegengesetzt zur Zinsentwicklung des Markts verhält. Das bedeutet, bei steigenden Zinsen fallen die Kurse von festverzinslichen Wertpapieren, und bei fallenden Zinsen steigen die Kurse von festverzinslichen Wertpapieren.

Fibonacci

Fibonacci war der Künstlername von Leonardo di Pisa, einem der bedeutendsten Mathematiker des Mittelalters (geb. um 1170). Er war unter anderem verantwortlich für die Einführung der arabischen Zahlen und der Dezimalzählweise (des Nachfolgers des römischen Nummernsystems) sowie für das Prinzip des Goldenen Schnitts. Für Anleger am wichtigsten sind die Fibonacci-Zahlenreihe sowie die Fibonacci-Zahlenverhältnisse. Das menschliche Verhalten, das letzten Endes die Kursverläufe prägt, unterliegt bestimmten Konstanten.

Fibonacci-Analyse

Mit der Fibonacci-Analyse kann eine komplette Handelsstrategie aufgebaut werden, wobei Retracements der kurz-, mittel- und langfristigen Trends berücksichtigt werden sollten. Fallen Retracement-Linien verschiedener Zeitebenen zusammen, so erhöht das die Bedeutung des entsprechenden Niveaus. Die Fibonacci-Zahlenreihe und -Verhältnisse werden außer zur Retracement-Berechnung noch für viele weitere Methoden zur Kursprognose angewendet. So werden beispielsweise nicht nur Kursziele, sondern auch Wendepunkte im Chart prognostiziert.

Fibonacci-Zahlenreihe

Diese von Fibonacci entdeckte Zahlenreihe wird nach der Formel $Z(n) = Z(n-1) + Z(n-2)$ berechnet (also $1 + 1 = 2$; $2+1 = 3$; $3 + 2 = 5$; $5 + 3 = 8$ ..). Sie reicht von 0, 1, 2, 3, 5, 8, 13, 21, 34, 55, 89, 144, 233 .. bis unendlich. Die Proportionen, in denen sich der Zahlenabstand vergrößert, sind in allen Lebensbereichen zu beobachten. Zum Beispiel verfügt eine durchschnittliche Sonnenblume über 89 Blätter, von denen sich 55 in die eine und in die andere Richtung drehen. In der Musik besteht eine Oktave aus 13 Tasten auf dem Flügel, 5 schwarzen und 8 weißen. Dividiert man Zahlen dieser Reihe untereinander, entstehen die Fibonacci-Zahlenverhältnisse. Auf diesen basieren in der Technischen Analyse berechnete Unterstützungen und Widerstände.

Fibonacci-Zahlenverhältnisse

Der proportionale Abstand der einzelnen Werte der Fibonacci-Zahlenreihe zueinander nähert sich einem konstanten Verhältnis.

Fibor

Abk. für: Frankfurt Interbank Offered Rate; bezeichnet den Briefsatz ausgewählter deutscher Referenzbanken für Ausleihungen von Drei- und Sechs-Monats-Termingeldern an Erste Adressen im Interbankenhandel.

Fill or Kill (FoK)

Einschränkung eines limitierten beziehungsweise eines kombinierten Auftrags: Der Auftrag muss vollständig ausgeführt werden. Wenn dies nicht möglich ist, wird der Auftrag vollständig ungültig. Bei der All-or-Nothing-Order würde es im Gegensatz dazu noch zu einer Teilausführung des Auftrags kommen.

Financial Future

Siehe: Finanzterminkontrakte.

Finanzanalyse

Systematische Beurteilung von Wertpapieren als Grundlage für die Anlagestrategie. Die Finanzanalyse berücksichtigt neben fundamentalen und charttechnischen auch marktpsychologische Aspekte der Aktien- und Rentenanlage. Dadurch soll ein fundiertes Urteil über die Qualität der Anlage ermöglicht werden.

Finanzergebnis

Das Finanzergebnis ist neben dem Betriebsergebnis und dem außerordentlichen Ergebnis ein Teil der Gewinn-und-Verlust-Rechnung (GuV) eines Unternehmens. Unter das Finanzergebnis fallen zum Beispiel

Zinserträge und -aufwendungen, Beteiligungserträge und -aufwendungen sowie Erträge und Aufwendungen aus anderen Wertpapieren des Finanzanlagevermögens.

Finanzinnovationen

Bei diesen Papieren sind nicht nur die Zinsen, sondern auch Kursänderungen in vollem Umfang steuerpflichtig; die Spekulationsfrist gilt nicht. Zu dieser Gattung zählen zum Beispiel Index- und Aktienanleihen.

Finanzierungskosten

Siehe: Carrying Charges.

Finanzierungslevel

Der Finanzierungslevel ist vergleichbar mit dem Basispreis oder Strike bei klassischen Optionsscheinen. Er wird bei Mini-Futures täglich um die Finanzierungskosten angepasst. Auf diese Weise gibt der Emittent seine Finanzierungskosten an den Anleger weiter. Durch ihn wird auch das Kursniveau ermittelt, das zur Berechnung des inneren Werts z. B. bei Mini-Futures dient. Dieser Wert errechnet sich, indem man den Finanzierungslevel vom aktuellen Kurs des Basiswerts subtrahiert und das Ergebnis mit der Ratio multipliziert.
Siehe auch: Basispreis.

Finanzierungsschätze

Finanzierungsschätze sind nicht börsennotierte Daueremissionen des Bundes mit einem Mindestanlagebetrag von 500 Euro. Sie werden mit ein- oder zweijähriger Laufzeit angeboten. Die Zinszahlung erfolgt in Form der Abzinsung: Die Zinsen werden diskontiert und bereits bei Ausgabe vom Nominalwert der Papiere abgezogen.

Finanzinnovation

Als Finanzinnovationen gelten Anleihentypen, deren Besteuerung sich nach § 20 Abs. 2 Nr. 4 des Einkommensteuergesetzes (EStG) richtet. Diese Vorschrift legt für den Veräußerungsfall und auch für die anschließende Einlösung fest, dass die Besteuerung grundsätzlich nach der Emissionsrendite zu erfolgen hat. Das ist die Rendite, die bei Emission einer Anleihe sicher zugesagt werden kann. Ist diese Rendite nicht nachweisbar, wird der gesamte erzielte Gewinn, die sogenannte Marktrendite, versteuert. Folgende Anleihentypen gelten als steuerpflichtige Finanzinnovationen: Aktienanleihe, kündbare Anleihe (Callables), niedrig verzinsliche Anleihe, Nullkuponanleihe (Zerobonds), Stufenzinsanleihe, Umtauschanleihe und variable verzinsliche Anleihe (Floater).

Finanz-Terminkontrakt

Finanzterminkontrakte sind Optionen und Futures, die sich auf ein Finanzinstrument (Financials) beziehen. Vor diesem Hintergrund werden Aktien, Aktienindizes, Währungen, Zinsinstrumente (Geld- und Kapitalmarktpapiere) und Finanzterminkontrakte selbst als Finanzinstrumente verstanden. Derivate auf sogenannte Financials erlauben die Absicherung eines realen Wertpapierportfolios. Im Gegensatz dazu gibt es Rohstoff-Terminkontrakte (Commodities).

First Notice Day

Bezeichnung für denjenigen Tag, der dem ersten Anzeigetag der Andienung entspricht. Die Anzeige über das Vorhaben, eine Ware zur Erfüllung eines auslaufenden Future-Kontrakts zu liefern, kann durch den Verkäufer an ein Clearinghaus nicht vor dem ersten Anzeigetag erfolgen. Die Anzeige zur Lieferung wird vom Clearinghaus einem Käufer mit der ältesten Position zugeteilt. Der First Notice Day kann für verschiedene Waren unterschiedlich sein und wird von der Börse festgesetzt.

Fixed Income

Siehe: Festverzinsliche Wertpapiere.

Fixed Income Securities

Siehe: Festverzinsliche Wertpapiere.

Fixing

Die regelmäßig zur gleichen Tageszeit vorgenommene Festlegung fester Referenzpreise zum Beispiel für Silber, Gold oder Platin. Der ermittelte Fixingpreis ist das Ergebnis der zu diesem Zeitpunkt herrschenden Marktverhältnisse; er bleibt bis zur Festlegung des neuen Fixingpreises für alle Transaktionen der Händler maßgebend.

Flagge

Technische Formation, die dadurch gekennzeichnet ist, dass jeweils Hoch- und Tiefpunkte einer Kursbewegung verbunden werden. Zur Bildung einer Flagge müssen beide Begrenzungslinien entgegen dem Trend verlaufen. So können sowohl Aufwärts- als auch Abwärtsflaggen entstehen.

Flagge, bullisch

Eine bullische Flagge ist gelegentlich nach der Hälfte einer steil verlaufenden Aufwärtsbewegung zu beobachten. Die Kurse pendeln dann in einer relativ engen Bandbreite, um die zu schnellen Gewinne zu verdauen. Mit etwas Phantasie kann man sich den steilen Anstieg als Flaggenmast und die Konsolidierungszone als Flagge vorstellen. Danach brechen die Kurse nach oben aus (Auflösung des Kursmusters) und legen – laut Lehrbuch – nochmal die gleiche Strecke zurück, die sie seit Beginn der Aufwärtsbewegung bereits bewältigt haben (man sagt, die Flagge weht auf Halbmast).

Floating Rate Notes

Ein verzinsliches Wertpapier mit einer Laufzeit zwischen fünf und zehn Jahren, die bei der Ausgabe der Papiere festgelegt wird. Im Gegensatz zum festverzinslichen Wertpapier ist die Höhe der Zinszahlungen nicht von vornherein über die gesamte Laufzeit bestimmt. Die variable Verzinsung ist abhängig vom ausgewählten Geldmarktzins und einem Aufschlag, der von der Bonität des Anleihenschuldners abhängt. Die Rückzahlung des eingesetzten Kapitals wird hierbei durch den Emittenten garantiert.

Floor

Englischer Begriff für Boden. Im Kapitalmarkt wird mit Floor ein Geschäft bezeichnet, durch das der Käufer eines Finanzinstruments sein Verlustrisiko begrenzen kann. Dabei handelt es sich um eine vertragliche Vereinbarung zwischen dem Käufer und dem Verkäufer, dass beim Sinken eines Finanzinstruments unter eine vorher vereinbarte Marke der Verkäufer dem Käufer den Differenzbetrag zwischen der Marke und dem Marktwert erstattet.

Floor Broker

Ein Börsenhändler, der Aufträge im Börsensaal für andere Leute ausführt. Er wird auch Pit Broker genannt, weil er in den achteckigen Börsenständen handelt.

Floor Trader

Ein Börsenmitglied, das im Börsensaal auf eigene Rechnung handelt. Er wird auch als Scalper oder Local bezeichnet. Ein Scalper versucht, geringe Kursbewegungen auszunutzen.

FOMC

FOMC ist die Abkürzung für Federal Open Market Committee, was dem Offenmarktausschuss der US-Notenbank (Federal Reserve Bank, Fed) entspricht. Im FOMC sitzen zwölf stimmberechtigte Mitglieder, sieben vom Zentralbankausschuss (Fed; Board of Governors), fünf Präsidenten der Notenbank.

Fonds

Als Fonds wird das von Investmentgesellschaften verwaltete Kapitalvermögen der Anleger bezeichnet. Je nach Anlagestrategie sind verschiedene Arten von Fonds zu unterscheiden – etwa Aktienfonds oder Immobilienfonds. Fonds basieren auf dem Prinzip der Risikostreuung. Das Vermögen wird in mehrere ausgewählte Werte investiert, um titelspezifische Risiken abzuschwächen. Auf Grund der immer weiter steigenden Anzahl von Fonds werden diese nach Art des Anlegerkreises (Publikums- oder Spezialfonds), nach verwalteten Vermögenswerten (zum Beispiel Aktien-, Renten-, Spezialitätenfonds oder gemischte Fonds), nach Konstruktionsart (Offener oder Geschlossener Fonds) oder nach Ausschüttungsart (Ausschüttungsfonds oder Thesaurierender Fonds) unterschieden.

Fonds, thesaurierend

Siehe: Thesaurierender Fonds.

Fondsarten

Fondsarten werden unterschieden nach Art der 1. Ertragsverwaltung: thesaurierende Fonds, ausschüttende Fonds, 2. Anlagewerte: Wertpapierfonds (zum Beispiel Aktien-, Renten-, gemischte Fonds), Immobilienfonds, Spezialitätenfonds (zum Beispiel Länderfonds, Geldmarktfonds, Dachfonds), 3. Zielgruppe: Publikumsfonds sind für jeden zugänglich. Dagegen haben Spezialfonds einen begrenzten Kreis von maximal zehn institutionellen Anlegern, meist Industrieunternehmen und Versicherungen, die Teile ihrer Gelder extern verwalten lassen.

Fondsbörsenhandel

Seit 2002 können Anleger Fonds auch an der Börse kaufen. Bis dahin war es ausschließlich möglich, die Anteile außerbörslich bei der Fondsgesellschaft zu ordern – entweder als Direktkunde oder über die eigene Bank. Beim Börsenhandel fällt im Unterschied zum traditionellen Orderweg kein Ausgabeaufschlag an. Eine Order über die Börse wird zudem schneller ausgeführt. Es entstehen jedoch Kosten, da die Fonds mit einer Spanne (Spread) gehandelt werden und übliche Transaktionsgebühren anfallen.

Fondsgebundene Lebensversicherung

Investition in einen Fonds gekoppelt mit Lebens- oder Rentenversicherung. Diese Kombination erbringt manchmal höhere Renditen als herkömmliche Policen. Allerdings sind die Abschluss- und Verwaltungskosten oft stattlich.

Fondsgeschäftsjahr

Der Begriff Fondsgeschäftsjahr bezieht sich auf die Abrechnungsperiode eines Fonds. Das Geschäftsjahr einzelner Investmentfonds muss nicht mit dem Geschäftsjahr der Kapitalanlagegesellschaft (auch Investmentgesellschaft) identisch sein.

Fondsmanagement

Das Management von Fonds trifft im Auftrag der Kapitalanlagegesellschaft die Anlageentscheidungen für die anvertrauten Fonds.

Fondsmanager

Bei aktiv gemanagten Fonds ist für die Anlage meist eine Person zuständig: der Portfolio- oder Fondsmanager. Er trifft die maßgeblichen Entscheidungen und vertritt den Fonds oft auf Präsentationen. Je nach Gesellschaft wird allerdings in unterschiedlichen Maß der Manager von einem Team unterstützt (oder ersetzt). In manchen Fällen ersetzen auch computergestützte Modelle (quantitatives Management) Erfahrung, Intuition und Gespür eines Fondsmanagers. Durch gute Performance und öffentliche Auftritte habe etliche Manager eine große Bekanntheit erlangt.

Fondspreis

Als Fondspreis wird der Preis eines Fondsanteils bezeichnet. Dieser wird täglich aus dem Kurswert der Wertpapiere ermittelt, in die der Fonds investiert ist.

Fondssparplan

Regelmäßiger Kauf von Fondsanteilen mit voller Flexibilität und beliebiger Anspardauer.

Fondsvermögen

Bezeichnung für das vom Management einer Fondsgesellschaft verwaltete Vermögen. Das Management darf nur in solchen Anlagen investieren, die im Fondsprospekt genannt und beschrieben werden. Nach deutschem Recht ist ein Investmentfonds ein Sondervermögen, das von einer Kapitalanlagegesellschaft (KAG) verwaltet und von einer von ihr unabhängigen Depotbank verwahrt wird. In einem Investmentfonds bündelt eine KAG die Gelder vieler Anleger, um sie nach dem Prinzip der Risikomischung in verschiedenen Vermögenswerten Gewinn bringend anzulegen. Entscheidend ist, dass die Anlagergelder getrennt von Eigenmitteln der Fondsgesellschaft verwahrt werden und daher im Falle einer Schieflage der KAG sicher sind.

Footsie

Siehe: FTSE-100.

Fortlaufende Notierung

Siehe: Variable Notierung.

Fortsetzungsformation

Siehe: Bestätigungsformation.

Forward-Kontrakt

Ein Vertrag, der außerbörslich durch zwei Parteien eingegangen wird, die sich auf einen künftigen Kauf/Verkauf einer bestimmten Ware einigen. Dieser Vertrag unterscheidet sich insofern von einem Terminkontrakt (Future), als die Vertragspartner hierbei direkt miteinander verhandeln und einen Vertrag abschließen. Die Bedingungen eines Forward-Kontrakts (individuelles Termingeschäft) werden zwischen Käufer und Verkäufer ausgehandelt, während Terminbörsen die Bedingungen für einen standardisierten Kontrakt festsetzen (mit Ausnahme des Kurses oder des Preises).

Forward Pricing

Forward Pricing ist ein Begriff, der im Zusammenhang mit Investmentfonds gebräuchlich ist. Darunter wird verstanden, dass der Ausgabepreis des auf den Handelstag folgenden Tags als Abrechnungskurs zugrunde gelegt wird. So schließen die Fondsgesellschaften Arbitragegeschäfte aus.

Fraktion

Eine Fraktion (Odd Lot) ist jede Menge an Titeln, die kleiner als eine Schlusseinheit ist. Odd Lots können nur als Bestens-Aufträge in das Auftragsbuch eingegeben werden. Zur Ausführung werden sie zu Round Lots zusammengefasst und dann Bestens zum Abschluss gebracht.

Frankfurter Börse

Die Frankfurter Börse ist die führende deutsche Wertpapierbörse. Sie führt aber auch den Abschluss von Handelsgeschäften in Zahlungsmitteln aller Art und Edelmetallen aus.

Freefloat

Siehe: Streubesitz.

Free Retention

Als Free Retention wird ein bestimmtes Kontingent neuer Aktien bezeichnet, die ein Börsenaspirant (im Einverständnis mit dem Konsortialführer) den Emissionsbanken zur freien Verteilung überlässt. Die Höhe dieser Free Retention beträgt in der Regel zwischen zwei und fünf Prozent des Emissionsvolumens.

Freibetrag

Bei Einkünften aus Kapitalvermögen – etwa Zinseinkünften – beziffert der Freibetrag das Volumen, bis zu dem die Einkünfte nicht versteuert werden müssen. In Deutschland liegt der Sparer-Freibetrag seit Januar 2007 bei 750 Euro pro Person. Hinzu kommt der sogenannte Freibetrag für Werbungskosten von 51 Euro pro Person. Bei Verheirateten verdoppeln sich die beiden Freibeträge. Im Gegensatz zur Freigrenze wird der Freibetrag von der zu versteuernden Summe subtrahiert.

Freigrenze

Im Steuerrecht die Bezeichnung für Beträge, die steuerfrei bleiben, wenn der Grenzbetrag nicht überschritten wird. Bei Überschreiten muss der gesamte Betrag versteuert werden.

Freimakler

Siehe: Makler.

Freistellungsauftrag

Maximal über 801/1.602 Euro (Ledige / Verheiratete) darf man seiner Bank einen Freistellungsauftrag erteilen oder die Summe auf mehrere Banken verteilen. Das ist der Sparerfreibetrag plus Werbungskostenpauschale (51 Euro pro Person).

Freiverkehr

Börsensegment, das aus dem Zusammenschluss der Marktsegmente Geregelter Freiverkehr und Ungeregelter Freiverkehr entstanden ist. Die Kursfeststellungen führen die freien Makler und Banken durch. Die Zulassungsvorschriften sind vereinfacht. Vielfach werden dort auch ausländische Werte gehandelt.

Fremdemission

Die Fremdemission ist die gängige Emissionsart, bei der zur Platzierung der Wertpapiere ein Kreditinstitut bzw. ein Bankenkonsortium eingeschaltet wird. Dabei gibt es drei Möglichkeiten: 1. Die Bank tritt als Geschäftsbesorger auf. Dann beschränkt sich ihre Funktion auf Zeichnungs-, Vermittlungs- und Verwaltungstätigkeiten. 2. Die Bank führt den Verkauf kommissionsweise für Rechnung des Emittenten aus und erhält dafür eine Vergütung. 3. Die Bank tritt als Selbstkäufer auf, übernimmt die Wertpapiere zum Übernahmekurs und bietet sie zum höheren Emissionskurs dem Publikum an. Gegensatz: Selbstemission.

Fremdkapital

Bezeichnung für die Verbindlichkeiten eines Unternehmens gegenüber Dritten, also Passiva minus Eigenkapital. Je nach Fristigkeit der Verbindlichkeit wird unterschieden zwischen kurz- und langfristigem Fremdkapital.

Fremdwährungsbonds

Das sind alle Zinspapiere, die auf eine andere Währung als den Euro lauten.

Freundlich

Tendenzbezeichnung an der Börse, wenn die Kursnotierungen bis zu einem Prozent gestiegen sind. Gegensatz: Leichter.

Friends & Family-Programm

Ein Friends & Family-Programm ist ein spezielles Aktienkontingent, das von einem Unternehmen im Rahmen eines Börsengangs (IPO) für Verwandte, Bekannte, Geschäftspartner oder Mitarbeiter zur bevorrechtigten Zeichnung reserviert wird. Der Umfang solcher Programme wird vom Unternehmen selbst festgelegt.

Front Running

Als Front Running wird eine Form des Insiderhandels bezeichnet. Die betreffende Person besitzt kursbeeinflussende Informationen über eine Aktie und kauft oder verkauft vor der Bekanntgabe der Nachricht.

Frühzeichner-Rabatt

Beliebtes Mittel bei Neuemissionen oder Kapitalerhöhungen, um Anlegern einen Anreiz zu bieten, die Aktie bereits in einem frühen Stadium zu zeichnen. Bei der dritten Tranche der Deutsche-Telekom-Aktien, die vom 31. Mai bis zum 16. Juni 2000 gezeichnet werden konnten, erhielten diejenigen Anleger einen Frühzeichner-Rabatt von drei Euro, die bis zum 9. Juni 2000 ihren Zeichnungsauftrag abgegeben hatten.

FTSE-100

Index der Tageszeitung Financial Times, aufgebaut auf den 100 führenden Aktien der Londoner Aktienbörse. Kurz: Footsie.

Fund

Angelsächsische Bezeichnung für: Investmentfonds.

Fundamentalanalyse

Diese Methode versucht, möglichst viele volks- und betriebswirtschaftliche Daten und Informationen zu einem Wertpapier, zu einem derivaten Instrument oder anderen Wert zu sammeln, gegeneinander abzuwägen und schließlich eine Prognose hinsichtlich der künftigen Marktentwicklung zu stellen. Die Fundamentalanalyse versucht, den inneren Wert der zu handelnden Werte zu ermitteln, um diese dann vergleichen zu können. Wichtige Kennzahlen bei der Fundamentalanalyse sind das KGV, Cashflow je Aktie und der Buchwert. Ein Problem bei der Fundamentalanalyse stellen die Vollständigkeit der Prognosewerte und die richtige Einschätzung der Auswirkungen und komplexen Wechselwirkungen auf den Markt dar.

Fungibilität

Liquidität einer Klasse von Finanzinstrumenten. Von hoher Fungibilität spricht man bei Wertpapieren oder Rechten, die kurzfristig zu Geld gemacht werden können, zum Beispiel Aktien, Anleihen, Zertifikate und Optionsscheine. Dagegen sind Immobilien, physische Rohstoffe oder Diamanten von geringer Fungibilität.

Futures

Futures sind börsengehandelte, unbedingte Terminkontrakte. Futures unterliegen hinsichtlich ihrer Kontraktspezifikationen einer strikten Standardisierung (wie Kontraktgröße, Lieferzeitpunkt und Basiswert). Ihre Erfüllung ist, im Gegensatz zu bedingten Termingeschäften, sowohl für Käufer als auch für Verkäufer unbedingt bindend.

Futures Commission Merchant (FCM)

Siehe: Terminbörsenmakler.

Futures-Börse

Siehe: Terminbörse.

Fünf-Minuten-Chart

Siehe: Stundenchart.

Fungibilität

Bezeichnung für Wertpapiere und Devisen, bei denen die einzelnen Stücke ohne weiteres ausgetauscht werden können. Die Börse wird als Markt für fungible Güter bezeichnet.

Fusion

Zusammenschluss von mindestens zwei Unternehmen, wobei eines das gesamte Vermögen und Verbindlichkeiten übernimmt oder beide Unternehmen in eine neue Gesellschaft eingebracht werden.

Future-Spread-Margin

Die Clearingstellen der Terminbörsen versuchen, die Marginbelastungen ihrer Mitglieder so gering wie möglich zu gestalten. Daher ist die Future-Spread-Margin als sogenannte Netto-Margin meist geringer als die Brutto-Margin. Wenn ein „guter“ Anleger eine Short-Position in einem März-Kontrakt offen hat und gleichzeitig eine Long-Position im September-Kontrakt, wird er normalerweise nicht mit zwei vollen Marginanforderungen belastet, da die Risiken sich zum Teil gegenseitig aufheben.

Future-Style-Option

Bei dieser Option bezahlt der Käufer der Option nicht wie gewöhnlich einmalig eine Optionsprämie, sondern hinterlegt wie bei den Futures eine Sicherheitsleistung (Margin). Zum Zeitpunkt des Optionskaufs wird trotzdem eine Optionsprämie angegeben, die für den Optionsinhaber betraglich dem Maximum aller Marginleistungen (inklusive Nachschüsse) entspricht. Der Verkäufer der Option besitzt eine solche Leistungsbeschränkung der Marginzahlungen nicht. Er sieht sich einem theoretisch unbegrenzten Risiko gegenüber.

Future-Style-Premium

Anwendung des Mechanismus des Future-Margining auf Optionen, in der Regel bei Optionen auf Futures. Der Käufer einer Option mit Future-Style-Premium muss nicht wie gewöhnlich einmalig eine Optionsprämie bezahlen, sondern hinterlegt wie beim Future eine Sicherheitsleistung (Margin), die tagtäglich an die Tagesschwankungen angepasst wird. Die Einschusszahlungen sind auf die volle Optionsprämie zum Zeitpunkt des Optionskaufs beschränkt. Im Gegensatz dazu besitzt der Optionsverkäufer keine Beschränkung auf die Optionsprämie, er besitzt theoretisch ein unbegrenztes Verlustrisiko.

FWB

Abk. für: Frankfurter Wertpapierbörse.

G

G (Geld)

Kurszusatz: Geld, Nachfrage. Es lag nur Nachfrage vor, aber kein oder nur ein geringfügiges Angebot zum angegebenen Kurs.

Gambler

Jemand, der sich aus künstlichen, nicht kalkulierbaren Risiken einen Gewinn erhofft. Der Glücksspieler unterscheidet sich vom Spekulanten. Der Spekulant profitiert von einer Preisveränderung, wenn er genügend Angebots- und Nachfragefaktoren zur Preisbestimmung kennt.

Gamma

Das Gamma ist eine Maßzahl für den Einfluss der Kursveränderung des Basiswerts auf das Delta einer Option. Das Gamma gibt also die Veränderung des Deltas an, wenn sich der Kurs oder der Preis des Basiswerts um eine Einheit bewegt.

Gamma-Faktor

Siehe: Gamma.

Gamma-Hedge

Ein Gamma-Hedge existiert dann, wenn Optionspositionen so kombiniert werden, dass sich die gewichtete Summe aller Deltas der Optionspositionen bei Kursveränderungen des zu Grunde liegenden Basiswerts (Underlying) nicht verändern.

Gap

Charttechnische Erscheinung, die dadurch gekennzeichnet ist, dass im Chart zwischen dem Schlusskurs vom vorhergehenden Börsentag und dem Anfangskurs des nachfolgenden Börsentags eine Lücke entsteht, die sich durch nicht gehandelte Kurse ergibt.

Garantiefonds

Ein Garantiefonds ist ein Investmentfonds, der dem Anleger die Rückzahlung des eingezahlten Kapitals zu einem bestimmten Zeitpunkt gewährleistet. Die Garantie gilt nicht, wenn die Fondsanteile vor der vereinbarten Fälligkeit verkauft werden.

Garantieprodukt

Finanzderivat mit Garantie der Rückzahlung des Emissionswerts. Die Garantie kann den vollen Emissionswert oder auch nur einen Teil davon umfassen. Näheres findet sich in den Emissionsbedingungen.

Garantiespannenzertifikat

Finanzderivat, das eine spezielle Ausprägung eines Garantiezertifikats darstellt. Die Garantiepflicht des Emittenten entfällt, falls der Kurs des Basisobjekts ein bestimmtes Niveau unterschreitet.

Garantiezertifikate

Papiere, bei denen der Emittent dem Anleger zusichert, dass er am Laufzeitende sein eingesetztes Kapital wieder zurückbekommt.

GDP

GDP ist die Abkürzung für den angelsächsischen Ausdruck Gross Domestic Product und bedeutet Bruttoinlandsprodukt.

GDR

GDR steht als Abkürzung für Global Depositary Receipt. Dabei handelt es sich um Zertifikate, die dem Inhaber eine bestimmte Zahl an Aktien des Unternehmens verbriefen. Wenn ein Unternehmen in einem anderen Land gelistet werden möchte, dann gibt dieses Unternehmen meist nicht Aktien, sondern GDRs aus.

Gearing

Unter Gearing versteht man das Produkt aus Hebel und Delta eines Optionsscheins. Dabei handelt es sich um die Maßzahl, die die prozentuale Veränderung des Optionsscheinkurses bei einer prozentualen Veränderung des zu Grunde liegenden Bezugswerts angibt.

Gedeckte Position

Eine Transaktion, die durch eine entgegengesetzte, aber gleichwertige Transaktion ausgeglichen ist. Beispiel: Wenn ein Anleger auf eine bestehende Kassaposition (zum Beispiel Aktien) eine Kaufoption (Call) schreibt, so ist die Optionsposition gedeckt (covered). Der Anleger besitzt den Basiswert und kann ihn liefern, falls die Option ausgeübt wird.

Gegengeschäft

Durch ein Gegengeschäft werden offene Positionen aus Optionsgeschäften glattgestellt.

Gekaufter Spread

Siehe: Long Spread.

Geldentwertung

Siehe: Inflation.

Geldkurs

Siehe: Bid.

Geldmarkt

Markt für kurzfristige Guthaben und Kredite. Gegensatz: Kapitalmarkt.

Geldmarktfonds

Investmentfonds, die ihr Kapital in Geldmarktpapieren anlegen.

Geldmenge

Das einer Volkswirtschaft zur Verfügung stehende Geldvolumen. Drei verschiedene Geldmengenaggregate stehen zur Verfügung: M1 umfasst Bargeldumlauf ohne Bestände bei Banken sowie die Giroguthaben inländischer Nichtbanken bei den Kreditinstituten. M2 umfasst M1 plus Termineinlagen inländischer Nichtbanken mit Laufzeiten bis zu vier

Jahren. M3 umfasst M2 plus Spareinlagen mit gesetzlicher Kündigungsfrist von drei Monaten.

Geldmengenaggregat

Siehe: Geldmenge.

Geldpolitik

Eine mögliche Maßnahme der Notenbank zur Steuerung der Geldmenge mit dem Ziel der Geldwertstabilität.

Geldwert

Bezeichnung für die Kaufkraft des Gelds.

Gemischte Fonds

Gemischte Fonds können sowohl in Aktien als auch in Renten investieren und bieten somit eine größere Anlageflexibilität.

General Standard

Segment der Deutschen Börse für Aktiengesellschaften, die die vom deutschen Gesetzgeber vorgeschriebenen Transparenzstandards erfüllen. Die Zulassung bedarf keiner Mitwirkung der Emittenten und erfolgt automatisch mit einem Listing im Amtlichen Markt oder Geregelten Markt.

Generationenvertrag

Grundlage des gesetzlichen Rentensystems in Deutschland: Die Rentenbeiträge einer Generation werden nicht gespart, sondern direkt an die derzeitigen Rentner ausgezahlt. Der Versicherte erwirbt nur einen Rechtsanspruch auf eine spätere Rente, die dann aus den Beiträgen der kommenden Generation bezahlt wird.

Genussaktien

Genussaktien sind Genussscheine, die mit einem Stimmrecht ausgestattet sind.

Genussscheine

Gewinnbeteiligungspapiere, die keine Mitgliedschaftsrechte (zum Beispiel Stimmrecht), sondern nur Vermögensrechte verschaffen, indem das Genussscheinkapital bei der emittierenden Gesellschaft Eigenkapital darstellt. Damit stellen die Genussscheine eine Zwitterform zwischen Aktie und Anleihe dar. Gegebenenfalls kann auch eine Teilnahme am Verlust des Unternehmens vereinbart sein.

Geregelter Freiverkehr

Handel mit nicht amtlich notierten Werten, der von Freimaklern abgewickelt wird.

Geregelter Markt

Ein Segment des Börsenhandels in Deutschland neben dem Amtlichen Handel und dem Freiverkehr. Die Vorschriften bei der Börseneinführung und zur Veröffentlichung von Unternehmensdaten sind weniger streng als im Amtlichen Handel. Eine Notierung am Geregelten Markt ist für Aktiengesellschaften deshalb preisgünstiger als im Amtlichen Handel. Für Anleger bietet der Geregelte Markt jedoch weniger Transparenz. Es gibt ihn seit 1987.

German Market Indicator

Siehe: G-Mind.

Gesamtkapitalrendite

Die Gesamtkapitalrendite gibt Aufschluss darüber, wie sich das gesamte eingesetzte Kapital, bestehend aus Eigen- und Fremdkapital, durch die Geschäftstätigkeit des Unternehmens verzinst. Sie errechnet sich aus dem Jahresüberschuss zuzüglich der Fremdkapitalzinsen geteilt durch Gesamtkapital mal 100. Beispiel: Eigenkapital 30 Millionen Euro; Fremdkapital 100 Millionen Euro; Fremdkapitalzinsen acht Millionen Euro; Jahresüberschuss 15 Millionen Euro; Gesamtkapitalrendite = (15 Millionen Euro + acht Millionen Euro x 100) / (100 Millionen Euro + 30 Millionen Euro) = 6,27 Prozent.

Geschlossene Fonds

Bei Geschlossenen Fonds (Closed-End-Funds) wird der Verkauf von weiteren Anteilen eingestellt, nachdem das vorher festgesetzte Ausgabevolumen erreicht ist. Ein Rückkauf an die Gesellschaft ist während der Laufzeit nicht vorgesehen, ein Börsenhandel mit Dritten ist dagegen möglich. Gegensatz: Offener Fonds.

Geschäftsjahr

Das Geschäftsjahr (oder Wirtschaftsjahr) nach § 240 HGB umfasst die Periode von der Eröffnungs- bis zur Schlussbilanz eines Unternehmens. Es ist der Zeitraum, für den die Ergebnisse einer Firma regelmäßig abschließend buchmäßig festgestellt werden. Für gewöhnlich läuft ein Geschäftsjahr vom 1. Januar bis 31. Dezember, es sind aber auch Abweichungen vom Kalenderjahr möglich – etwa ein Geschäftsjahr vom 1. Oktober bis 30. September.

Gesetzliche Rentenversicherung

Die Pflichtversicherung für Arbeitnehmer gewährt eine lebenslange, monatliche Rentenleistung.

Gestrichen

Kurszusatz, der besagt, dass kein Handel zustande gekommen ist.

Gewichtung

Statistisches Verfahren zur Berechnung von Mittelwerten aus Einzelzahlen. Ziel ist es, eine möglichst ausgewogene Gewichtung zu erhalten, die den betreffenden Index genau abbildet. Die Gewichtung setzt sich aus Einzelzahlen zusammen, die nach der Häufigkeit ihres Auftretens, nach Umsatzmengen und ähnlichen Faktoren multipliziert werden. Um Indexzahlen zu berechnen, wird das Basisjahr oder das Beobachtungsjahr standardisiert und als Basis verwendet. Daraus entwickelt sich der jeweilige Anteil einer Aktie an der Gesamtheit.

Gewinn

Auch Jahresüberschuss genannt. Überschuss eines Geschäftsjahrs, aus dem sich der Bilanzgewinn ergibt, der dann an die Aktionäre ausgeschüttet wird.

Gewinn-und-Verlust-Rechnung (GUV)

Die Gewinn-und-Verlust-Rechnung ist eine Gegenüberstellung von Aufwendungen und Erträgen zur Ermittlung des Ergebnisses eines Unternehmens. Sie ist nach § 242 Abs. 3 HGB Pflichtbestandteil des Jahresabschlusses.

Gewinnmarge

Der Gewinn eines Unternehmens geteilt durch den Umsatz im gleichen Zeitraum, ausgedrückt in Prozent. Die Gewinnmarge ist ein Maßstab dafür, wie wirtschaftlich ein Unternehmen arbeitet.

Gewinnmitnahmen

Als Gewinnmitnahmen werden Kursgewinne bezeichnet, die realisiert werden. Aus Buchgewinnen werden tatsächliche Einkünfte. Nach einer Anstiegsphase verkaufen Anleger oft die entsprechende Aktie, um den Kursgewinn einzustreichen. Aus steuerlicher Sicht ist die Spekulationsfrist zu beachten. Erst nach einem Jahr sind Kursgewinne steuerfreie Einnahmen.

Gewinn pro Aktie

Entspricht dem Unternehmensgewinn geteilt durch die Zahl der Aktien. Aus dem Gewinn pro Aktie errechnet sich das bei der fundamentalen Aktienanalyse wichtige Kurs-Gewinn-Verhältnis (KGV).

Gewinnrücklage

Die Gewinnrücklage ist nach dem Handelsgesetzbuch (HGB) Bestandteil des Eigenkapitals eines Unternehmens. Sie wird ausschließlich aus dem Unternehmensgewinn oder aus Teilen davon gebildet.

Gewinnschuldverschreibung

Eine Gewinnschuldverschreibung (auch Gewinnteilschuldverschreibung) ist eine festverzinsliche Unternehmensanleihe, die dem Eigentümer neben dem Recht auf eine feste Grundverzinsung auch einen Anspruch auf einen variablen Anteil am Reingewinn der Gesellschaft verbrieft. Ab wann dieser Zuschlag gezahlt wird, ist in den Emissionsbedingungen festgelegt. In der Regel wird er aber von der Höhe der Dividende abhängig gemacht. Die feste Grundverzinsung ist dabei niedriger als bei vergleichbaren Anleihen ohne Gewinnbeteiligung.

Gewinnschwelle

Siehe: Break-even-Point.

Gewinn vor Steuern

Der Gewinn vor Steuern ist der Gewinn ohne die Berücksichtigung steuerlicher Belastungen. Diese Kennzahl sorgt bei Aktiengesellschaften für Transparenz. Einerseits sind die Ergebnisse verschiedener Firmen leichter vergleichbar, andererseits die Ergebnisse vorheriger Geschäftsjahre eines Unternehmens.

Gewinnwachstum

Das Gewinnwachstum bezeichnet den prozentualen Zuwachs des Gewinns je Aktie bezogen auf den Zeitraum vom nächsten zum übernächsten Geschäftsjahr.

Gewinnwarnung

Unter einer Gewinnwarnung versteht man die (Pflicht-) Mitteilung eines börsennotierten Unternehmens, dass die kommunizierten Gewinnziele nicht erreicht werden können.

GEX

GEX ist der Mittelstandsindex der Deutschen Börse und steht als Abkürzung für German Entrepreneurial Index. Er wurde am 3. Januar 2005 eingeführt und enthält alle Unternehmen, die von den Eigentümern dominiert werden. Das heißt: Vorstände, Aufsichtsratsmitglieder oder deren Familien besitzen zwischen 25 und 75 Prozent der Stimmrechte. Die Firmen müssen im Prime Standard an der Frankfurter Wertpapierbörse gelistet sein, und der Börsengang darf nicht länger als zehn Jahre zurückliegen. Zurzeit erfüllen mehr als 120 Unternehmen unterschiedlichster Größe diese Kriterien.

Gezeichnetes Kapital

Siehe: Grundkapital.

Girosammelverwahrung

Girosammelverwahrung ist die kontenmäßige Verwaltung und Verwahrung von Wertpapieren durch eine Wertpapiersammelbank.

Glamour Stocks

Aktien mit hohem spekulativen Risiko werden in den USA auch Glamour Stocks genannt.

Glattstellen

Die Aufhebung einer offenen Position durch das Eingehen einer absolut gleichwertigen Gegenposition. Die Glattstellung kann nur für denselben Kontraktmonat und dieselbe Ware erfolgen. Wenn ein Anleger an der Eurex einen August-DAX-Kontrakt gekauft hat, würde er, um seine Verpflichtung zu liquidieren, an der Eurex den gleichen August-DAX-Kontrakt wieder verkaufen. Der Investor stellt seine Position glatt, um Gewinne mitzunehmen oder Verluste zu begrenzen.

Glattstellungstransaktion

Transaktion, bei der eine Position geschlossen wird. Wenn eine Option leerverkauft wird, muss die identische Option zurückgekauft werden, um sie glattzustellen. Wenn dagegen eine Option gekauft wurde, muss die identische Option verkauft werden, um sie glattzustellen. Für einen Future gilt das Gleiche.

Gleitender Durchschnitt

Die Werte einer bestimmten Periode – meistens bezogen auf die täglichen Kursdaten eines Charts – werden addiert und durch die Anzahl der Kurse dividiert. Ein Gleitender Durchschnitt wird dazu benutzt, um Trendsituationen technisch zu bestimmen. Beispiel: Gleitende Durchschnitte von 20 und 50 Tagen werden berechnet. Vom Berechnungstag werden jeweils die letzten 20 (50, 100 oder 200) zurückliegenden Kursdaten zur Berechnung herangezogen (daher gleitend). Als Kaufsignal gilt das Schneiden von unten nach oben und als Verkaufssignal das Schneiden von oben nach unten.

Global Depositary Receipt

Abkürzung für/siehe dort: GDR.

Global Macro

Eine der wichtigsten Strategien von Hedge Fonds. Hierunter fallen Vorgehensweisen, mit denen versucht wird, durch frühzeitiges Erkennen von politischen Veränderungen oder Tendenzen an den Kapitalmärkten Gewinne zu erzielen.

Gläubigerschutz

Der Gläubigerschutz bei der Aktiengesellschaft (AG) ist vorgeschrieben unter anderem bei der Kapitalherabsetzung, Abwicklung der AG, Beendigung eines Beherrschungs- oder Gewinnabführungsvertrags, Eingliederung der AG, Verschmelzung oder Umwandlung einer AG in eine GmbH. Eine der wichtigsten Formen des Gläubigerschutzes ist die Sicherung von Ansprüchen durch das Schuldrecht und die darauf basierende Rechtsprechung. Diese schuldrechtlichen Vorschriften dienen dazu, Entstehen und Erlöschen von Forderungen und Verbindlichkeiten sowie die Vollstreckung zu regeln.

G-Mind

Der G-Mind ist ein Stimmungsbarometer für die künftige Entwicklung am deutschen Finanzmarkt und drückt die Erwartungshaltung von rund 350 institutionellen Kapitalanlegern (260 Banken, 60 Versicherungen und 30 großen Industrieunternehmen) aus. Seit der Euro-Einführung am 1. Januar 1999 werden auch die beiden Subkomponenten G-Mind (Aktien) und G-Mind (Renten) ermittelt.

GNP

Abk. für: Gross National Product; steht für das Bruttosozialprodukt (BSP).

Going Private

Begriff aus dem Übernahmegeschäft: Vollständiger Rückzug einer notierten Gesellschaft von der Börse. Dabei handelt es sich meist um Unternehmen aus Branchen, die nicht mehr im Fokus der Investoren stehen. Um das Delisting zu erreichen, erhalten freie Aktionäre ein Abfindungsangebot. Oftmals unterstützen Beteiligungsgesellschaften die Finanzierung eines Going Private.

Going Public

Geht ein Unternehmen an die Börse, wird dies als Going Public bezeichnet. Die Aktien werden für den Handel zugelassen.

Goldene Aktie

1998 wurde in Deutschland das Mehrfach- und Höchststimmrecht abgeschafft. Seitdem gilt der Grundsatz: eine Aktie, eine Stimme. Dagegen haben Inhaber von sogenannten Goldenen Aktien im Unternehmen Rechte, die über die der normalen Aktionäre hinausgehen. Inhaber dieser speziellen Anteilscheine ist zumeist die öffentliche Hand. Unter dem Begriff Goldene Aktie ist eine ganz Reihe von Sonderrechten zusammengefasst.

Die wichtigsten sind das Mehrfachstimm- und das Vetorecht. Diese können ausgeübt werden, wenn beispielsweise wichtige Entscheidungen anstehen, wie der Eintritt neuer Aktionäre oder Fusionen. Aber keine Regel ohne Ausnahme: Volkswagen. Kein VW-Aktionär kann mehr als 20 Prozent der Stimmrechte ausüben, auch wenn er mehr besitzt. Das am 21. Juli 1960 in Kraft getretene VW-Gesetz gibt damit dem Land Niedersachsen überproportionalen Einfluss. Sonderrechte hat Niedersachsen aber nicht.

Good-till-cancelled-Auftrag

Good-till-cancelled-Aufträge verbleiben so lange im Computerhandel Xetra, bis sie ausgeführt oder gestrichen werden.

Good-till-date-Auftrag

Good-till-date-Aufträge verbleiben nur bis zum angegebenen Datum im Computerhandel Xetra.

Goodwill

Der Übernahmepreis für ein Unternehmen liegt häufig über dessen aktuellem Zeitwert. Diese zusätzliche Summe, die der Käufer bereit ist zu zahlen, etwa weil der Kaufkandidat über einen bekannten Markennamen verfügt, wird Goodwill oder auch Firmenwert genannt. Nach den gängigen Bilanzierungsvorschriften wird der Goodwill in der Bilanz als Vermögensposten ausgewiesen und in den Folgejahren linear abgeschrieben. Die Abschreibungsdauer erstreckt sich – je nach Branchenzugehörigkeit des übernommenen Betriebs – über fünf bis 20 Jahre. Die Abschreibungsbeträge gehen dabei als Aufwand in die Gewinn-und-Verlust-Rechnung (GuV) des Käufers ein und belasten dessen Ergebnis.

Goodwill-Abschreibung

Siehe: Goodwill.

Gratisaktien

Siehe: Berichtigungsaktien.

Grauer Kapitalmarkt

Mit diesem Begriff ist der wenig regulierte Bereich des Kapitalmarkts gemeint. Die Zugehörigkeit zum Grauen Kapitalmarkt allein sagt aber nichts über die Seriosität eines Anbieters oder Produkts aus.

Graumarkt

Der Graumarkt ermöglicht den Handel mit Aktien, die noch nicht an der Börse notiert sind. Vor Abschluss der Zeichnungsfrist stellen Börsenmakler Kurse für Titel, deren Börsengang kurz bevorsteht. Privatanleger können am vorbörslichen Handel über ihre Bank teilnehmen. Graumarkt-Kurse liefern einen Anhaltspunkt, wie erfolgreich die Börseneinführung wird. Der Begriff Graumarkt wird oft auch verwendet, wenn unseriöse Anbieter, Produkte oder Praktiken gemeint sind.

Greenback

Greenback ist die umgangssprachliche Bezeichnung für einen US-Dollar. Pate stand der grüne Hintergrund der US-Banknoten.

Greenshoe

Als Greenshoe wird die Mehrzuteilungsoption beim Börsengang eines Unternehmens bezeichnet. Beispiel: Beim Börsengang der Infineon AG war das Volumen von 154 Millionen neuer Aktien 33fach überzeichnet. Durch den Greenshoe von 19 Millionen zusätzlicher Infineon-Aktien behielt sich das Unternehmen vor, sich der starken Nachfrage anzupassen.

Gross Margin

Angelsächsischer Ausdruck für Bruttomarge.

Großaktionär

Sobald Personen oder Gesellschaften einen hohen Anteil am Kapital einer Aktiengesellschaft halten, werden sie als Großaktionäre bezeichnet. Das gilt ab rund fünf Prozent. Über ihre Stimmrechte können Großaktionäre die jeweilige Gesellschaft beträchtlich beeinflussen.

Großer Verfallstag

Siehe: Hexensabbat.

Growth-Aktien

Aktien von Unternehmen, die in stark wachsenden Branchen tätig sind, wie zum Beispiel Technologie-Aktien.

Growth-Fonds

Growth-Fonds investieren in Wachstumswerte, wie zum Beispiel Technologie-Aktien. Da diese Aktien zumeist ein hohes Kurs-Gewinn-Verhältnis (KGV) aufweisen, sind sie einem erhöhten Kursrisiko ausgesetzt.

Grundkapital

Aktienkapital einer Gesellschaft. Das Grundkapital entspricht der Summe des Nennwerts aller Aktien, die ein Unternehmen herausgegeben hat.

Grundkapitalerhöhung

Siehe: Kapitalerhöhung.

Grundkapitalherabsetzung

Herabsetzung des Eigenkapitals, beispielsweise, um ein Unternehmen zu sanieren.

Günstigerprüfung

Riester-Sparer können ihren Vorsorgeaufwand steuerlich geltend machen. Ähnlich wie beim Kindergeld prüft der Fiskus, was günstiger ist: Zulage oder Sonderausgabenabzug.

Gut behauptet

Tendenzbezeichnung an der Börse, wenn die Kursnotierungen bis zu 0,3 Prozent gestiegen sind. Gegensatz: Knapp behauptet.

GuV

Abk. für: Gewinn-und-Verlust-Rechnung

H

Halbeinkünfteverfahren

Ab dem Veranlagungszeitraum 2002 löste das Halbeinkünfteverfahren das bis dahin gültige Anrechnungsverfahren bei der Besteuerung einheimischer Dividenden und Spekulationsgewinne ab. Die Anrechnung der von der AG bezahlten Körperschaftsteuer auf seine Einkommensteuerschuld ist dem Aktionär nicht mehr möglich. Zur Kompensation dieses Nachteils unterliegen Dividenden und Spekulationsgewinne nur noch zur Hälfte der Einkommensteuer. Das Halbeinkünfteverfahren gilt für ausländische Dividenden und Spekulationsgewinne bereits seit dem Veranlagungszeitraum 2001.

Halbjahresbericht

Der Halbjahresbericht ist die schriftliche Zusammenfassung der wirtschaftlichen Entwicklung eines Unternehmens im ersten Geschäftshalbjahr. Er enthält unter anderem die Periodenbilanz und die Perioden der Gewinn-und-Verlust-Rechnung (GuV).

Haltekosten

Siehe: Cost-of-Carry.

Halten

Ausdruck aus dem Wortschatz der Analysten. Wobei die Empfehlung, Aktien zu halten, eine nahezu verklausulierte Verkaufsempfehlung ist. Ähnlich verhält es sich mit dem Begriff Neutral. Analysten drücken sich bei negativen Einschätzungen aus Rücksicht auf die betroffenen Papiere gerne vorsichtig aus. Da die Börsianer aber die Bedeutung dieser Begriffe kennen, wirkt sich diese Einschätzung dennoch auf die Kursentwicklung aus. Dabei ist die Bedeutung der Terminologie je nach Gesellschaft unterschiedlich.

Hammer-Formation

Eine Hammer-Formation im Kerzenchart deutet auf eine Trendumkehr nach oben hin. Es handelt sich dabei um eine Kerze mit kurzem Körper und einer langen Lunte nach unten (sieht aus wie ein Hammer, daher auch der Name). Konkret weist ein Hammer darauf hin, dass die Tiefstände im Handelsverlauf entweder vollständig oder fast komplett wettgemacht werden konnten. In den folgenden Tagen sind weiter steigende Kurse zu erwarten.

Hamster-Optionsschein

Siehe auch: Korridor-Optionsschein.

Handelsbilanz

Betriebswirtschaftlich bezeichnet die Handelsbilanz die Gegenüberstellung von Vermögen und Kapital eines Unternehmens. Während auf der Aktivseite das Anlage- und Umlaufvermögen (Mittelverwendung) bilanziert wird, stehen auf der Passivseite das Eigen- und das Fremdkapital (Mittelherkunft). Von der Handelsbilanz nach Handelsgesetzbuch (HGB) ist die Steuerbilanz zu unterscheiden, die steuerliche Vorschriften bei der Bilanzierung berücksichtigt. Volkswirtschaftlich ist die Handelsbilanz ein Teil der Zahlungsbilanz. In ihr werden die Exporte und Importe eines Landes gegenübergestellt.

Handelsgesetzbuch

Siehe: HGB.

Handelsvollmacht

Siehe: Power of Attorney.

Handelsüberwachungsstelle (HÜSt)

Sie ist die Anlaufstelle für Unklarheiten bei Wertpapieraufträgen. Die HÜSt ist verantwortlich für die ordnungsgemäße Handelsabwicklung an allen deutschen Parkettbörsen, im Computerhandel Xetra und an der Terminbörse Eurex.

Handelszeiten

Handelszeiten für Aktien und Optionsscheine sind an der Deutschen Börse (Xetra-Handel und Präsenzbörsen) Montag bis Freitag von 9 bis

20 Uhr. Seit Juni 2000 wird auch an bestimmten Feiertagen gehandelt.

Händler

An der Börse: Vertreter der zum Börsenhandel zugelassenen Kreditinstitute.

Hang-Seng-Index (HSI)

Index für die Börse in Hongkong mit 33 ausgewählten Blue Chips, die nach ihrer Börsenkapitalisierung gewichtet sind. Der HSI wird seit 1969 veröffentlicht.

Harami

Harami ist ein altes japanisches Wort für schwanger und zugleich eine Formation der Kerzenchart-Analyse. Sie entsteht, wenn nach einer Abwärtsbewegung eine ungewöhnlich große – meist schwarze – Kerze (Mutter) von einer kleinen – oft weißen – Kerze (Baby) gefolgt wird, die mit ihrem gesamten Kerzenkörper innerhalb des Kursbereichs des vorangegangenen schwarzen Kerzenkörpers liegt. Dieser positive Harami gilt als Kaufsignal.

Hauptrefinanzierungsgeschäfte

Hauptrefinanzierungsgeschäfte sind das wichtigste Instrument der Europäischen Zentralbank (EZB) zur Steuerung der Geldmenge und der Preisniveaustabilität (Inflation). Damit Kreditinstitute Geld ausleihen können, benötigen sie Zentralbankgeld. Dieses stellt die EZB wöchentlich zur Verfügung. Beim geläufigsten Hauptrefinanzierungsgeschäft, dem Standardtender, müssen die Banken nach 14 Tagen das Geld zurückzahlen. Der Zinssatz, zu dem die EZB den Geldhäusern diese kurzfristigen Kredite gewährt, gilt als Leitzins für das Zinsniveau in Euroland. Längerfristige Refinanzierungsgeschäfte haben eine Laufzeit von drei Monaten und werden monatlich durchgeführt.

Hauptversammlung

Die Hauptversammlung (HV) ist ein Organ der Aktiengesellschaft, in der die Aktionäre ihre Rechte ausüben. Insbesondere entscheidet die Hauptversammlung über die Verwendung des Bilanzgewinns, bestimmt den Aufsichtsrat und entscheidet über Maßnahmen der Kapitalbeschaffung. Die Mitglieder des Vorstands und des Aufsichtsrats sind verpflichtet, an der Hauptversammlung teilzunehmen. Auf der Hauptversammlung legt die Geschäftsführung den Jahresabschluss für das vergangene Geschäftsjahr vor. Mit seiner Stimme wirkt der Aktionär bei der Entlastung des Vorstands (Geschäftsführung) mit, der Entlastung des Aufsichtsrats (Überwachung des Vorstands), Wahl des neuen Aufsichtsrats, Verwendung des Gewinns, Wahl des Abschlussprüfers, eventuell Satzungsänderung, Kapitalerhöhungen oder -herabsetzungen und der Auflösung der Gesellschaft mit. Die Vorschläge zur Tagesordnung veröffentlicht der Vorstand in der Einladung zur Hauptversammlung. Die HV wird mit einer Frist von mindestens einem Monat einberufen.

Hausse

Aus dem Französischen übernommene Bezeichnung für einen länger anhaltenden, starken Kurs- und Preisanstieg speziell an der Börse. Gegensatz: Baisse.

Hausse Spread

Siehe: Bull Spread.

Haussier

Person, die Wertpapiere in der Hoffnung auf einen Kursanstieg kauft.

HDAX

Das Indexportfolio HDAX besteht aus 110 Werten: DAX 30, MDAX (50 Aktien) und TecDAX (30 Titel). Der HDAX ist als Index der Nachfolger des DAX 100.

Hebel

Der Hebel gibt an, in welchem Verhältnis ein Optionsschein eine Kursbewegung des Basisinstruments nachvollzieht. Durch diesen Hebel erhält der Spekulant die Möglichkeit, eine große Menge des Kontraktgegenstands beziehungsweise Basiswerts mit einem vergleichbar geringen Kapitalaufwand zu kontrollieren. Dadurch kann überdurchschnittlich an Kursveränderungen im Basiswert (Underlying) partizipiert werden. Bei Futures kommt die Hebelwirkung durch die Margin zu Stande, die nur einen kleinen Teil des Kontraktwerts ausmacht. Bei Optionen und Optionsscheinen wird die Hebelwirkung durch die Options- beziehungsweise Optionsscheinprämie hervorgerufen, die ebenfalls nur einen kleinen Teil des Gesamtwerts ausmacht. Auf diese Weise ergeben sich sowohl große Gewinnchancen als auch hohe Verlustrisiken. Der Hebel wird unterteilt in Gearing (einfacher oder normaler Hebel) und Leverage (theoretischer Hebel).

Hebelzertifikate

Hebelzertifikate, auch als Turbozertifikate, Waves, LIF oder LSF bekannt, bewegen sich wie der Basiswert. Steigt der zu Grunde liegende Index um einen Punkt, so klettert das Hebelzertifikat – unter Berücksichtigung des Bezugsverhältnisses von beispielsweise 1 zu 100 – um einen Cent. Da der Kapitaleinsatz geringer ist als beim direkten Erwerb des Basisinstruments, weisen diese Papiere einen hohen Hebel auf.

Hedge

Der Begriff Hedge stammt aus dem Englischen und heißt begrenzen. Ein Hedgegeschäft ist ein Sicherungsgeschäft zur Verminderung von Verlusten, die durch ungünstige Kurs- oder Preisentwicklungen entstehen können. Als Hedger wird derjenige bezeichnet, der im Kassamarkt eine Position besitzt und sich mit einer entgegengesetzten Terminposition gegen ungünstige Preis- oder Kursentwicklungen absichert. Die Möglichkeit, sich gegen Risiken abzusichern, ist der eigentliche Entstehungsgrund und die Existenzberechtigung von Terminfinanzinstrumenten wie dem Hedgegeschäft. Weil mit Optionsscheinen, Optionen und Futures auf fallende Kurse gesetzt werden kann, ist es beispielsweise möglich, ein bestehendes Aktienportfolio gegen Kursverluste abzusichern.

Hedgefonds

Sammelbegriff für verschiedene Anlagestile. Die Profis kaufen alles, was Profit verspricht – Bonds, Aktien, Rohstoffe, Währungen oder Agrarprodukte. Ziel ist es nicht, die Benchmark zu schlagen, sondern unabhängig von der Börsenentwicklung absolute Erträge zu erzielen.

Hedge Ratio

Siehe: Delta.

Hedge Ratio, Berechnungsformel

Die Berechnungsformel für ein Hedge Ratio lautet: 1. Formel für statischen Hedge: (abzusichernder Betrag : Kurs Basisinstrument) mal Bezugsverhältnis. Dabei handelt es sich um die einfache Variante, also um eine Absicherung auf Endfälligkeit. Während der Laufzeit kann es zu Unter- und Übersicherung kommen. 2. Formel für dynamischen Hedge: (abzusichernder Betrag : Kurs Basisinstrument) mal Bezugsverhältnis). Delta: Diese Variante wird von Profis bevorzugt und in der Regel nur für kurzzeitige Absicherungen eingesetzt. Hier wird der Bestand voll abgesichert. Verändert sich das Delta, werden Scheine hinzugekauft oder veräußert.

Hedging

Übertragung eines Verlustrisikos mittels Kauf oder Verkauf von Kontrakten im Terminmarkt. Die Position im Future-Markt ist ein Ersatz für den künftigen Kauf oder Verkauf der effektiven Ware im Kassamarkt. Wenn eine Ware in der Zukunft gekauft werden soll, kauft man einen Terminkontrakt (Long-Hedge); wenn die Ware in der Zukunft verkauft werden soll, verkauft man einen Terminkontrakt (Short-Hedge).

Heute gültig

Zusatz bei nur am Tag der Auftragserteilung gültigen Kauf- oder Verkaufsorders an der Börse.

Hexensabbat

Hexensabbat oder großer Verfallstag bedeutet, dass an diesem Tag an der Terminbörse Eurex die Futures und Optionen auf den DAX sowie Optionen auf Aktien auslaufen. Der dreifache Hexensabbat findet jeweils am dritten Freitag im März, Juni, September und Dezember statt. Die großen Schwankungen an diesem Tag erklären sich dadurch, dass die großen Marktteilnehmer wie Fonds- und Vermögensverwalter unmittelbar vor dem Verfallstag versuchen, die aktuellen Kurse auf jenes Niveau zu treiben, das ihrem Engagement an der Terminbörse entspricht.

HGB, Bilanzierung

Das Handelsgesetzbuch (HGB) ist das wesentliche Spezialgesetz für den Kaufmann, in dem unter anderen die Vorschriften für Personen- und Kapitalgesellschaften geregelt werden. Aktiengesellschaften müssen in Deutschland nach den Grundsätzen ordnungsgemäßer Buchführung nach HGB bilanzieren. Die Bilanzierung nach HGB geht vom Vorsichtsprinzip aus, die Interessen der Gläubiger sollen also geschützt werden. Beispiel: Bilanzierung nach dem strengen Niederstwertprinzip (§ 253

HGB): Wenn ein Unternehmen Aktien im Anlagevermögen hat, die zu 100 Euro gekauft wurden und aktuell bei 120 Euro notieren, müssen sie in der Bilanz zu 100 Euro ausgewiesen werden. Fallen die Aktien dagegen auf 90 Euro, werden die 90 Euro bilanziert. Bei der Bilanzierung nach US-GAAP gilt dagegen der Grundsatz des True and Fair View aus Sicht des Investors. Das bedeutet, dass im obigen Beispiel immer der aktuelle Kurs der Aktie zum Stichtag ausgewiesen wird.

Hightechs

Umgangssprachlicher Begriff für Firmen der Hochtechnologie.

High-Water-Mark

Performancegebühren von Fondsgesellschaften sind in der Regel an eine High-Water-Mark gebunden. Wenn also der Fondsmanager es nicht schafft, den Wert seines Fonds auf einen neuen Höchststand (High-Water-Mark) zu bringen, wird keine Performance-Gebühr fällig.

Historische Volatilität

Siehe: Volatilität, historische.

Historisches Wertpapier

Historische Wertpapiere (nennwertlose Aktien, Anleihen und Finanzdokumente), auch Non-Valeurs genannt, sind Aktien, deren Unternehmen nicht mehr an der Börse gehandelt werden. Die Wertpapiere haben nur noch einen Sammlerwert und werden auf Auktionen und Sammlerbörsen gehandelt. Was die Blaue Mauritius bei Briefmarken, ist unter Börsianern die Gründeraktie der legendären Standard Oil mit Originalunterschrift von J.D. Rockefeller.

Hit-Optionsschein

Mit amerikanischem Optionsrecht ausgestatteter digitaler Optionsschein. Der Inhaber erhält einen festgelegten Geldbetrag, wenn das Basisobjekt während der Laufzeit eine bestimmte Kursschwelle erreicht. Die Auszahlung kann, je nach Optionsbedingungen, am Laufzeitende oder am Tag des Erreichens der Kursschwelle erfolgen. Wird die Schwelle nicht erreicht, verfällt der Warrant wertlos.

Hoch/Tief

Höchst- und Tiefstkurse der vergangenen zwölf Monate. Die Spanne zeigt, wie stark der Kurs einer Aktie/eines Fonds schwanken kann. Die Kurse dürfen nicht als Indikator für ein mögliches Kurspotenzial betrachtet werden.

Hochkonjunktur

Konjunkturphase, in der die Kapazitäten der Unternehmen voll ausgelastet sind und hohe Beschäftigung herrscht. Hohe Investitionsfreudigkeit und ein freundliches Konsumklima sind weitere Kennzeichen der Hochkonjunktur. Eine Erhöhung des realen Volkseinkommens ist ohne Preissteigerungen nicht mehr möglich. Die Hochkonjunktur, auch als Boom bezeichnet, entspricht dem oberen Wendepunkt innerhalb des Konjunkturzyklus.

Hold

Siehe: Halten.

Holding-Gesellschaft

Eine Holding-Gesellschaft produziert nicht selbst, sondern verwaltet als Dachgesellschaft mehrere Unternehmen, an denen sie Anteile besitzt, zumeist in der Rechtsform einer AG oder GmbH. Sie kauft und verwaltet die Vermögensanteile der von ihr beherrschten Firmen. Die rechtliche Selbstständigkeit der beherrschten Unternehmen bleibt nach außen erhalten, während sie wirtschaftlich weitgehend (Unternehmenspolitik) oder ganz (Finanzierung) auf die Holding übergeht.

Holländisches Verfahren

Siehe: Zinstender.

Horizontal Spread

Der Horizontal Spread bezeichnet eine Optionsstrategie, die den gleichzeitigen Kauf und Verkauf von Optionen desselben Typs mit gleichen Basispreisen, aber unterschiedlichem Verfallsdatum zur Folge hat. Siehe auch: Time Spread.

HUF

HUF: Währungskürzel für den Ungarischen Forint.

Hundert minus Lebensalter

Anhand dieser Faustformel lässt sich bestimmen, wie hoch der Anteil risikoreicher Papiere – etwa Aktien oder Aktienfonds – am eigenen Vermögen sein darf. Denn je weniger Zeit man bis zur Rente hat, desto weniger kann man es sich leisten, zwischenzeitliche Verluste zu riskieren.

Hurdle

Siehe: Hurdle Rate

Hurdle Rate

Der Begriff gehört zum Bereich Private Equity und Venture Capital. Bei einer Hurdle Rate handelt es sich um eine kalkulatorische Grundverzinsung für die Investoren. Erst nach Überschreiten der Hurdle Rate wird die Gewinnbeteiligung (Carried Interest) für das Management fällig.

HV

Abk. für: Hauptversammlung.

Hybride Tier-1-Anleihen

Hybride Tier-1-Anleihen sind Emissionen, die zwar dem Eigenkapital (bei Tier 1, dem Kernkapital einer Bank) zugerechnet werden, die aber auch typische Charakteristika von Fremdkapital aufweisen. Dazu gehört zum Beispiel eine feste Verzinsung. Allerdings darf Hybridkapital im Konkursfall erst nach Rückzahlung von Nachrangverbindlichkeiten oder Genussrechtskapital befriedigt werden. Das ist aus Anlegersicht wichtig, weil sich dadurch das Ausfallrisiko erhöht.

Höchstkurs

Der höchste Preis, der jeweils während einer bestimmten Zeitperiode für ein Finanzinstrument bezahlt wurde. Der Höchstpreis wird für gewöhnlich für einen Börsentag oder für die Laufzeit eines Kontrakts angegeben.

I

IAS

IAS steht als Abkürzung für International Accounting Standards. Das sind Rechnungslegungsbestimmungen, die vom International Accounting Standard Committee (IASC) festgelegt wurden. Das IASC ist ein Zusammenschluss von Wirtschaftsprüfern, Finanzanalysten und Erstellern von Jahresabschlüssen.

IASC

International Accounting Standards Committee.

Ibex 35

Spanischer Aktienindex, der die 35 Unternehmen umfasst, die hinsichtlich Liquidität und Börsenkapitalisierung herausragen.

ifo-Geschäftsklimaindex

Der ifo-Geschäftsklimaindex ist ein wichtiger Frühindikator für die wirtschaftliche Entwicklung in Deutschland. Dazu befragt das ifo-Institut jeden Monat rund 7.000 Unternehmen nach ihrer Einschätzung zur konjunkturellen Lage und ihrer kurzfristigen Unternehmensplanung. Die Antworten werden ausgewertet, systematisiert und finden schließlich Eingang im ifo-Geschäftsklimaindex. Ein steigender Index bedeutet, dass die Unternehmen die kurzfristige Entwicklung der Wirtschaft positiver bewerten.

IFRS

IFRS (International Financial Reporting Standards) sind die vom IASC (International Accounting Standards Committee) entwickelten Bilanzierungsstandards für europäische Aktiengesellschaften.

Illiquidität

Mangel an greifbaren und leicht verwertbaren flüssigen Mitteln, sodass Zahlungsverpflichtungen nicht mehr fristgerecht eingehalten werden können.

Im Geld

Ein Call befindet sich im Geld, wenn der Basiswert höher notiert als der Basispreis. Ein Put befindet sich im Geld, wenn der Basiswert unter dem Basispreis liegt. Im Geld liegende Optionsscheine und Optionen haben einen inneren Wert (Intrinsic Value).

Immediate Or Cancel (IOC)

Immediate-Or-Cancel-Aufträge müssen unmittelbar nach der Eingabe in den Computerhandel Xetra vollständig oder teilweise ausgeführt werden. Ansonsten werden die Orders oder die nicht ausgeführten Teilaufträge gestrichen.

Immobilien-Aktie

Holding-Gesellschaft, die an mehreren Immobilien beteiligt und an der Börse notiert ist. Stärkere Kursschwankungen sind möglich.

Immobilienfonds

Bei dieser nur in Deutschland weit verbreiteten Kategorie wird das Geld in Gewerbeimmobilien investiert. Die Erträge der Fonds sind die Mieteinnahmen sowie Wertsteigerungen. Überwiegend besitzen Offene Immobilienfonds große Bürogebäude, die oft eine Investition in dreistelliger Millionenhöhe erfordern. Da Immobilien anders als Aktien nicht an der Börse gehandelt werden, halten die Fonds eine größere Kasse, um Anleger auszahlen zu können. Falls dies nicht möglich ist, kann die Rückzahlung ausgesetzt werden. Auch die Berechnung des Fondspreises erfolgt nicht auf Basis von Börsenkursen, sondern beruht auf Gutachten von Sachverständigen.

Immobilienzertifikate

Urkunden, die Anteilsbesitz an Immobilien verbriefen. Der Eigentümer oder Inhaber ist über die Immobiliengesellschaft, die die Zertifikate ausgegeben hat, am Grundbesitz beteiligt. Zu unterscheiden sind dabei die Zertifikate offener und geschlossener Immobilienfonds.

Impairment-Test

Bis zum 31. Dezember 2001 wurden Firmenwerte (Good Will) nach dem US-Rechnungslegungsstandard US-GAAP linear abgeschrieben. Seit 1. Januar 2002 ist dies hinfällig. Stattdessen müssen regelmäßige Impairment-Tests erfolgen, durch die der Wert der in der Bilanz ausgewiesenen Firmenwerte neu ermittelt wird. Ergibt die Überprüfung durch die Wirtschaftsprüfer, dass der Firmenwert in der Bilanz zu hoch angesetzt ist, müssen gewinnbelastende Abschreibungen erfolgen. Hat sich der Firmenwert dagegen erhöht, führt dies zu gewinnerhöhenden Zuschreibungen.

Im Verlauf erholt

Im Verlauf erholt ist eine Tendenzbezeichnung, mit der eine Trendwende beim Wertpapier- oder Devisenhandel im Tagesverlauf bezeichnet wird. Aus einem starken Minus verringert zum Beispiel ein Index sein Minus oder dreht sogar ins Plus.

Im Verlauf nachgebend

Im Verlauf nachgebend ist eine Tendenzbezeichnung, mit der eine Trendwende beim Wertpapier- oder Devisenhandel im Tagesverlauf bezeichnet wird. Dabei reduzieren sich die Kursgewinne oder fallen gar ins Minus.

Implizite Volatilität

Siehe: Volatilität, implizite.

Index, Aktienindex

Statistische Kennziffer und rechnerischer Maßstab für mehrere Basiswerte – in diesem Fall von bestimmten Aktienkursen. Aktienindizes geben die Veränderung der Entwicklung einer bestimmten Zahl ausgewählter Aktien über einen bestimmten Zeitraum an. Am bekanntesten sind Länderindizes wie der Deutsche Aktienindex (DAX), Segmentindizes wie der SDAX oder Branchenindizes wie der Euro Stoxx Automobile. Indizes unterscheiden sich in Kurs- oder Performance-Indizes. Beim Performance-Index fließen Dividenden in die Kursentwicklung ein. Zum Teil werden Indizes nur als Kursindex berechnet, zum Teil nur als Performance-Index. Der DAX gilt als klassischer Performance-Index, der Dow Jones dagegen als Kursindex. Viele Indizes werden sowohl als Kurs- als auch als Performance-Index berechnet. Neben den Aktienindizes gibt es auch bekannte Indizes auf festverzinsliche Anleihen (REX) oder Rohstoffwerte (GSCI).

Indexaktien (ETFs)

Indexaktien, auch Exchange Traded Funds (ETFs) genannt, sind börsengehandelte Indexfonds. Deren Wert wird aber nicht nur einmal am Tag ermittelt, sondern fortlaufend, wie bei einer Aktie. Neben den Kaufspesen fallen höchstens 0,5 Prozent jährliche Verwaltungsgebühr an. Damit sind sie in der Regel preiswerter als Indexfonds. Indexaktien können jederzeit zwischen 9 und 20 Uhr an der Deutschen Börse AG zum aktuellen Indexstand ge- und verkauft werden. Im Unterschied zu Indexzertifikaten ist im Konkursfall das Kapital des Anlegers als Sondervermögen geschützt.

Indexfonds

Indexfonds sind Investmentfonds, die einen Börsenindex weitgehend nachbilden. Aus rechtlichen und technischen Gründen ist es nicht möglich, den Index einfach zu übernehmen. Die Zusammensetzung wird täglich an die Gewichtungen eines Indizes angepasst. Die Verwaltungskosten in einem Indexfonds sind in der Regel höher als bei Indexzertifikaten und führen zu einem geringeren Ertrag für den Anleger. Einmal täglich wird ein Kurs festgestellt.

Indexgewichtung

Siehe: Gewichtung.

Indexoptionsschein

Warrant, dessen Basisinstrument ein Aktienindex ist. Verbreitet sind Scheine auf den DAX 30, den S&P 500, die Stoxx-Indizes und andere mehr. Mit diesen Titeln kann auf die Börsenentwicklung eines ganzen Landes oder Währungsraums spekuliert werden.

Indexzertifikate

Indexzertifikate stellen eine relativ neue Form der börsengehandelten Investmentanlage dar, deren Kursentwicklung genau der des zu Grunde liegenden Index entspricht. Diese Zertifikate nehmen daher an dessen Gewinnen und Verlusten vollständig teil. Anders als Aktien oder Fondsanteile ist mit ihnen aber kein Besitzerwerb an Unternehmen verbunden. Im Unterschied zu ETFs ist im Konkursfall das Kapital des Anlegers nicht als Sondervermögen geschützt.

Indossament

Schriftliche Erklärung, durch die Namensaktien vom Alteigentümer auf den Käufer übertragen werden. Das Indossament steht häufig auf der Rückseite des Papiers.

Indossant

Bisheriger Besitzer einer Namensaktie, der durch ein Indossament das Eigentum am Papier überträgt.

Indossatar

Käufer einer Namensaktie, dem der bisherige Eigentümer das Eigentum durch Indossament überträgt.

Inelastizität

Im wirtschaftlichen Sinn ist die Inelastizität ein statistischer Begriff der Messbarkeit einer Veränderung des Angebot-Nachfrage-Verhältnisses einer Ware bei einer vorgegebenen Preisveränderung. Je unelastischer die Nachfrage ist, desto weniger Wirkung hat eine Preisveränderung auf die Nachfrage der Ware. Je unelastischer das Angebot ist, desto weniger wird sich das Angebot ändern, wenn sich der Preis ändert.

Inflation

Prozess, in dem die Nachfrage nach Gütern und Dienstleistungen in einer Volkswirtschaft das Angebot deutlich übersteigt. Dadurch steigen die Preise, und das Geld verliert seinen Wert. Es wird zwischen schleichender, moderater und galoppierender Inflation unterschieden.

Inflationsrate

Maß für den Anstieg der Lebenshaltungskosten. Die Inflationsrate drückt aus, um wie viel Prozent die Preise für einen breiten Warenkorb innerhalb eines bestimmten Zeitraums, beispielsweise eines Jahrs, gestiegen sind.

Information Ratio

Die Information Ratio ist eine Kennziffer zur Bewertung der Qualität eines Fondsmanagements. Je höher sie ist, desto besser ist das Management. Sie errechnet sich, indem man die Fondsrendite (ausgedrückt im

Fonds-Alpha) durch das Fondsrisiko (ausgedrückt im Tracking Error) teilt. Das Alpha misst die Mehrrendite (Outperformance) des Fonds über seinen Referenzindex. Der Tracking Error gibt die Volatilität der Abweichungen zwischen der Rendite des Fonds und des Referenzindex an und ist damit ein Maßstab für das Fondsrisiko.

Inhaberaktien

Inhaberaktien lauten auf den Inhaber und nicht auf einen bestimmten Namen. Sie werden durch Einigung und Übergabe übertragen. Sie sind in Deutschland üblich und für den Aktienhandel am besten geeignet, da derjenige, der die Aktie in den Händen hält, als Eigentümer angesehen wird.

Inhaberpapier

Wertpapier, das nicht auf den Namen seines Besitzers lautet. Inhaberpapiere sind zum Beispiel Kommunalschuldverschreibungen, Pfandbriefe, Obligationen und Inhaberaktien.

Inhaberschuldverschreibung

Festverzinsliches Wertpapier, das ein Forderungsrecht verbrieft. Der Inhaber der Anleihenurkunde erhält Zinsen und den Rücknahmekurs bei Fälligkeit der Papiere. Die Rechte werden durch Einigung und Übergabe übertragen. Der Staat oder Unternehmen begeben Schuldverschreibungen, um sich am Kapitalmarkt Finanzmittel für Investitionsvorhaben zu beschaffen.

Initial Margin

Geht ein Kunde eine Future-Position ein, so wird von ihm ein Mindesteinschuss (Initial Margin) verlangt, um die spätere Erfüllung seiner Verpflichtung zu garantieren. Der Ersteinschuss ist als Sicherheitsleistung anzusehen.

Initial Public Offering

Initial Public Offering (IPO) ist die organisatorische Umsetzung des Börsengangs (Going Public) eines Unternehmens durch die Emissionsbanken. Die Aktien werden erstmals Interessenten zum Kauf angeboten. Dabei kann es sich um eine Kapitalerhöhung oder eine Neuplatzierung handeln.

In-Line

Analysten verwenden den Begriff In-Line, um damit auszudrücken, dass der Gewinn, Umsatz oder sonstige Kennziffern eines Unternehmens im Rahmen der Erwartungen ausgefallen sind.

Innerer Wert

Bei Optionsscheinen und Optionen: positive Kursdifferenz zwischen Basispreis (Strike Price) und gegenwärtigem Marktkurs des zu Grunde liegenden Basiswerts bei Puts beziehungsweise zwischen dem gegenwärtigen Marktkurs des zu Grunde liegenden Basiswerts und dem Basispreis (Strike Price) bei Calls.

Insel-Gap

Begriff der charttechnischen Analyse: Ein Insel-Gap besteht aus zwei Gaps und einer dazwischenliegenden, eher trendlosen Phase. In der Regel ist das Insel-Gap eine Umkehrformation. Beide Gaps müssen aber einen gemeinsamen Bereich haben. Beispiel: Eine Aktie schließt am Vortag auf Tageshoch bei 100 Euro und eröffnet am nächsten Tag mit einem Gap bei 103 Euro. Dann konsolidiert sie in den nächsten Tagen zwischen 103 und 106 Euro. Sie bildet dann erneut ein Gap zwischen 102 und 99 Euro aus und fällt im Tagesverlauf weiter auf 97 Euro. Dann ist ein Insel-Gap zwischen 100 und 102 Euro entstanden, da dies der gemeinsame Bereich der beiden Gaps ist.

Inside Day (ID)

Charttechnischer Begriff, der verwendet wird, wenn die Schwankungen eines Kurses nach oben und unten geringer ausfallen als am Vortag.

Insider

Personen, die kursrelevante Informationen über eine Aktiengesellschaft früher erhalten als die Öffentlichkeit. Typische Insider sind Mitarbeiter bei Banken und Börsen. Aus dieser Stellung Vorteile bei Börsengeschäften zu ziehen ist strafbar und kann mit bis zu fünf Jahren Gefängnis geahndet werden.

Insiderinformationen

Kenntnisse über kursrelevante Informationen bei Aktiengesellschaften, die der Öffentlichkeit noch nicht bekannt sind. Das Ausnutzen von Insiderinformationen für Börsengeschäfte ist ebenso strafbar wie die Verbreitung dieses Wissens im Bekanntenkreis.

Insiderregeln

Insidern ist es gemäß § 14 Wertpapierhandelsgesetz (WpHG) verboten, die Kenntnis einer Insiderinformation mit dem Ziel auszunutzen, durch Geschäfte mit dem entsprechenden Insiderpapier für sich oder andere einen wirtschaftlichen Vorteil zu erlangen. Darüber hinaus ist es nicht gestattet, anderen eine Insidertatsache unbefugt mitzuteilen oder zugänglich zu machen oder anderen auf der Grundlage seiner Insiderkenntnis den Kauf oder Verkauf von Papieren zu empfehlen.

Insolvenz

Ein Unternehmen ist insolvent, wenn es seinen laufenden Zahlungsverpflichtungen nicht mehr nachkommen kann. Neben der Überschuldung ist die Zahlungsunfähigkeit ein gesetzlicher Tatbestand, um das Konkursverfahren einzuleiten.

Institutionelle Anleger

Institutionelle Anleger stellen neben Berufshandel und privaten Investoren die dritte Anlegergruppe an der Börse dar. Zu den institutionellen Anlegern werden in der Regel Versicherungsgesellschaften, Pensionsfonds, große Vermögensverwaltungen, Kapitalanlagegesellschaften und manchmal auch Banken gezählt, die regelmäßig große Summen von Geld Gewinn bringend anzulegen versuchen.

Interbankenmarkt

Der Markt, an dem der Handel zwischen den Banken stattfindet, an dem also Angebot und Nachfrage von Banken nach Geld, Devisen oder Wertpapieren zusammentreffen. Geographisch und zeitlich ist er nicht abgrenzbar.

Interessewahrend

Bei größeren Börsenaufträgen wird zum Kurslimit der Zusatz Interessewahrend beigefügt. Das verpflichtet den Wertpapierhändler, die aufgegebene Order gegebenenfalls der jeweiligen Marktlage anzupassen. Der Händler kann in solchen Fällen die vorgenommene Limitierung geringfügig ändern, wenn ihm dies im Interesse des Kunden günstig erscheint. Er hat aber auch die Möglichkeit, die Ausführung des Gesamtauftrags auf mehrere Tage zu verteilen, um dem Kunden bessere Einstiegs- oder Ausstiegskurse zu verschaffen.

Interest

Englische Bezeichnung für: Zinsen. Siehe dort.

Interimschein

Urkunde, die nach Gründung einer Aktiengesellschaft vor Fertigstellung der endgültigen Aktien an deren Stelle ausgegeben wird. Ein Interimschein ist ein Wertpapier, das später zum Tausch in Aktien berechtigt.

International Accounting Standards

Siehe: IAS

Internationale Aktienfonds

Die Königsklasse der Aktienfonds investiert weltweit und bietet damit ein Maximum an Streuung. Durch aktives Management wollen die Fonds besser sein als der breite Marktindex.

In-the-money-Option

Siehe: Im Geld.

Intraday-Handel

Börsianer betreiben Intraday-Handel, wenn sie Wertpapiere kaufen und noch am selben Tag wieder abstoßen. Sie spekulieren dabei auf kurzfristige Kursbewegungen innerhalb einer Börsensitzung.

Intraday-Reversal

Technischer Begriff, der eine Umkehrung der Tendenz einer Aktie oder eines Index andeutet. Wenn die Kurse zuerst steigen und dann fallen, gilt dies als Warnsignal. Im umgekehrten Fall ist dagegen mit steigenden Kursen zu rechnen.

Intramarket-Spread

Der gleichzeitige Kauf und Verkauf eines Finanzinstruments am selben Markt oder an derselben Börse. Ein Beispiel der Intramarket-Spreads ist der Kauf eines DAX-Futures im nahen Monat und der gleichzeitige Verkauf eines DAX-Futures in einem entfernten Monat.

Intrinsic Value

Innerer Wert. Siehe dort.

Inverse Zinsstruktur

Bezeichnung für die Zinsstruktur, wenn die kurzfristigen Renditen höher als die langfristigen Zinsen notieren. Gegensatz: Normale Zinsstruktur.

Invertierter Markt

Ein Markt, in dem die Kassakurse höher notieren als die Terminkurse. Ein invertierter Markt ist ein Zeichen kurzfristigen Angebotsmangels. Eine Ausnahme stellen Zinsterminkontrakte dar, die invertiert sind, wenn die Terminkurse höher als die Kassakurse gehandelt werden. Insoweit ist ein invertierter Markt das Gegenteil von einem normalen Markt.

Investitionen

Die Investitionen eines Unternehmens setzen sich grundsätzlich aus Ersatzinvestitionen und Erweiterungsinvestitionen zusammen. Als Ersatzinvestitionen werden alle Investitionen eines Unternehmens bezeichnet, die der Ersatzbeschaffung dienen. Erweiterungsinvestitionen sind Investitionen, die der Erweiterung des Geschäftsbetriebs dienen. Der Kauf einer Maschine, die lediglich ein altes, ausgedientes Exemplar ersetzt, wäre demnach eine Ersatzinvestition. Der Kauf einer Maschine, zusätzlich zu den bereits vorhandenen Maschinen, ist eine Erweiterungsinvestition.

Investitionsgrad

Bei Investmentfonds gibt der Investitionsgrad Auskunft über den Anteil des Fondsvermögens, der in Wertpapieren, Immobilien oder Derivaten angelegt ist und nicht als Barvermögen verwaltet wird. Ein Fonds muss mit mindestens 51 Prozent jederzeit investiert sein.

Investment

Dieser Begriff wird zumeist im Zusammenhang mit Investmentfonds verwendet und bedeutet: Anlage von Geldkapital.

Investmentanteilscheine

Urkunden über Rechte an Investmentfonds (Investmentgesellschaften), insbesondere über das Miteigentum an den Fondsvermögen (Sondervermögen). Das Sondervermögen investiert, nach im Verkaufsprospekt dargestellten Methoden, in vorher bestimmte Anlageobjekte.

Investmentbanking

Das Investmentbanking umfasst die Wertpapiergeschäfte eines Kreditinstituts, insbesondere den Handel mit Wertpapieren und Derivaten, das Asset Management (gehobene Vermögensanlage), die Emission von Wertpapieren sowie das Mergers & Acquisitions-Geschäft (Fusionen und Übernahmen). In den meisten Fällen handelt es sich dabei nur um einen Teil des Leistungsspektrums eines Kreditinstituts. Weitere Bereiche können sein: der Zahlungsverkehr, das Kreditgeschäft, das Einlagengeschäft, das Diskontgeschäft (Ankauf von Wechseln), das Garantiegeschäft und das Depotgeschäft (Verwaltung und Verwahrung von Wertpapieren für Dritte).

Investmentfonds

Siehe: Fonds.

Investmentgesellschaft

Meist von Banken gegründete Kapitalanlagegesellschaften, die für die von ihnen verwalteten Sondervermögen (Fonds) in verschiedene Werte anlegen und Anteilscheine an einem solchen Investmentfonds ausgeben. Sie treten dabei als Treuhänder auf und sind auf eine Verteilung der Risiken durch Diversifikation verpflichtet. Die Tätigkeit von deutschen Investmentgesellschaften wird durch das Gesetz über Kapitalanlagegesellschaften geregelt und unterliegt einer staatlichen Beaufsichtigung.

Investmentgesetz

Das Investmentgesetz (InvG) ist Anfang 2004 in Kraft getreten und ersetzte das Gesetz über Kapitalanlagegesellschaften. Im InvG wurden die Regelungen für in- und ausländische Fonds vereinheitlicht. Das Investmentgesetz dient auch dem Anlegerschutz und regelt unter anderem, dass die Fondsgesellschaften als Kreditinstitute der Kontrolle der BaFin unterliegen. Darüber hinaus geht es um das Rechtsverhältnis zwischen Investmentgesellschaft und Anleger, die Einschaltung einer Depotbank, die Vertragsbedingungen, Veröffentlichungsvorschriften und steuerliche Fragen.

Investment Research

Englischer Begriff für Finanzanalyse.

Investmentzertifikate

Siehe: Investmentanteilscheine.

Investor Relations (IR)

Als Investor Relations (IR) wird die Kontaktpflege von Unternehmen zu ihren Aktionären oder zu potenziellen Anlegern bezeichnet. Durch das Publizieren von Geschäftsberichten, Reden, Pressemitteilungen oder Ansprechpartnern können sich Interessenten über die Gesellschaft informieren. Dazu wird immer häufiger das Internet als IR-Medium genutzt.

IPO

Abk. für: Initial Public Offering. Siehe dort.

IPO-Norm

Um die Transparenz bei Neuemissionen auch für Privatanleger zu gewährleisten, hat BÖRSE ONLINE die IPO-Norm initiiert. Vier Kriterien muss der Börsenstarter erfüllen: 1. Der Zulassungsprospekt muss spätestens eine Woche vor Beginn der Zeichnungsfrist im Internet stehen. 2. Offenlegung der Haltefristen: Die Altaktionäre müssen dokumentieren, wie lange sie sich an das Unternehmen binden. 3. Informationen über die Beteiligung der Emissionsbank. Der dadurch entstehende Interessenkonflikt sollte auch publiziert werden. 4. Offenlegung des Zuteilungsschlüssels: Wie viel Prozent des Emissionsvolumens geht an private und institutionelle Anleger? Sind alle vier Voraussetzungen gegeben, ist die IPO-Norm erfüllt.

ISIN

Der ISIN-Code hat die Wertpapier-Kennnummer (WKN) ersetzt. Beispiel: Die WKN der Deutschen Börse lautet 581005. Die dazugehörende ISIN wird mit DE0005810055 bezeichnet. Bei näherem Hinsehen fällt auf, dass die WKN ein Teil der ISIN ist. Und das ist bei den meisten Aktien auch der Fall. Das DE steht als Ländercode für Deutschland. Mit der ISIN ist der internationale Handel mit ein und demselben Wertpapiercode möglich. Die folgenden drei 000 stehen für die Nationale Kennnummer. Dann folgt die bekannte sechsstellige WKN, dann eine Prüfziffer. Damit erkennt das System eigenständig Zahlendreher.

J

Jahresabschluss

Erstellung der Bilanz sowie der Gewinn-und-Verlust-Rechnung über das abgelaufene Geschäftsjahr. Bei einer Aktiengesellschaft wird sie vom Vorstand aufgestellt und durch einen staatlich vereidigten Wirtschaftsprüfer auf ihre Ordnungsmäßigkeit hin geprüft. Auf der Basis des Jahresabschlusses, der die Jahresgeschäftsentwicklung wiedergibt, wird die Leistung des Vorstands auf der Hauptversammlung bewertbar.

Jahresfehlbetrag

Der Jahresfehlbetrag ist ein Begriff der Gewinn-und-Verlust-Rechnung (GUV) von Kapitalgesellschaften sowie der Bilanz. Der Fehlbetrag ergibt sich als Überschuss der Aufwendungen über die Erträge, es ist also der erwirtschaftete Verlust eines Unternehmens innerhalb eines Geschäftsjahrs.

Jährliches Aufgeld

Das Jährliche Aufgeld ist eine Bewertungskennzahl für Optionsscheine. Sie ist eine Weiterberechnung des Aufgelds (Disagio) und gibt an, um wie viel Prozent der Basiswert jährlich bis zur Fälligkeit des Optionsscheins steigen (Call) oder fallen (Put) muss, damit der Optionsscheinkäufer keinen Verlust erleidet. Dadurch können Optionsscheine mit unterschiedlich langen Restlaufzeiten miteinander verglichen werden.

Jahresüberschuss

Erzielter Gewinn innerhalb eines Geschäftsjahrs.

Jensens Alpha

Das Jensens Alpha ist eine Kennzahl zur Beurteilung von Fonds. Es misst die risikoangepasste Überrendite (Outperformance) des Fonds gegenüber dem Marktindex. Hierbei gilt: Je höher der Wert, desto positiver ist dies zu beurteilen.

Joint Venture

Angelsächsische Bezeichnung für Gemeinschaftsunternehmen. Mindestens zwei Firmen kooperieren und führen Kapital zusammen, bleiben aber voneinander unabhängig. Ziel ist z.B. die Eroberung eines Auslandsmarkts.

Jumbo-Bonds

Jumbo-Bonds sind Anleihen mit überdurchschnittlich hohem Emissionsvolumen, die vor allem von Staaten, aber auch von internationalen Großunternehmen begeben werden.

Junge Aktien

Aktien, die bei einer Kapitalerhöhung neu ausgegeben werden. Sie werden nach der ersten Dividendenausschüttung den alten Aktien gleichgestellt.

Jüngste Aktien

Wenn eine Aktiengesellschaft in einem Geschäftsjahr gleich zweimal ihr Kapital erhöht, werden die zuletzt herausgegebenen Aktien als jüngste Aktien bezeichnet. Die Papiere aus der ersten Kapitalerhöhung heißen junge Aktien.

Junk Bonds

Wörtlich übersetzt bedeutet Junk Bond Schrott- oder Müllanleihe. In den Vereinigten Staaten dienen die Junk Bonds zur Finanzierung von Firmenübernahmen. Sie werden von eigens dafür gegründeten Unternehmen begeben. Diese verfügen für gewöhnlich über keine Vermögenswerte. Deshalb werden Junk Bonds mit einem überdurchschnittlich hohen Nominalzins ausgestattet. Die Firmenübernahme mit Junk Bonds wurde auf Grund der dadurch ausgelösten Fusionswelle eingeschränkt. Eine ausschließlich durch Fremdkapital finanzierte Akquisition ist in den USA heute nur noch in Ausnahmefällen zulässig.

K

KAG

Abk. für: Kapitalanlagegesellschaft. Siehe dort.

KAGG

Abkürzung für das Gesetz über Kapitalanlagegesellschaften. Diese Vorschrift besteht seit 1957 und dient dem Anlegerschutz. Darin verpflichten sich die Investmentgesellschaften zur Einhaltung bestimmter Anlagegrundsätze, zum Beispiel der Risikostreuung.

Kapital

1. Volkswirtschaftlich: Produktionsfaktor neben Arbeit und Boden. Dabei sind unter Kapital die mit Geld getätigten Investitionen – etwa in Produktionsmaschinen – zu verstehen. 2. Betriebswirtschaftlich: Bezeichnet die Mittelherkunft eines Unternehmens. Dabei wird zwischen Eigen- und Fremdkapital unterschieden.

Kapitalanlagegesellschaft

Eine Kapitalanlagegesellschaft (KAG) ist ein Unternehmen, das Investmentfonds auflegt. Dieses wird auch als Fonds- oder Investmentgesellschaft bezeichnet. Deutsche KAGs unterliegen dem Gesetz über Kapitalanlagegesellschaften (KAGG).

Kapitalberichtigungsaktien

Siehe: Zusatzaktien.

Kapitaldeckungsverfahren

Der Sparer – und eventuell sein Betrieb – schafft während des Erwerbslebens ein Vermögen (Kapital), um daraus im Alter seinen Finanzbedarf zu decken.

Kapitalerhöhung

Eine Kapitalerhöhung dient zur Finanzierung einer Aktiengesellschaft. Dabei wird das Grundkapital durch die Ausgabe neuer Aktien erhöht. Jedem Aktionär steht in einem solchen Fall ein gesetzliches Bezugsrecht zu. Es gibt verschiedene Formen der Kapitalerhöhung: 1. Ordentliche Kapitalerhöhung: Nach dem Aktiengesetz handelt es sich bei der ordentlichen Kapitalerhöhung um die Ausgabe neuer (auch junger) Aktien zu einem vorher vereinbarten Preis. Jedem Aktionär muss auf sein Verlangen hin ein seinem Anteil an dem bisherigen Grundkapital entsprechender Teil der neuen Aktien zugeteilt werden (Bezugsrecht). 2. Kapitalerhöhung aus Gesellschaftsmitteln: Erhöhung des Grundkapitals durch Umwandlung von Rücklagen in Aktien. Damit fließt der Aktiengesellschaft kein neues Kapital zu. Die Aktionäre erhalten neue Aktien, ohne Einzahlungen leisten zu müssen. Gleichzeitig sinkt auch der Kurs der einzelnen Aktie, da sich der Unternehmenswert nicht erhöht hat. Der Anleger hat also nichts gewonnen. Damit soll das Eigenkapital in ein angemessenes Verhältnis zu den Rücklagen gebracht werden. 3. Bedingte Kapitalerhöhung: Der Umfang der Kapitalerhöhung ist zunächst ungewiss, da die Gesellschaft Optionsanleihen oder Wandelschuldverschreibungen ausgegeben hat und deren Ausführung noch nicht vorhersehbar ist.

Kapitalerhöhung aus Gesellschaftsmitteln

Siehe: Kapitalerhöhung.

Kapitalerhöhung, bedingte

Siehe: Kapitalerhöhung.

Kapitalerhöhung, ordentliche

Siehe: Kapitalerhöhung.

Kapitalertragsteuer

Besondere Erhebungsform der Einkommensteuer. Bei Dividendenzahlung werden mindestens 25 Prozent des ausgeschütteten Betrags als Kapitalertragsteuer einbehalten, falls dem depotführenden Kreditinstitut kein Freistellungsauftrag vorliegt oder kein entsprechender Freibetrag mehr vorhanden ist. Dieser Steuerabzug wird als Vorauszahlung auf die Einkommensteuer des Aktionärs angerechnet.

Kapitalgesellschaft

Eine Kapitalgesellschaft ist eine Unternehmensform mit eigener Rechtspersönlichkeit. Zu den Kapitalgesellschaften gehören etwa die GmbH und die Aktiengesellschaft. Im Gegensatz zu Personengesellschaften haften die Eigenkapitalgeber nur mit dem Grund- oder Stammkapital.

Kapitalherabsetzung

Als Kapitalherabsetzung wird die Verminderung des Eigenkapitals einer Aktiengesellschaft (AG) bezeichnet. Sie wird durchgeführt, um einen Teil des Kapitals, der nicht mehr benötigt wird, an die Aktionäre zurückzuzahlen oder eine bei der AG entstandene Unterbilanz auszugleichen. Bei Aktiengesellschaften geschieht eine Kapitalherabsetzung auf Grund eines Beschlusses der Hauptversammlung mit einer Mehrheit von 75 Prozent. Eine vereinfachte Kapitalherabsetzung dient beispielsweise der Sanierung eines Unternehmens.

Kapitalherabsetzung, vereinfachte

Siehe: Aktienzusammenlegung.

Kapitalkosten

Unter Kapitalkosten versteht man alle Aufwendungen, die erbracht werden müssen, um finanzielle Mittel als Eigenkapital oder Fremdkapital in Anspruch nehmen zu können. Die größte Position bilden in der Regel die Fremdkapitalzinsen. Aber auch kalkulatorische Kosten spielen eine große Rolle. Ein Eigenkapitalgeber möchte seine investierten Mittel in Form eines Gewinns angemessen verzinst sehen. Um diesem Aspekt Rechnung zu tragen, wird ein kalkulatorischer Eigenkapitalzins ermittelt, der sich für gewöhnlich aus dem Marktzins plus einer angemessenen Risikoprämie zusammensetzt. Das Ziel eines jeden Unternehmens muss es sein, seine Kapitalkosten zu erwirtschaften; die Gesamtkapitalrendite (Jahresgewinn plus Fremdkapitalzinsen dividiert durch das Gesamtkapital) sollte also höher ausfallen als die gewichteten (Eigen- und Fremd-)Kapitalkosten.

Kapitallebensversicherung

Kombination aus Geldanlage und Todesfallschutz. Kann bei soliden Unternehmen sichere Renditen bringen. Eignet sich gut im Rahmen der betrieblichen Altersvorsorge.

Kapitalmarkt

Markt für langfristige Kredite und Kapitalanlagen. In der Regel wird eine Kapitalbeschaffung und Kapitalanlage an der Börse als langfristig angesehen. Gegensatz: Geldmarkt.

Kapitalrücklage

Die Kapitalrücklage kommt in der Bilanz auf der Passivseite vor und gehört zum Eigenkapital. Neben den Gewinnrücklagen, in die Beträge aus dem Jahresergebnis eingestellt werden, sind sie der zweite Bestandteil der offenen Rücklagen bei Kapitalgesellschaften. In die Kapitalrücklage dürfen nur Beträge eingestellt werden, die dem Unternehmen von außen zugeflossen sind. Es handelt sich dabei um alle Einlagen der Gesellschafter, die nicht Gezeichnetes Kapital sind. Als Kapitalrücklage auszuweisen sind: 1. Beträge, die bei der Ausgabe von Anteilen einschließlich von Bezugsanteilen über den Nennbetrag hinaus erzielt werden (Agio). 2. Beträge, die bei der Ausgabe von Schuldverschreibungen für Wandlungsrechte und Optionsrechte zum Erwerb von Anteilen erzielt werden. 3. Beträge von Zuzahlungen, die Gesellschafter gegen Gewährung eines Vorzugs für ihre Anteile leisten. 4. Beträge von anderen Zuzahlungen, die Gesellschafter in das Eigenkapital leisten.

Kappa

Kennzahl zur Optionspreisbewertung. Sie gibt an, wie stark sich eine Veränderung der Volatilität des Basisobjekts auf die Optionsprämie auswirkt. Die Angaben erfolgen in Prozent. Steigt zum Beispiel die Volatilität des DAX 30 um ein Prozent, so verändert sich bei einem Kappa von 0,5 der Kurs eines DAX-Optionsscheins um 0,50 Euro.

Karabiner-Optionsschein

Warrant mit variablem Basispreis. Neben dem bei der Emission festgelegten Basispreis gibt es bestimmte Kursniveaus, bei deren Erreichen der Basispreis auf das Niveau dieser „Sprossen" adjustiert wird, ähnlich wie ein Bergsteiger sich mit einem Karabiner absichert. Dem Inhaber wird zeitgleich die Differenz zwischen dem alten und dem neuen Basispreis gutgeschrieben. Die Auszahlung erfolgt je nach Optionsbedingungen sofort nach Erreichen des neuen Basispreises oder kumuliert am Ende der Laufzeit.

Kassakurs

Siehe: Einheitskurs.

Kassamarkt

Markt für Wertpapiere, Devisen oder andere Waren. Am Kassamarkt werden valutagerechte Geschäfte abgewickelt - die Abschlüsse müssen innerhalb von zwei Tagen erfüllt werden. Liegt die Erfüllung weiter in der Zukunft, handelt es sich bereits um ein Termingeschäft.

Kassaposition

Eine Kassaposition ist das Resultat eines getätigten oder noch bevorstehenden Engagements am Kassamarkt. Long im Kassamarkt bedeutet, dass der Anleger eine Ware oder einen Wert physisch besitzt. Short im Kassamarkt dagegen bedeutet, dass der Anleger in Zukunft einen physischen Besitz benötigen wird, aber derzeit von einem Kauf absieht.

Katastrophenanleihen

Katastrophenanleihen - auch als Catbonds bezeichnet - sind Obligationen, durch die Versicherer seltene Naturrisiken an den Kapitalmarkt transferieren. Der Ertrag einer solchen Anleihe hängt ab vom Eintreten seltener und extremer Naturereignisse, wie zum Beispiel Erdbeben oder Wirbelstürme.

Kaufen

Siehe: Buy.

Käufer

Im Terminkontrakt ist derjenige ein Käufer, der einen Terminkontrakt kauft (long geht) oder eine bereits bestehende, offene Verkaufsposition ausgleicht oder glattstellt. Puts und Calls können ebenso gekauft werden. Der Käufer erwirbt das Optionsrecht, den Basiswert, der dem Optionsschein oder der Option zu Grunde liegt, innerhalb eines bestimmten Zeitraums zu einem vereinbarten Kurs zu kaufen oder zu verkaufen.

Kaufoption

Siehe: Call.

Kaufoptionsschein

Siehe: Call.

Kaufpreisabsicherung

Wenn jemand in der Zukunft eine Ware kaufen will, kauft er einen Terminkontrakt, um sich gegen eine mögliche Preissteigerung abzusichern. Die Kaufabsicherung ist auch als Ersatzkauf oder vorzeitiger Kauf zu verstehen.

Kaufsignal

Ein aus der Technischen Analyse resultierendes Signal, das einen Kauf des untersuchten Werts anzeigt.

KBV

Abk. für: Kurs-Buchwert-Verhältnis.

KCV

Abk. für: Kurs-Cashflow-Verhältnis.

Kennzahlen, betriebswirtschaftliche

Betriebswirtschaftliche Kennzahlen – wie Produktivität, Wirtschaftlichkeit oder Rentabilität – sind Instrumente, um den wirtschaftlichen Erfolg eines Unternehmens zu analysieren und vergleichbar zu machen.

Kernkapital

Der Begriff Kernkapital stammt aus dem Kreditwesen. Im Kreditwesengesetz heißt es in § 10: Kreditinstitute müssen im Interesse der Erfüllung ihrer Verpflichtungen gegenüber ihren Gläubigern, insbesondere zur Sicherheit der ihnen anvertrauten Vermögenswerte, angemessene Eigenmittel haben. Die Eigenmittel bestehen aus dem haftenden Eigenkapital und den Drittrangmitteln. Das haftende Eigenkapital wiederum ist die Summe aus Kernkapital und Ergänzungskapital. Bei Kreditinstituten in der Rechtsform einer Aktiengesellschaft setzt sich das Kernkapital wie folgt zusammen: eingezahltes Grund- oder Stammkapital (abzüglich eigener Aktien und ohne Vorzugsaktien) + Rücklagen (soweit sie die Voraussetzungen des § 10 Abs. 3a KWG erfüllen) = Kernkapital (zum Ergänzungskapital gehören zum Beispiel Vorzugsaktien, Genussrechte und nachrangige Anleihen).

Kernkapitalquote

Die Kernkapitalquote berechnet sich, indem man das Kernkapital durch die Summe der Risikoaktiva des Kreditinstituts (das sind gewährte Kundenkredite) dividiert. Obwohl das Gesetz keine konkrete Mindestkernkapitalquote fordert, gelten Werte unter sechs Prozent als bedenklich. Bei Kernkapitalquoten unter fünf Prozent dürfte in der Regel die Bundesanstalt für Finanzdienstleistungsaufsicht (BaFin) aktiv werden.

Kerzencharts

Begriff aus der Technischen Analyse: Bei Kerzencharts wird jede Handelsperiode in Form eines Kerze (englisch: candle) dargestellt. Man unterscheidet zwischen weißen und schwarzen Kerzen. Die Farbe des Körpers gibt Aufschluss über die Differenz aus Eröffnungs- und Schlusskurs. Liegt der Schluss- über dem Eröffnungskurs, ist die Kerze weiß. Im umgekehrten Fall ist die Kerze schwarz. Striche verbinden den Körper mit dem höchsten und tiefsten Kurs der Handelsperiode. Sie heißen obere beziehungsweise untere Schatten.

KGaA

Abk. für: Kommanditgesellschaft auf Aktien. Siehe dort.

KGV

Abk. für: Kurs-Gewinn-Verhältnis. Siehe dort.

KGV, dynamisch

Das dynamische KGV setzt das Kurs-Gewinn-Verhältnis in Relation zum geschätzten Gewinnwachstum vom nächsten zum übernächsten Geschäftsjahr. Somit wird die Gewinnentwicklung berücksichtigt.

KLSE

KLSE ist die Abkürzung für den Index der Börse in Kuala Lumpur (Malaysia).

Knapp behauptet

Tendenzbezeichnung an der Börse, wenn die Kursnotierungen bis zu 0,3 Prozent gefallen sind. Gegensatz: Gut behauptet.

Knock-out

Siehe: Hebelzertifikate.

Knock-out-Papiere

Hiermit erwerben oder verkaufen Anleger einen Basiswert zu einem vorher vereinbarten Preis (Basis). Daneben sind Knock-out-Papiere noch mit einer Knock-out-Barriere ausgestattet: Wird sie berührt, verfallen die Papiere sofort.

Knock-out-Schwelle

Kursniveau, bei dessen Unter- bzw. Überschreiten ein Knock-out-Papier wertlos verfällt.

Kombi-Produkte

Versicherungsverträge, die verschiedene Risiken gemeinsam in einer Police abdecken. Sehr beliebt ist die Koppelung von Berufsunfähigkeits- und Renten- oder Kapitallebensversicherungen. Verbraucherschützer raten von dieser Koppelung aber ab.

Kommanditgesellschaft auf Aktien (KGaA)

Kommanditgesellschaften auf Aktien (KGaA) sind eine Sonderform der Aktiengesellschaft. Eigentümer der KGaA sind neben den sogenannten Kommanditaktionären auch die persönlich haftenden Gesellschafter (Komplementäre). Während die zuerst genannten nur mit ihrem Aktienkapital für die Verbindlichkeiten der Gesellschaft haften, treten die Komplementäre auch mit ihrem Privatvermögen ein. Kraft Gesetz sind die persönlich haftenden Gesellschafter gleichzeitig Vorstände der KGaA. Ein bekanntes Beispiel für diese Unternehmensform ist die Henkel KGaA.

Kommanditist

Bei Kommanditgesellschaften (KG) wird bei den Eigenkapitalgebern zwischen Kommanditisten und Komplementären unterschieden. Erstere haften nur mit ihrer Einlage für die Verbindlichkeiten der KG, Komplementäre treten dagegen auch mit ihrem Privatvermögen ein.

Kommissionsgeschäft

Ein Kommissionsgeschäft ist ein vertraglicher Geschäftsabschluss, bei dem der Kommissionär, zum Beispiel eine Bank, Wertpapiere im eigenen Namen, aber auf Rechnung eines Kunden, Waren (zum Beispiel Wertpapiere) kauft oder verkauft. Für diese Leistung darf der Kommissionär Provisionen verlangen. Er muss aber die Interessen seines Auftraggebers wahrnehmen.

Kommissionär

Ein Kommissionär ist ein selbstständiger Kaufmann, der gegen Provision Waren (zum Beispiel Wertpapiere) im eigenen Namen, aber auf fremde Rechnung, kauft oder verkauft. Dabei ist er verpflichtet, die Interessen seines Auftraggebers wahrzunehmen.

Kommunalanleihe

Kommunalanleihen sind festverzinsliche Wertpapiere, die von kommunalen Institutionen - wie Gemeindeverbänden oder Städten - ausgegeben werden. Sie dienen der Finanzierung von kommunalen Vorhaben.

Kommunalobligation

Kommunalobligationen - auch öffentliche Pfandbriefe - sind festverzinsliche Wertpapiere, die von Hypothekenbanken, gemischten Hypothekenbanken und öffentlich-rechtlichen Grundkreditanstalten ausgegeben werden. Die Emissionserlöse gehen inländischen Körperschaften des öffentlichen Rechts, wie etwa Ländern und Gemeinden, zu. Diese finanzieren damit öffentliche Investitionen. Als Rückzahlungssicherheit für die Gläubiger dient die Steuerkraft der öffentlichen Haushalte. Kommunalobligationen sind mündelsicher.

Komplementär

Bei Kommanditgesellschaften (KG) wird bei den Eigenkapitalgebern zwischen Kommanditisten und Komplementären unterschieden. Erstere haften nur mit ihrer Kapitaleinlage für die Verbindlichkeiten der KG, Komplementäre treten dagegen als persönlich haftende Gesellschafter auch mit ihrem Privatvermögen ein.

Konditionen

Konditionen sind die Ausstattungsbestandteile von vertraglichen Geschäften. Bei Wertpapiergeschäften zählen zu den wichtigsten Konditionen: Zinssatz, Ausgabekurs, Laufzeit, Rückzahlungsbedingungen, Gebühren und Provisionen.

Konjunktur

Die Konjunktur beschreibt die gesamtwirtschaftliche Entwicklung einer Volkswirtschaft. Sie kann in folgende Wirtschaftszyklen eingeteilt werden: Aufschwung, Hochkonjunktur, Abschwung und Rezession. Zur Messung der konjunkturellen Aktivität werden hauptsächlich die Entwicklung des Bruttoinlandsprodukts, das Beschäftigungsniveau, die Produktionsauslastung, Veränderungen der Zahlungsbilanz und das Preisniveau herangezogen.

Konjunkturdaten

Konjunkturdaten geben Aufschluss über den derzeitigen Stand im Konjunkturzyklus. Sie lösen zum Teil heftige Reaktionen an den Börsen aus, wenn Volkswirte die wirtschaftliche Situation falsch eingeschätzt und bewertet haben. Wichtige Konjunkturdaten sind die Zahlen zum Wirtschaftswachstum, zur Arbeitslosigkeit, zur Produktionsauslastung, zur Handelsbilanz und zur Preisniveaustabilität.

Konjunkturzyklus

Der Konjunkturzyklus besteht aus vier Phasen: Aufschwung (Expansion), Boom (Hochkonjunktur), Abschwung (Rezession) und Depression (Tiefstand).

Konkurs

Der Konkurs ist ein gerichtliches Verfahren zur Liquidation eines Unternehmens zu dem Zweck, die Forderungen der Gläubiger anteilsmäßig zu befriedigen. Anlass für ein Konkursverfahren ist Zahlungsunfähigkeit, bei Aktiengesellschaften aber auch Überschuldung. Häufig wird der Konkurs durch ein Vergleichsverfahren abgewendet. Hierbei verzichten die Gläubiger auf einen Teil ihrer Forderungen.

Konservative Anlage

Hier steht der Kapitalerhalt im Vordergrund. Die entsprechenden Anlageformen weisen kein oder nur ein begrenztes Verlustrisiko auf.

Konsolidierung

Stabilisierung der Börsenkurse nach vorausgegangenen stärkeren Kursbewegungen nach oben oder unten. Wird auch auf Grund der Erscheinung im Chart (grafische Kursdarstellung) als Seitwärtsbewegung bezeichnet.

Konsolidierungsformation

Siehe: Bestätigungsformation.

Konsortialbank

Siehe: Konsortium.

Konsortialführer

Die Bank, die ein Emissionskonsortium leitet, heißt Konsortialführer. Dieser ist auch für die Abwicklung der Emission und für die Vertragsverhandlungen mit dem betreuten Unternehmen zuständig. Für gewöhnlich erhält der Konsortialführer den größten Teil des Emissionsvolumens zur Platzierung. Siehe auch: Konsortium.

Konsortium

Bezeichnung für eine Vereinigung von Banken, meist in der rechtlichen Organisation einer Gesellschaft des Bürgerlichen Rechts, zur Durchführung einzelner oder regelmäßiger Geschäfte mit hohem Kapitaleinsatz auf gemeinsame Rechnung. Einer der häufigsten Gründe zur Bildung eines Konsortiums ist die Emission von Wertpapieren.

Kontrakt

Ein Kontrakt ist eine rechtlich bindende Vereinbarung (Vertrag) zwischen zwei oder mehreren Parteien, eine Leistung zu erbringen oder zu unterlassen. An den Terminmärkten stellt ein Kontrakt eine vertraglich vereinbarte Menge für ein Options- oder Futures-Geschäft dar. An den Terminbörsen sind die gehandelten Kontrakte standardisiert. Die standardisierten Kontraktspezifikationen beziehen sich auf die Laufzeit des Kontrakts, die Menge und Qualität des Basiswerts. Bei Optionskontrakten regeln die Kontraktspezifikationen darüber hinaus den Optionstyp und den Basispreis, zu dem der Basiswert zu liefern beziehungsweise abzunehmen ist. Somit ist sowohl bei Futures als auch bei Optionen die einzige Variable der aktuell zu zahlende Preis für den Kontrakt. Ein Optionsschein ist dagegen kein Kontrakt, sondern gilt als Wertpapier, das vom Emissionshaus emittiert wird.

Kontraktgröße

Bei Optionen und Futures gibt die Kontraktgröße die Anzahl der Titel an, zu deren Kauf beziehungsweise Verkauf das Derivat berechtigt. Die

Kontraktgröße von Futures oder Optionen übertrifft betraglich die Margin oder die Optionsprämie um ein Vielfaches. Durch den geringeren Kapitalaufwand für die Margin/die Prämie stellt sich bei Derivaten der sogenannte Hebeleffekt ein.

Kontraktmonat

Im Terminmarkt: der Monat, in dem ein Kontrakt zur Andienung fällig wird.

Kontraktverlängerung

Wenn Terminkontrakte wie Optionen oder Futures über einen Verfallstermin hinaus gehalten werden sollen, müssen die Kontrakte verlängert werden. Denn die Positionen sind zeitlich begrenzt und verfallen am Ende der Laufzeit. Die Position, die neu einzugehen ist, ist bis auf den späteren Verfalltermin identisch mit der alten Position. Dieser Wechsel wird aus Liquiditätsgründen für gewöhnlich aber nicht am Verfallstermin durchgeführt, sondern bereits vorher. Dabei muss die alte Position gleichzeitig zum Eingehen der neuen aufgelöst werden. Dieser Vorgang wird als Switchen oder Rollen bezeichnet.

Kontraktwert

Siehe: Basiswert.

Kontrollillusion

Gerade nach einer Serie von Gewinnen glauben viele, dass sie den Markt beherrschen. Das kann aber keiner. Anleger können nur ihr Risiko kontrollieren, indem sie lernen, rechtzeitig zu verkaufen.

Kontrollmitteilung

Stellen, die Altersbezüge auszahlen – auch Pensionskassen und Pensionsfonds –, müssen die für die Besteuerung notwendigen Daten melden.

Konvergenz

Konvergenz ist, wenn sich der Wert eines Future-Kontrakts bis zum Laufzeitende immer mehr dem aktuellen Marktkurs des zu Grunde liegenden Basiswerts (Underlying) annähert, sodass am letzten Handelstag der Future-Kurs und der Kassakurs identisch sind. Wäre dies nicht so, würden Arbitrageure (Händler) diese Situation risikolos ausnutzen, bis sich die Kurse wieder angeglichen hätten.

Konversionsfaktor

Siehe: Umrechnungsfaktor.

Konvexität

Die Konvexität ist ein finanzmathematisches Maß zur Messung der Kurssensitivität von festverzinslichen Wertpapieren. Sie baut auf der Duration auf und gibt an, wie der Kurs einer Anleihe auf Marktzinsänderungen reagiert.

Konzern

Konzerne entstehen, wenn sich ein herrschendes und ein oder mehrere abhängige Unternehmen unter einheitlicher Leitung des herrschenden Unternehmens zusammenschließen. Die einzelnen Firmen bleiben zwar rechtlich unabhängig, werden aber als Konzernunternehmen bezeichnet. Sie stehen wirtschaftlich unter der gemeinsamen Leitung des herrschenden Unternehmens. Konzerne entstehen meist durch gegenseitige Kapitalbeteiligung oder Einrichtung einer Dachgesellschaft, einer sogenannten Holding. Es gibt drei verschiedene Konzernformen: 1. Horizontaler Konzern: Zusammenschluss von Unternehmen der gleichen Produktionsstufe. 2. Vertikaler Konzern: Zusammenschluss von Unternehmen aus verschiedenen Produktionsstufen. 3. Diagonaler Konzern: Zusammenschluss von Unternehmen aus verschiedenen Branchen.

Konzernüberschussebene

Die Konzernüberschussebene beginnt ab dem Ergebnis nach Steuer und umfasst die Mittel, die für die Eigenkapitalgeber zur Verfügung stehen.

Körperschaftsteuer

Als Körperschaftsteuer wird die Einkommensteuer von juristischen Personen in Deutschland bezeichnet, die einheitlich 25 Prozent beträgt. Die Körperschaftsteuer beim Aktionär kann nicht mehr angerechnet werden, d.h. die Bank zahlt den Aktionären maximal 75 Prozent der Dividende aus. Die für den Fiskus einbehaltenen 25 Prozent sind verloren. Als Ausgleich für den Wegfall der Anrechenbarkeit werden Dividenden im Halbeinkünfteverfahren nur noch zur Hälfte direkt versteuert.

Korrektur

Abwärtsbewegung eines Werts. Ist oft nach einer vorausgegangenen Aufwärtsbewegung zu beobachten. Im Vergleich zur Konsolidierung ist die Kurskorrektur dauerhafter und bezieht sich oft auf einen längeren Zeitraum.

Korrekturformation

Während eines Trends pausieren die Kurse in Korrekturformationen, die entweder seitwärts oder entgegen dem Trend verlaufen.

Korrelation

Statistische Kennzahl, die den Einfluss der Schwankung einer Variablen auf eine zweite Variable anzeigt. Eine positive Korrelation heißt, dass bei steigendem Wert der ersten Variablen auch jener der zweiten zunimmt. Eine negative Korrelation bedeutet, dass bei steigendem Wert der ersten Variablen jener der zweiten abnimmt. Bei einer perfekten positiven Korrelation liegt deren Koeffizient bei +1, bei einer perfekten negativen Korrelation bei –1. Eine Korrelation von 0 liegt vor, wenn zwischen zwei Variablen kein Zusammenhang besteht.

Korridor-Optionsschein

Mit einer festgelegten Kursspanne ausgestatteter Optionsschein. Für jeden Tag, an dem sich der Kurs des Basisobjekts innerhalb dieser Spanne aufhält, wird dem Inhaber ein Geldbetrag gutgeschrieben, der auch dann nicht verfällt, wenn das Basisobjekt diese Kursspanne vorübergehend oder dauerhaft verlässt.

Kospi

Kospi ist die Abkürzung für Korean Stock und bezeichnet den Index der Börse in Seoul (Südkorea).

Kreditderivate

Als Kreditderivate werden Finanzkontrakte bezeichnet, die es ermöglichen, Kreditrisiken eines fest definierten Darlehenspools von anderen Risiken zu trennen und handelbar zu machen (auszuplatzieren).

Kündbare Anleihen

Siehe: Callabe Bonds.

Kupon

Siehe: Coupon.

Kurs

Der Kurs ist der Marktpreis für die an einer Börse gehandelten Wertpapiere, Devisen und Waren.

Kursabschlag

Kursabschläge erfolgen bei Aktien nach Ausschüttung einer Dividende, nach dem Verfall eines Bezugsrechts oder nach Ausgabe von Berichtigungsaktien.

Kursbereich

Siehe: Range.

Kursblatt

An jedem Börsentag gibt jede deutsche Wertpapierbörse ein amtliches Börsenblatt heraus, das die Tageskurse aller an der jeweiligen Börse notierten Papiere enthält. Die Kurse werden in Börsen- und Tageszeitungen veröffentlicht.

Kurs-Buchwert-Verhältnis (KBV)

Das Kurs-Buchwert-Verhältnis (KBV) setzt den Kurswert einer Aktie mit dem bilanziell ausgewiesenen Buchwert pro Aktie einer Gesellschaft ins Verhältnis. Es vergleicht also den Gegenwartswert mit dem erwarteten Zukunftswert eines Unternehmens. Je höher das KBV, desto größer sind die Erwartungen der Anleger in die künftige Entwicklung der Gesellschaft.

Kursdifferenz

Siehe: Spread.

Kursexplosion

Ein sehr starker, plötzlicher Kursanstieg innerhalb kurzer Zeit.

Kursfestsetzung

Bei Wertpapieren des Amtlichen Handels ermitteln Kursmakler einmal täglich einen Kurs, der im Kursblatt der Börse und in der Tagespresse veröffentlicht wird. Der Börsenvorstand achtet darauf, dass sich die zuständigen Kursmakler bei der Kursfestsetzung am Markt orientieren.

Kursfeststellung

Siehe: Kursfestsetzung.

Kurskorrektur

Siehe: Korrektur.

Kurs-Cashflow-Verhältnis

Dabei wird der Kurs einer Aktie durch den Cashflow (Finanzüberschuss) je Aktie dividiert. Der Cashflow ist in der Fundamentalanalyse die wichtigste Kennzahl, um die Finanzkraft eines Unternehmens zu beurteilen. Der Cashflow ist der Saldo aus Mittelzufluss und -abfluss. Verkürzt wird auch der Gewinn plus Abschreibungen als Cashflow bezeichnet. Im Verhältnis zum Aktienkurs zeigt der Cashflow an, wie lange es dauert, den Aktienkurs aus dem laufenden Zahlungsstrom des Unternehmens zu bezahlen.

Kurs-Gewinn-Verhältnis (KGV)

Kurz auch KGV genannt. Es ist die gängigste Kennziffer in der Aktienanalyse. Um das KGV zu berechnen, wird der Aktienkurs durch den Reingewinn je Aktie dividiert. Im Prinzip ist das KGV eine Amortisationsrechnung: Wie viele Jahre braucht das Unternehmen, um durch den Gewinn den Kurs verdient zu haben? Als Faustformel gilt dabei: Je niedriger das KGV, desto günstiger ist eine Aktie bewertet. Die KGV-Analyse hat allerdings Schwächen: Was tun, wenn kein Gewinn vorhanden ist? Dann muss das Kurs-Umsatz-Verhältnis (KUV) oder das Umsatzmultiple herangezogen werden. Schwierig sind auch Vergleiche zwischen unterschiedlichen Branchen. Die Automobilindustrie hat traditionell recht niedrige KGVs, die Softwarebranche dagegen sehr hohe. Richtwert sind hierbei die Gewinnsteigerungen. Wachsen die Überschüsse einer Branche mit etwa 50 Prozent pro Jahr, dann ist auch ein KGV in gleicher Höhe gerechtfertigt. Im Angelsächsischen wird das KGV als Price-Earnings-Ratio (PER) bezeichnet.

Kursindex

Siehe: Preisindex.

Kursmakler

Ein Kursmakler hat sich verpflichtet, im Börsenhandel Angebot und Nachfrage zusammenzuführen. Auf der Grundlage der ihm vorliegenden Kauf- und Verkaufsaufträge stellt der Kursmakler Kurse, zu denen der Handel stattfindet. Der Kursmakler kann auf fremde oder auf eigene Rechnung agieren.

Kursnotierung

Der Geld- oder Briefkurs für Futures, Optionen und Kassawaren zu einem bestimmten (meistens gegenwärtigen) Zeitpunkt.

Kurspflege

Hierbei greifen Einzelne oder Gruppen in das Marktgeschehen ein. Ziel ist dabei, den Kurs einer Aktie oder einer Währung zu stützen. So betreiben Notenbanken Kurspflege, um den Kurs einer Währung auf einem bestimmten Niveau zu halten. Aber auch Emissionsbanken haben ein Interesse daran, den Kurs einer Neuemission zu stützen.

Kurs-Umsatz-Verhältnis (KUV)

Das Kurs-Umsatz-Verhältnis (KUV) ist ein Indikator aus der fundamentalen Aktienanalyse. Es zeigt den prozentualen Anteil des Aktienkurses am Umsatz an. Das KUV wird berechnet, indem die aktuelle Marktkapitalisierung eines Unternehmens durch die Erlöse der vergangenen zwölf Monate dividiert wird.

Kurswert

Der Kurswert einer Aktie ist eine veränderliche Größe, die durch Angebot und Nachfrage bestimmt wird. Er orientiert sich am inneren Wert einer Aktie, der sich durch das veränderliche Gesamtvermögen und die Ertragskraft des Unternehmens berechnen lässt. Wachsen Ertragskraft und Vermögen, so steigt im Allgemeinen auch der Kurs der Aktien. Gegensatz: Nennwert.

Kursziel

Das Kursziel ist der Bereich, den ein Wert in einem vorgegebenen (jedoch nicht immer genau definierbaren) Zeitraum erreichen soll. Es wird aus der Summe aller angewendeten Analysemethoden gebildet. Kurzfristige (zum Beispiel ein bis drei Monate) und mittelfristige/langfristige Kursziele (drei bis sechs Monate oder länger) müssen nicht identisch sein. Je weiter ein Kursziel in der Zukunft liegt, desto schwieriger (und ungenauer) ist eine Prognose.

Kurszusätze (1)

Sie liefern dem Anleger nützlich Informationen über die Angebots- und Nachfragesituation an der Börse. Die Kurszusätze im Einzelnen: **b, bz, bez** oder ohne Zusatz: bezahlt. Ausgeglichenes Angebots- und Nachfrageverhältnis zum notierten Kurs. Alle unlimitierten Aufträge wurden ausgeführt. Zusätzlich auch alle zum und über dem ermittelten Kurs limitierten Kauforders sowie alle zum oder unter dem Kurs limitierten Verkaufsorders. **B:** Brief, Angebot. Zum genannten Kurs lag lediglich Angebot für das betreffende Wertpapier vor. Es gab aber keine oder nur geringfügige Nachfrage zu einem vertretbaren Kurs. **G:** Geld, Nachfrage. Es lag nur Nachfrage vor, aber kein oder nur ein geringfügiges Angebot zum angegebenen Kurs. **bB:** bezahlt Brief. Zum ermittelten Kurs wurden alle unlimitierten Aufträge ausgeführt, ebenso die zum ermittelten Kurs oder höher limitierten Kaufaufträge. Die zum festgestellten Kurs limitierten Verkaufsaufträge wurden nur teilweise ausgeführt, aber alle niedriger limitierten Verkaufsaufträge. **ebB:** etwas bezahlt Brief. Wie bB. Die zum festgestellten Kurs limitierten Verkaufsaufträge wurden nur zu einem geringen Teil ausgeführt. **bG:** bezahlt Geld. Zum ermittelten Kurs wurden alle unlimitierten Aufträge ausgeführt, ebenso die zum ermittelten Kurs oder niedriger limitierten Verkaufsaufträge (alle). Die zum festgestellten Kurs limitierten Kaufaufträge wurden nur teilweise ausgeführt, aber alle höher limitierten Kaufaufträge. **ebG:** etwas bezahlt Geld. Wie bG. Die zum festgestellten Kurs limitierten Kaufaufträge wurden nur zu einem geringen Teil ausgeführt.

Kurszusätze (2)

Sie liefern dem Anleger nützliche Informationen über die Angebots- und Nachfragesituation an der Börse. Die Kurszusätze im Einzelnen: **–B:** gestrichen Brief. Es gab keine Nachfrage. Es lagen lediglich Bestens-Verkaufsorders vor. **–G:** gestrichen Geld. Es gab kein Angebot. Es lagen lediglich Billigst-Kaufaufträge vor. **–b:** gestrichen. Es wurde kein Kurs ermittelt. Zu einer vertretbaren Notierung lagen keine Kauf- oder Verkaufsaufträge vor. **T:** Taxkurs, taxiert. Es hat kein Umsatz stattgefunden. Der Kurs wurde vom Kursmakler geschätzt. **r, rat oder rep:** rationiert oder repartiert (Zuteilung). Die Kauf- und Verkaufsaufträge werden nur teilweise, also nicht in der gewünschten Stückzahl, ausgeführt. **b***(Sternchen): Kleine Beträge konnten nicht gehandelt werden. **exD, exDiv:** ex (ohne) Dividende. Die Dividende ist ausgeschüttet und nicht mehr im Kurs enthalten. Der Dividendenabschlag erfolgt meist am zweiten Tag nach der Hauptversammlung. **exB oder exBR:** ex (ohne) Bezugsrecht. Die Aktie wird am Tag des Bezugsrechtsabschlags ohne Bezugsrecht gehandelt. Nach einer Kapitalerhöhung häufig der vorletzte Börsentag vor Ablauf der Bezugsfrist. **exBA:** ex (ohne) Berichtigungsaktien. Kurszusatz am Tag des Berichtigungsaktienabschlags. **RCK:** Abk. für range checked. Wenn der Kurs um mehr als einen bestimmten Prozentsatz steigt oder fällt (verglichen mit dem vorherigen), dann wird der Kurs nochmal überprüft. In Deutschland liegt die Range bei 15 Prozent.

KUV

Abk. für: Kurs-Umsatz-Verhältnis. Siehe dort.

L

Ladder-Optionsschein

Auch Ladder-Warrant genannt. Bei dieser Optionsscheinvariante verändert sich der bei der Emission festgelegte Basispreis, sobald das Basisobjekt ein bestimmtes Kursniveau erreicht. In diesem Fall wird der neue Basispreis auf diesem Niveau fixiert, dem Anleger wird die Differenz zwischen altem und neuem Basispreis unwiderruflich gutgeschrieben.

Länderanleihe

Festverzinsliche Schuldverschreibung der Bundesländer.

Länderfonds

1. Festverzinsliche Schuldverschreibungen der Bundesländer. 2. Aktienfonds, der in seinem Anlagerahmen ausschließlich ein bestimmtes Land oder mehrere unter bestimmten Gesichtspunkten zusammenfügbare Staaten berücksichtigt, wie beispielsweise Italien-, Russland- oder Großbritannien-Fonds.

Länderrisiko

Bezeichnung für das Risiko eines Anleihengläubigers, dass ein ausländischer Schuldner trotz Zahlungsfähigkeit die fälligen Zins- und Tilgungszahlungen überhaupt nicht oder zumindest nicht fristgerecht leisten kann, weil es in dem betreffenden Land an Transferfähigkeit oder -bereitschaft fehlt. Grund dafür können mangelnde Währungsreserven sein (wirtschaftliches Länderrisiko), aber auch die politisch bedingte Unwilligkeit oder Unfähigkeit zu Transferleistungen, etwa bedingt durch Umsturz oder sonstige schwer wiegende Veränderungen der Herrschaftsverhältnisse (politisches Länderrisiko).

Landeszentralbanken

Hauptverwaltungen der Deutschen Bundesbank in den einzelnen Bundesländern. Ihnen obliegt die Durchführung der in ihren jeweiligen geographischen Bereich fallenden Verwaltungsangelegenheiten und Geschäfte. Die Präsidenten der Landeszentralbanken sind Mitglieder des Zentralbankrats der Deutschen Bundesbank.

Langläufer

Gängige Bezeichnung für Anleihen mit langer Restlaufzeit. Wird zuweilen für Papiere mit mehr als zehn, manchmal auch für Anleihen mit mehr als 15 Jahren Restlaufzeit gebraucht.

Last Trading Day

Siehe: Letzter Handelstag.

Late Report

Die Orderausführung an den Börsenplätzen in den Vereinigten Staaten ist mit einer Vielzahl von Regeln abgesichert, um die Ausführung für den Kunden so sicher und fair wie möglich zu machen. Wenn ein Kunde beispielsweise eine als open deklarierte Order streicht und der Orderstatus cancelled anzeigt, besteht trotzdem die Möglichkeit, dass der Handel zu Stande kommt. Der Late Report des Market Makers ist eine verspätete Rückmeldung der Ausführung. Obwohl der Kunde die Order gestrichen hat, steht sie ihm zu. Die Ausführung wird eingebucht.

Laufzeit

Zeitraum zwischen der Emission einer Anleihe und ihrer Rückzahlung (Tilgung). Bei Optionsscheinen gibt die Laufzeit den Zeitraum an, währenddessen der Inhaber sein Optionsrecht ausüben kann (Ausnahme: europäisches Optionsrecht).

Laufzeitfonds

Fonds mit einem schon bei Gründung festgelegten Termin zur Auflösung nennen sich Laufzeitfonds. Die Fondsart gibt es meist im Segment der Renten- und Garantiefonds. Sie stellen eine Alternative zu Anleihen da, die ebenfalls meist eine feste Laufzeit haben. Diese Fonds werden bei Erreichen des Laufzeitendes automatisch aufgelöst. Das Kapital wird zum dann gültigen Kurs an die Anteilsinhaber ausgezahlt. Laufzeitfonds – insbesondere mit Garantie – werden zum Teil nach einer Zeichnungsphase geschlossen und können dann nicht mehr erworben werden. Ein Verkauf vor Ende der Frist ist bei Laufzeitfonds grundsätzlich immer möglich.

LBO

Abkürzung für Leveraged-Buy-out, siehe dort.

L-DAX

Die Bezeichnung L-DAX steht für Late-DAX, also für den „Spät-DAX". Um Investoren auch nach Xetra-Handelsschluss um 17.30 Uhr einen Indikator für die Entwicklung des deutschen Markts zu bieten, hat die Deutsche Börse im November 2003 den L-DAX eingeführt. Er wird minütlich zwischen 17.30 und 20 Uhr berechnet. Der L-DAX entspricht in seiner Zusammensetzung dem Original-DAX, basiert aber auf Börsenpreisen des Parketthandels an der Frankfurter Wertpapierbörse (FWB).

Lead Manager

Lead Manager ist die angelsächsische Bezeichnung für den Konsortialführer (federführende Bank) bei Kapitalmaßnahmen (zum Beispiel Emission). Der Lead Manager ist zuständig für den ständigen Kontakt mit dem Emittenten, für die Organisation, Vertragsgestaltung und Prospekterstellung der Emission. Gleichzeitig übernimmt der Konsortialführer die Zusammenstellung der weiteren, am Verkauf beteiligten Institute und sorgt für die letztendliche Platzierung der emittierten Wertpapiere.

Leasingfonds

Leasingfonds sind eine Investmentfondsvariante. Der Anleger finanziert Leasingobjekte (meist Gewerbeimmobilien oder Verwaltungsgebäude) mit und ist je nach seiner Anteilsquote an den Einnahmen beteiligt, die aus langfristigen Leasingverträgen erwachsen. Da der Anleger steuerlich wie ein wirtschaftlicher Eigentümer der Immobilie behandelt wird, kann er Aufwendungen steuersparend geltend machen. Die Gesamtrendite aus Einnahmen und Steuerersparnis hängt davon ab, welcher Steuerprogressionsstufe der Anleger unterliegt.

Lebensversicherungs-Zweitmarkt

Auch LV-Zweitmarkt genannt. Eine Fondsgesellschaft kauft von verkaufswilligen Versicherten Policen, um höhere Ablaufleistungen zu kassieren.

Lebenszyklus

Während Aktien, historisch betrachtet, höhere Erträge, aber auch höhere Wertschwankungen bringen, sind die Erträge beispielsweise bei Anleihen geringer, die Wertentwicklung aber dafür stabiler. Hier kommt die Lebenszyklusbetrachtung ins Spiel: Jüngeren Vorsorgesparern wird ein höherer Aktienanteil empfohlen, älteren ein niedrigerer.

Leerstandsquote

Unvermietete Flächen bringen keine Einnahmen, daher sind Quoten von mehr als fünf bis acht Prozent bedenklich für den Standort.

Leerverkauf

Wenn ein Anleger Aktien auf Termin verkauft, ohne in deren Besitz zu sein, tätigt er einen Leerverkauf. Der Investor spekuliert dabei auf fallende Kurse. Tritt dieses Szenario ein, erwirbt er die Aktien bis zum Fälligkeitstermin zu einem niedrigeren Kurs als zum ausgehandelten Verkaufspreis.

Leerverkauf einer Aktie

Vor allem in den USA verbreitete Technik zur Spekulation auf fallende Wertpapierkurse. Der Verkäufer veräußert Papiere, die er zum Zeitpunkt des Verkaufs nicht besitzt, sondern in der Regel von einem Broker geliehen hat in der Hoffnung, sie später zu einem niedrigeren Kurs zurückkaufen zu können und damit einen Gewinn zu realisieren. Das Risiko des Leerverkäufers ist dabei beträchtlich.

Leerverkauf einer Option

Der Verkauf einer Option durch den Stillhalter, ohne den Basiswert zu besitzen.

Leibrente

Auch Sofortrente genannt. Gegen eine hohe Einmalzahlung erfolgt sofort eine monatliche Ausschüttung, die als lebenslange Rente gezahlt wird – egal wie alt der Einzahler wird.

Leichter

Tendenzbezeichnung an der Börse, wenn die Kursnotierungen um bis zu ein Prozent gefallen sind. Gegensatz: Freundlich.

Leistungsbilanz

In der Leistungsbilanz werden die wirtschaftlichen Vorgänge zwischen Inländern und Ausländern dokumentiert. Die Leistungsbilanz umfasst dabei die Handelsbilanz (Warenexporte oder -importe), die Dienstleistungsbilanz (Dienstleistungsexporte oder -importe) und die Schenkungsbilanz (empfangene Übertragungen, geleistete Übertragungen). Ein Leistungsbilanzdefizit, wie es zum Beispiel die USA seit Jahren ausweisen, bedeutet, dass mehr Waren oder Dienstleistungen importiert als exportiert werden. Japan und Deutschland weisen dagegen in der Regel Leistungsbilanzüberschüsse aus, es wird also mehr exportiert als importiert.

Leitbörse

Börse, deren Kurs- und Preisentwicklung andere Börsen beeinflusst. Als wichtigste internationale Leitbörse gilt die New York Stock Exchange.

Leitzinsen

Zinssätze, zu denen Kreditinstitute bei der Zentralbank kurzfristig Geld parken oder sich Liquidität beschaffen können. Die Leitzinsen sind die wichtigsten Instrumentarien der Zentralbank, um die Geld- und Kreditversorgung einer Volkswirtschaft zu regulieren. Veränderungen der Leitzinsen spielen für Konjunktur- und Kapitalmärkte eine wichtige Rolle. In Europa wird der EZB-Zinssatz für Hauptrefinanzierungsgeschäfte als Leitzins angesehen. In den USA ist die Fed-Fund-Rate der Leitsatz.

Letzter Handelstag

Der letzte Tag, an dem Terminkontrakte eines bestimmten Andienungsmonats gehandelt werden.

Leverage

Bezeichnung für den theoretischen Hebel. Siehe: Hebel

Leverage-Effekt

Bei Derivaten: Die Kontrolle über einen großen Kapitalwert mit einer relativ kleinen Geldsumme. Während man die Verpflichtung eingeht, einen bestimmten Wert aus einem Terminkontrakt zu liefern oder anzunehmen, kann eine relativ kleine Geldsumme (Sicherheitsleistung,

Margin) dafür verwendet werden, um die künftige Verpflichtung zu gewährleisten. Sollte der Kursverlauf günstig sein, kann auf Grund der Basis des Einschusses ein hoher Gewinn erzielt werden. Dem steht aber ein großes, zum Teil unbegrenztes, Verlustrisiko gegenüber.

Leveraged-Buy-out

Mit Hilfe hoher Kredite finanzierter Kauf eines Unternehmens durch eine Gruppe von Investoren. Die Kreditverbindlichkeiten werden durch Einnahmen des Unternehmens oder durch dessen Zerschlagung und den Verkauf einzelner Unternehmensteile abgebaut. Falls der tatsächliche Wert des Unternehmens – eventuell nach einer umfassenden Reorganisation – beziehungsweise der Verkaufserlös aus den einzelnen Unternehmensteilen über den durch Zinszahlungen und Kredittilgung entstehenden Kosten liegt, macht die Investorengruppe Gewinn.

Liability

Liability ist der angelsächsische Ausdruck für Verbindlichkeit. Die Liabilities, also die Verbindlichkeiten eines Unternehmens, erscheinen auf der Passivseite der Bilanz und bilden das Gegenstück zu den Assets auf der Aktivseite, den Vermögenswerten. Liabilities werden unterschieden in Current Liabilities (kurzfristige Verbindlichkeiten; zum Beispiel Kontokorrentkredit, Verbindlichkeiten aus Lieferungen und Leistungen) und Long-term Liabilities (langfristige Verbindlichkeiten, etwa Darlehen). Die betragsmäßige Differenz zwischen Assets und Liabilities ist das Owners Equity, also das Eigenkapital.

Libor

Abkürzung für London Interbank Offered Rate. Libor bezeichnet den Briefsatz ausgewählter englischer Referenzbanken für Ausleihungen von Drei- und Sechs-Monats-Termingeldern an Erste Adressen im Interbankenhandel. Die am Euro-Markt tätigen Banken vergeben längerfristige Kredite häufig zu variablen, an den Libor, also den Referenzzinssatz, gebundenen Zinsen. Die Zinsvereinbarung lautet dann zum Beispiel: 1,5 Prozent über Sechs-Monats-Libor.

Lieferbare Anleihe

Bei Fälligkeit eines Bund-Future-Kontrakts können Anleihen geliefert werden, die eine Restlaufzeit von 8,5 bis 10,5 Jahren ab Fälligkeit des Future-Kontrakts aufweisen. Der Kupon kann beliebig hoch, muss aber jährlich zahlbar sein. Über ein spezielles Rechenverfahren werden die unterschiedlichen Ausstattungsmerkmale der lieferbaren Anleihen – wie etwa Coupon, Laufzeit und Zinstermin – umgerechnet und damit vergleichbar gemacht.

Lieferung

Wenn eine Futures-Position bis zu ihrem Laufzeitende nicht geschlossen wurde, erfolgt die Erfüllung des Termingeschäfts durch die sogenannte Lieferung. Während der Verkäufer den zu Grunde liegenden Basiswert liefert, überweist der Käufer den Betrag des Kontraktwerts am letzten Handelstag. Sowohl Käufer als auch Verkäufer des Futures müssen ihren Verpflichtungen nachkommen. Bei bestimmten Future-Kontrakten (zum Beispiel Index-Future und Zinssatz-Future) werden Lieferung und Zahlung in den meisten Fällen durch den sogenannten Barausgleich (Cash Settlement) ersetzt.

LIF

Siehe: Hebelzertifikate.

LIFFE

Abk. für London International Financial Futures Exchange. Die 1982 gegründete Liffe ist eine Börse für den Terminhandel. An der Liffe werden Finanzterminkontrakte zum Beispiel in Währungen, Zinssätzen und Indizes gehandelt.

Limit, Limitierung

1. In der Börsensprache der Begriff für die Begrenzung von Kursen oder Preisen (Limitorder). Mit einer festgelegten Preisober- oder -untergrenze kann der Anleger verhindern, dass er zu teuer kauft oder zu billig verkauft. Eine Faustformel, wie ein Limit sinnvoll zu setzen ist, gibt es nicht. Wenn ein Anleger nur zu einem Kurs kaufen möchte, der sich deutlich unter der aktuellen Notierung befindet, setzt er ein so genanntes Abstauberlimit. 2. Börsen setzen in bestimmten Märkten maximale Tagesschwankungen fest. Wenn der aktuelle Kurs aus diesem Bereich nach oben ausbricht, wird dies Limit-up genannt. Wenn der Kurs die Trading Range dagegen nach unten durchbricht, wird das als Limit-down bezeichnet. In solch einem Fall wird der Handel so lange ausgesetzt, bis der Kurs wieder in die erlaubte Handelsspanne zurückkehrt.

Limit-down / -up

Börsen setzen in bestimmten Märkten maximale Tagesschwankungen fest. Limit-down ist die Bezeichnung dafür, dass die Kurse die untere Grenze der von der Börse festgesetzten Handelsspanne durchbrechen. Bei Limit-up durchbricht der Kurs dagegen die obere Grenze der von der Börse festgesetzten Trading Range. Der Handel wird so lange ausgesetzt, bis wieder ein Umsatz innerhalb der Trading Range erfolgen kann.

Limitierung

Siehe: Limitorder.

Limitorder

Kursbegrenzung bei Börsenaufträgen, zu dem im Auftrag eines Kunden an der Börse ge- oder verkauft werden soll. Eine Limitorder wird auch als Oder-Besser-Auftrag bezeichnet. Bei einem Kaufauftrag stellt der Limitkurs den höchsten Kurs dar, zu dem der Anleger bereit ist, das Finanzinstrument zu kaufen. Bei einem Verkaufsauftrag stellt der Limitkurs dagegen den niedrigsten Kurs dar, zu dem der Anleger bereit ist, das Finanzinstrument zu veräußern. Die Limitierung von Aufträgen wird besonders bei marktengen Werten und stark schwankenden Kursen empfohlen. Durch das Setzen eines Limits ist es möglich, sich vor überteuerten Orderausführungen zu schützen.

Linienchart

Als Linienchart wird die grafische Darstellung eines Kursverlaufs bezeichnet, in der nur ein Punkt pro Zeiteinheit als Kurs eingetragen wird. Die Aneinanderreihung der Punkte ergibt mit weiter verlaufender Zeitachse eine Linie. Der Punkt pro Zeiteinheit kann auf verschiedene Weise ermittelt werden, zum Beispiel durch den Mittelwert von Höchstkurs und Tiefstkurs pro Zeiteinheit.

Liquidation

Auflösung und Abwicklung eines Unternehmens. Bei der Liquidation einer Aktiengesellschaft (AG) wird das nach Befriedigung der Gläubiger verbleibende Vermögen unter die Aktionäre verteilt. Gründe für die Liquidation einer AG sind der Ablauf der in der Satzung bestimmten Zeit, Beschluss der Hauptversammlung oder die Eröffnung eines Konkursverfahrens über das Vermögen der AG. In letzterem Fall erfolgt die

Liquidation, falls das Konkursgericht die Eröffnung des Verfahrens mangels Masse ablehnt, also wenn die Konkursmasse die Kosten des Verfahrens nicht deckt.

Liquidationswert

Verkaufswert sämtlicher Vermögensteile eines Unternehmens bei dessen Liquidation.

Liquider Markt

Siehe: Liquidität.

Liquidieren

Siehe: Glattstellen.

Liquidität

Aus Börsensicht ermöglicht ein liquider Markt einen schnellen und wirkungsvollen Ein- und Ausstieg zum gegenwärtigen Marktkurs. Die Möglichkeit, Positionen schnell einzugehen und aufzulösen, ergibt sich aus der großen Anzahl von Marktteilnehmern mit der Bereitschaft, zu kaufen oder zu verkaufen. Aus betriebswirtschaftlicher Sicht bedeutet Liquidität (auch Barreserve genannt) die Fähigkeit eines Unternehmens, seine Zahlungsverpflichtungen fristgerecht zu erfüllen.

LV-Zweitmarkt

Die Fondsgesellschaft kauft von verkaufswilligen Versicherten Policen auf, um höhere Ablaufleistungen zu kassieren.

Loan Participation Notes

Bei Loan Participation Notes (LPN) erfolgt durch den Emittenten als Gegenleistung für die Überlassung des Kapitals (Nominalbetrag) in regelmäßigen Abständen eine Zinszahlung und am Ende der Laufzeit wird die Anleihe zum Nominalwert zurückbezahlt. Bei LPN liegt ein Drei-Parteien-Verhältnis vor: Gegenüber den Anlegern tritt in der Regel eine Bank als Emittent auf („rechtlicher Emittent"). Fremdkapitalnehmer in wirtschaftlicher Hinsicht dagegen ist eine dahinterstehende Gesellschaft („wirtschaftlicher Emittent"). Diese Gesellschaft nimmt ihr Fremdkapital durch den rechtlichen Emittenten, der i.d.R. auch als Lead Manager der Transaktion fungiert, indirekt am Markt auf, indem diese Bank (rechtlicher Emittent) LPN zur ausschließlichen Finanzierung des der Gesellschaft (wirtschaftlicher Emittent) gewährten Darlehens begibt. Der Darlehensgeber, der rechtlich als indirekter Stellvertreter des wirtschaftlichen Emittenten die LPN emittiert, nimmt die Kapital- und Zinszahlungen des wirtschaftlichen Emittenten auf ein dafür bestimmtes und konkursgesichertes Konto entgegen und garantiert dem Anleger gegenüber die Vermittlung dieser Zahlungsströme.

Locals

Saalhändler, die auf eigene Rechnung handeln. Obwohl Locals Spekulanten sind, geben sie dem Markt die Liquidität, die Hedger zur Absicherung ihres Preisrisikos benötigen.

Lock-up-Periode

1. Gängige Bezeichnung für eine Lock-up-Periode ist der Zeitraum nach dem Börsengangs eines Unternehmens, in dem Altaktionäre und Vorstände eines Unternehmens ihre Aktien, die sie vor dem Börsengang erhalten haben, nicht verkaufen dürfen. In der Regel verpflichten sich Altaktionäre und Vorstände freiwillig, bei einem Börsengang eines Unternehmens ihre Aktien über einen bestimmten Zeitraum zu halten. Bei manchen Börsengängen werden für Vorstände und Altaktionäre auch Lock-up-Perioden vorgeschrieben. 2. Auch der Zeitraum zwischen dem Zeichnungsschlusstag und der Ausgabe der endgültigen Anleihenzertifikate wird als Lock-up-Periode bezeichnet. In dieser Zeit wird die Anleihe durch ein Globalzertifikat (Global Bond) repräsentiert.

Lokomarkt

Siehe: Spotmarkt.

Lombardgeschäft

Bankkredit gegen Verpfändung von Wertpapieren oder beweglichen Wertgegenständen, zum Beispiel Edelmetallen

Lombardpolitik

Maßnahmen der Zentralbank zur Regulierung von Kredit- und somit Geldversorgung der Wirtschaft durch Festlegung des Lombardsatzes (siehe dort).

Lombardsatz

Von der Zentralbank festgelegter Zinssatz, zu dem sie Kreditinstituten gegen Verpfändung von Wertpapieren Kredite gewährt. Neben dem Diskontsatz eines der wichtigsten Mittel der Zentralbank zur Regulierung der Kreditversorgung einer Volkswirtschaft.

Long

Der Kauf von effektiven Waren oder Terminkontrakten. Der Begriff wird vor allem im Terminbereich (Futures, Optionen) verwendet. Bei bestehenden Longpositionen wird auf steigende Kurse spekuliert. Der künftige Verkaufskurs steht noch nicht fest. Liegt dieser über dem Kaufpreis, entsteht ein Gewinn. Gegensatz: Short.

Long-Hedge

Siehe: Kaufpreisabsicherung.

Long / Short Equity

Eine der wichtigsten Strategien von Hedgefonds. Durch Käufe und Leerverkäufe verschiedener Aktienpositionen wird versucht, eine von der Gesamtentwicklung des Aktienmarkts unabhängige Rendite zu erzielen. Im Gegensatz zur Market-Neutral-Strategie kann hier ein Übergewicht auf der Long- oder auf der Shortseite entstehen.

Long-Spread

Bei Optionen bedeutet ein Spread, dass gleichzeitig eine Option ge- und verkauft wird. Ein Long-Spread liegt vor, wenn der Optionskauf aufgrund der unterschiedlichen Basispreise und/oder Verfallsdaten teurer ist als der Optionsverkauf, sodass für den Spread eine Nettoprämie bezahlt werden muss.

Longposition

Im Terminmarkt: Als eine Longposition bezeichnet man eine bestehende, offene Kaufterminposition. Halter solcher Positionen spekulieren auf steigende Kurse und hoffen, bei einer künftigen Preissteigerung einen Gewinn zu erzielen.

Lookback-Optionsschein

Optionsschein, dessen Basispreis nicht bei der Emission, sondern erst während der Laufzeit oder an deren Ende festgelegt wird. Auf welchem Niveau der Basispreis fixiert wird, hängt dabei von der Kursentwicklung des Basisobjekts ab. Beim Lookback-Call wird der niedrigste Kurs des Basisobjekts als Basispreis gewählt, beim Lookback-Put der höchste. Der innere Wert eines Lookback-Optionsscheins ist somit die Differenz zwischen dem jeweiligen Kurs des Basisobjekts und dem niedrigsten (Call) und dem höchsten (Put) Kurs des Basisobjekts während des Betrachtungszeitraums.

Low

Der während einer Zeitperiode niedrigste gehandelte Kurs. Oft ist die verwendete Zeitperiode eine tägliche Börsensitzung.

Low-5

Variante der Dow-Dividend-Strategie.

LPN

Abk. für: Loan Participation Notes.

Lustlos

Im Börsenjargon bezeichnet Lustlos eine Tendenz, die durch Zurückhaltung der Anleger gekennzeichnet ist. Bei niedrigen Umsätzen pendeln die Kurse ohne Trendrichtung und in engen Spannen um das Niveau des Vortags.

M

M1, M2, M3

Siehe: Geldmenge.

M&A

Hinter dem Kürzel M&A steckt der englische Begriff Merger& Acquisitions. Das M&A-Geschäft ist der Teil des Investmentbankings, der Unternehmenszusammenschlüsse oder Übernahmen zum Inhalt hat. Dazu ein Beispiel: Die Fusion zwischen UniCredito und HypoVereinsbank ist für die damit beauftragten Investmentbanken ein typisches Merger-Geschäft. Kauft dagegen ein Unternehmen ein anderes hinzu, handelt es sich um eine Acquisition.

MACD

Begriff der Technischen Analyse: Der MACD (Moving-Average-Convergence/Divergence) ist ein Trendfolgeindikator. Er besteht aus zwei Linien: Um die erste Linie zu konstruieren, wird (in der Standardeinstellung) von einem exponentiell gewichteten gleitenden Durchschnitt der vergangenen 26 Handelstage der (ebenfalls exponentiell gewichtete) Mittelwert der letzten zwölf Tage abgezogen. Diese Differenz wird grafisch dargestellt. Von dieser MACD-Linie wird nun eine ebenfalls exponentielle Neun-Tage-Durchschnittslinie gebildet. Ein Kaufsignal ergibt sich, wenn der MACD diese Signallinie von unten nach oben schneidet. Umgekehrt entsteht ein Verkaufssignal.

Magisches Dreieck

Unter dem Magischen Dreieck der Geldanlage versteht man das Spannungsfeld von Risiko, Rendite und Liquidität. Diese Kriterien müssen bei der Anlageentscheidung gut abgewogen werden. Beispielsweise ist der Kauf einer Aktie risikoreicher als die Anlage auf einem Tagesgeldkonto, birgt aber in der Regel auch größere Renditechancen.

Maintenance Margin

Die Mindesthöhe, die der Wert einer Sicherheitsleistung bei einem Terminkonto nicht unterschreiten darf. Wenn der Wert diese Höhe erreicht, muss ein Nachschuss geleistet werden, um die Sicherheitsleistung auf den ursprünglichen Betrag des Ersteinschusses zu bringen. Die Höhe des Mindesteinschusses entspricht im Allgemeinen etwa 75 Prozent des Ersteinschusses.

Makler

Makler sind gewerbsmäßige Vermittler, die im eigenen Namen, aber zumeist auf fremde Rechnung Geschäftsabschlüsse über Wertpapiere, Devisen oder Waren tätigen. Bei den Maklern wird zwischen Freimaklern und Amtlichen Maklern unterschieden. Im Gegensatz zum Amtlichen Makler dürfen Freimakler auch auf eigene Rechnung Wertpapiere handeln. Für die Ausübung ihrer Tätigkeit müssen Freimakler eine Zulassung an der Börse besitzen.

Makler-Courtage

Eine Makler-Courtage ist die Gebühr, die ein Wertpapiermakler für die von ihm vermittelten Wertpapiergeschäfte erhält. In Deutschland beträgt die Makler-Courtage bei Aktien in der Regel ein Promille vom Auftragswert.

Maklertagebuch

Buch, in das die Amtlichen Kursmakler alle Kauf- und Verkaufsaufträge sowie die ermittelten Kurse eintragen müssen. Sie sind verpflichtet, die durch sie vermittelten Aufträge und die durch ihre Vermittlung zustande gekommenen Geschäfte einzutragen. Diese Seiten müssen börsentäglich nummeriert und mit einem Abschlussvermerk versehen werden.

Management-Buy-in

Begriff aus dem Übernahmegeschäft: Bei einem Management-Buy-in kaufen sich externe Manager in die Gesellschaft ein.

Management-Buy-out

Begriff aus dem Übernahmegeschäft: Unter Management-Buy-out wird die Übernahme eines ganzen Unternehmens oder von Teilen durch das eigene Management verstanden.

Management Fee

Von Investmentfonds und von manchen Emittenten von Basketzertifikaten erhobene Verwaltungsgebühr. Bei Zertifikaten wird sie in der Regel zeitanteilig auf den Fair Value abgeschrieben, bei Investmentfonds wird sie in Prozent pro Jahr auf den Anteilswert berechnet.

Managementgebühr

Die Management- oder Verwaltungsgebühr eines Fonds wird einmal jährlich direkt aus dem Fondsvermögen abgezogen und dient dazu, die Kosten der Investmentgesellschaft zu decken.

Mantel

Auf dem Mantel sind Unternehmensname, Nennwert und fortlaufende Nummer der betreffenden Aktie angegeben. Mantel und Bogen sind die zwei Bestandteile der Aktienurkunde. Beim Firmenmantel werden die Rechte an einem Unternehmen ohne Vermögenswerte verkauft. Als Gesellschaftsmantel werden die Anteilsrechte an einer Kapitalgesellschaft bezeichnet.

MAR-Ratio

Diese Kennzahl setzt einen hohen absoluten Ertrag ins Verhältnis zu einer geringen Downside-Volatilität.

Marge

Die Differenz zwischen dem An- und Verkaufspreis eines Wertpapiers ist die Marge.

Margin

Im Terminhandel ist die Margin eine Art Vorschuss, der geleistet wird, um die Einhaltung der vertraglich eingegangenen Verpflichtung zu gewährleisten. Käufer ebenso wie Verkäufer von Terminkontrakten, aber auch Optionsverkäufer müssen Margins hinterlegen. Der Marginbetrag wird auf der Basis von Erfahrungswerten durch die Börsen berechnet. Die Börsen nehmen dabei das sogenannte Worst-Case-Szenario an, also den schlechtestmöglichen Verlauf einer offenen Position.

Margin Account

Das Margin Account ist ein Konto, auf dem die Sicherheitsleistungen (Margin) für Futures und Optionen eingezahlt werden. Bei Börsentermingeschäften besitzt jeder Anleger bei seinem Broker ein Margin Account. Die täglichen Gewinne oder Verluste, die sich aus den offenen Terminpositionen ergeben, werden auf diesem Konto saldiert.

Margin Call

Nachzahlungsaufforderung im Rahmen von Termingeschäften oder allgemein bei Wertpapierkäufen auf Kredit. Unterschreitet der Wert der Futures-Position oder der Wertpapiere eine bestimmte Grenze, so wird der Kunde von der Bank oder vom Broker zur Leistung von Nachschusszahlungen aufgefordert. Kommt der Kunde dieser Aufforderung nicht zeitgerecht nach, so wird die Position zwangsverkauft.

Margin Trading

Unter Margin Trading versteht man Wertpapiergeschäfte (auf Termin), bei denen der Investor nicht den kompletten Kaufpreis entrichten muss. Es reicht, eine Kaution von ein bis zehn Prozent der Transaktionssumme zu hinterlegen. Beim Kauf oder Verkauf einer Position gewährt der Händler/Broker einen kurzfristigen Kredit. Besonders beliebt ist Margin Trading bei Devisentermingeschäften.

Margin-to-Equity-Ratio

Das Margin-to-Equity-Ratio gibt an, wie hoch der Börseneinschuss (Margin) in Prozent des eingesetzten Kapitals ist.

Mark-to-Market

Bei Futures und Optionen bezeichnet Mark-to-Market die Methode der Terminbörse, das tagtägliche Risiko einer offenen Terminposition entsprechend der Marktsituation auf einem gewünschten Niveau zu halten. Dies erfolgt über die Variation Margin. Dabei wird das Marginkonto entsprechend der Bewegung des vorangegangenen Börsentags angepasst. Wenn ein Future beispielsweise an einem Tag steigt, wird die Veränderung dem Marginkonto des Future-Käufers als Gewinn gutgeschrieben, während sie dem Verkäufer als Verlust belastet wird.

Market Impact

Bei der Umschichtung eines Portfolios durch einen Fondsmanager entstehen Transaktionskosten, die sich im Wesentlichen in eine Umsatzprovision für die Depotbank, die Brokergebühr und den sogenannten Market Impact unterteilen. Unter Market Impact versteht man die Auswirkungen von Handelsgeschäften auf den Marktpreis. Dieser Kostenfaktor tritt auf, wenn sich die Fonds mit großen Aufträgen an der Börse ihre Preise selber kaputt machen, indem sie den Markt beeinflussen.

Market Maker

Market Maker sind zum Börsenhandel zugelassene Makler oder Finanzhäuser, die sich verpflichtet haben, für die von ihnen betreuten Werte auf Anfrage verbindliche An- und Verkaufskurse zu stellen. Dadurch wird gewährleistet, dass laufend Angebot und Nachfrage vorhanden ist und für die Marktteilnehmer ständig die Möglichkeit zu Geschäftsabschlüssen besteht. Vor allem im außerbörslichen Handel mit Optionsscheinen ist ein funktionierendes und faires Market Making Voraussetzung für einen störungsfreien und umsatzstarken Handel.

Market Order

Aus dem Amerikanischen übernommene Bezeichnung für einen unlimitierten Kauf- oder Verkaufsauftrag an der Börse, der zum aktuellen Marktpreis abgewickelt werden soll, also nicht limitiert ist.

Market Outperformer

Analystenausdruck für eine Entwicklung über dem Durchschnitt des Markts. Der Begriff kann sich sowohl auf die Vergangenheit beziehen als auch auf die Zukunft. Dann entspricht Outperformer einer Kaufempfehlung. Gegensatz: Market Underperformer.

Market Performer

Wertpapieranalysten bezeichnen Aktien als Market Performer, die sich nach ihrer Einschätzung genauso gut wie der Gesamtmarkt/ein Aktienindex entwickeln. Der Begriff kann sich sowohl auf die Vergangenheit beziehen als auch auf die Zukunft.

Market Underperformer

Analystenausdruck für: entwickelt sich unter dem Durchschnitt des Markts. Der Begriff kann sich sowohl auf die Vergangenheit beziehen als auch auf die Zukunft. Dann entspricht Underperformer einer Verkaufsempfehlung. Gegensatz: Market Outperformer.

Market-to-Revenue

Market-to-Revenue ist ein Begriff aus der fundamentalen Aktienanalyse, der auch als Umsatzmultiple bekannt ist. Diese Kennziffer gibt an, wie oft der Umsatz eines Unternehmens in dessen Marktkapitalisierung (Börsenwert) enthalten ist. Grundsätzlich gilt: Je geringer das Umsatzmultiple ausfällt, desto günstiger ist die Aktie bewertet. Exakte Schlussfolgerungen liefern die Umsatzmultiples aber nur im Branchenvergleich.

Markt

Ein Markt ist der Ort, an dem Angebot und Nachfrage für bestimmte Güter - etwa Wertpapiere oder Automobile - zusammentreffen. Dieses Spiel der Kräfte führt zur Preisbildung. Auf einem Markt mit vielen Anbietern und Nachfragern gilt für gewöhnlich: Je höher die Nachfrage, desto höher der Preis, und je höher das Angebot, desto niedriger der Preis. Ein Markt muss kein räumlicher Ort sein, wie etwa der Devisenmarkt.

Marktenge

Von Marktenge spricht man, wenn es bei bestimmten Wertpapieren regelmäßig zu geringen Börsenumsätzen kommt. Gründe können eine relativ niedrige Marktkapitalisierung, ein geringer Free Float oder eine Kombination aus beiden sein. Bei marktengen Papieren kann es auf Grund der aktuellen Angebot-Nachfrage-Situation zu deutlichen Kursbewegungen kommen, die mit den fundamentalen Daten des Unternehmens wenig oder nichts zu tun haben. Daher sollte man bei solchen Papieren niemals unlimitierte Kauf- oder Verkaufsaufträge erteilen.

Marktgängigkeit

Titel mit gutem, breitem Markt und hoher Liquidität.

Marktkapitalisierung

Gibt den aktuellen Börsenwert eines Unternehmens an. Die Marktkapitalisierung wird durch Multiplikation des Börsenkurses mit der Zahl der ausgegebenen Aktien der betreffenden AG errechnet. Je kleiner die Marktkapitalisierung, desto dünner sind für gewöhnlich auch die täglichen Börsenumsätze der Aktie, was bei der Limitierung von Kauf- und Verkaufsaufträgen berücksichtigt werden sollte.

Marktsegment

Die Deutsche Börse teilt den Wertpapiermarkt in spezielle Marktsegmente ein, um Orientierungsgrundlagen sowohl für Kapitalgeber als auch Kapitalnehmer zu geben. Es gibt drei gesetzliche Marktsegmente: Amtlicher Markt, Geregelter Markt und Freiverkehr. Jede Wertpapiergattung wird jeweils in einem dieser Segmente gehandelt. Wichtig ist, dass die Zulassungsvoraussetzungen stark abgestuft sind. Anforderungen an Emittenten und Emissionsbegleiter unterscheiden sich hinsichtlich Emissionsvolumen, Streuung und Publizitätspflichten. Darüber hinaus wurden noch eigenständige, privatrechtlich organisierte Segmente geschaffen: DAX, MDAX, SMAX und TecDAX.

Markttechnik

Die Markttechnik ist Teil der Chartanalyse und beschreibt die technische Situation eines Markts.

Marktusancen

Feste Handelsbräuche, die sich zur Geschäftsabwicklung in den Wertpapiermärkten herausgebildet haben.

Marktwert

Als Marktwert wird der Preis bezeichnet, der sich für einen Vermögensgegenstand unter freier Wirkung von Angebot und Nachfrage aktuell erzielen lässt. Der Marktwert eines Wertpapiers ist demnach der aktuelle Kurs. Der Marktwert einer Aktiengesellschaft ist der Kurs multipliziert mit der Zahl der Aktien (wird auch als Marktkapitalisierung oder Börsenwert bezeichnet).

Matching

Matching ist das Zusammenführen (Gegenüberstellen) von passenden Kauf- und Verkaufsaufträgen.

Matif

Kürzel für Marché à Terme des Instruments Financiers de Paris. Die 1986 gegründete französische Terminbörse mit Sitz in Paris gehört zu den bedeutendsten ihrer Art in Europa.

Maximaler Ertrag

Höchstmöglicher Kursgewinn, den ein Anleger mit einem Discountzertifikat erzielen kann. Berechnen lässt sich der maximale Ertrag: (Cap dividiert durch den Kurs des Zertifikates) mal 100 minus 100.

MBI

Abk. für: Management-Buy-in.

MBO

Abk. für: Management-Buy-out.

MBS

Mortgage Backed Securities (MBS) sind eine spezielle Form der Asset Backed Securities. Hierbei veräußert bzw. verbrieft ein Kreditinstitut Teile seiner Kreditrisiken aus Immobilienkrediten über die Begebung von Schuldverschreibungen. Vorrangiger Zweck derartiger Transaktionen ist die Entlastung von Risikoaktiva, die mit Eigenkapital unterlegt werden müssen.

McClellan-Oszillator

Von Sherman McClellan entwickelter Oszillator. Er misst die Differenz zwischen einem 19-Tage- und einem 39-Tage-Trend des exponentiell geglätteten gleitenden Durchschnitts der täglichen Advance/Decline-Linie. Dabei gilt es als positives (negatives) Zeichen, wenn die Nulllinie überschritten (unterschritten) wird. Werte von über +100 (unter -100) zeigen eine überkaufte (überverkaufte) Situation an.

MDAX

Bedeutender deutscher Nebenwerteindex. Darin wird die Wertentwicklung der 50 größten auf die DAX-Werte folgenden Unternehmen der klassischen Branchen im Prime Standard abgebildet.

Medium-Term-Note (MTN)

Medium-Term-Notes (MTN) sind mittelfristige Unternehmensanleihen, die nach US-Wertpapierrecht emittiert werden. Die Bandbreite der Laufzeiten ist dabei jedoch nicht definiert.

Mehrheitsaktionär

Ein Mehrheitsaktionär hält mehr als 50 Prozent des stimmberechtigten Kapitals einer Aktiengesellschaft. Nicht nur Einzelpersonen oder Einzelgesellschaften, sondern auch Interessensgruppen können als Mehrheitsaktionär auftreten.

Mehrstimmrechtsaktien

Aktien, die mehrere Stimmrechte pro Aktie gewähren. In Deutschland nach § 12 Abs. 2 Aktiengesetz unzulässig, mit Ausnahme vom Bundeswirtschaftsministerium zur Wahrung gesamtwirtschaftlicher Interessen genehmigter Ausnahmen. In anderen Ländern sind Mehrstimmrechtsaktien weit verbreitet.

Mengennotierung

Die Mengennotierung gibt den Betrag an, der für eine Einheit Inlandswährung (zum Beispiel ein Euro) in ausländischer Währung gezahlt werden muss. Beispiel: ein Euro = 1,25 US-Dollar. Die Mengennotierung ist seit Einführung des Euros in Deutschland üblich. Die Alternative dazu ist die Preisnotierung, die angibt, welcher Betrag für eine Einheit Auslandswährung in heimischer Währung gezahlt werden muss.

Mengentender

Ein Verfahren zur Platzierung einer Wertpapieremission am Kapitalmarkt. Beim Mengentender werden der Emissionskurs festgelegt und die Verteilung entsprechend der von kaufinteressierten Anlegern georderten Menge vorgenommen.

Merger

Angelsächsische Bezeichnung für Fusion.

Mezzanine Capital

Mezzanine (engl. Zwischenstock) Capital ist eine Finanzierungsform, die im Rahmen des Finanzierungs-Mix, ergänzend neben Eigen- und Fremdkapital, flexibel und individuell auf die jeweiligen Bedürfnisse kapitalsuchender Unternehmen ausgerichtet werden kann. Gebräuchliche Formen des Mezzanine Capitals sind: Nachrangige Darlehen (Subordinated Debts), Partiarische Darlehen, Gesellschafterdarlehen, Stille Beteiligungen, Genussscheine oder Vorzugsaktien.

MFI

Abk. für: Money Flow Index.

M-Formation

Formation aus der Chartanalyse, bei der zwei - manchmal auch drei - Spitzen auf gleicher Höhe liegen und die grafische Erscheinung einem M gleicht. Die M-Formation zeigt die Wandlung eines Aufwärtstrends in einen Abwärtstrend an (Trendumkehr). Wenn der Kurs die Basislinie, die auf der Höhe des Tals zwischen den beiden Spitzen gezeichnet werden kann, nach unten durchbricht, ist dies ein Verkaufssignal. Die entgegengesetzte Formation wird als W-Formation bezeichnet.

MIB 30

Der MIB 30 ist der Aktienindex der Börse Mailand. In ihm werden die 30 führenden italienischen Aktiengesellschaften gelistet.

Mibtel

Mibtel ist der alle Werte umfassende Index der Börse Mailand.

Micro Caps

Bezeichnung für Aktien mit einer extrem geringen Marktkapitalisierung. Steigerung der Bezeichnung Small Caps. Siehe auch Nebenwerte.

Milchmädchen-Hausse

Scherzhafte Bezeichnung für den letzten Abschnitt einer allgemeinen Aufwärtsbewegung an den Börsen, wenn breite Bevölkerungsschichten, die sich ansonsten nicht an der Börse engagieren, in der Hoffnung auf immer weiter steigende Kurse Aktien kaufen.

Minderheitsaktionär

Als Minderheitsaktionäre werden Einzelaktionäre (auch sogenannte Kleinaktionäre) oder gemeinsam handelnde Aktionärsgruppen bezeichnet, die eine geringe Beteiligung am Aktienkapital eines Unternehmens halten. Diese sind vor einer Benachteiligung durch die so genannten Mehrheitsaktionäre, die mehr als 50 Prozent des Aktienkapitals besitzen, geschützt.

Mindesteinschuss

Siehe: Maintenance Margin.

Mindestnennbetrag

Bei Nennwertaktien lautet der Mindestnennbetrag nach dem Aktiengesetz auf einen Euro. Bei Stückaktien darf das anteilige Grundkapital an der Aktie einen Euro nicht unterschreiten.

Mindestquotierungsvolumen

Das Mindestquotierungsvolumen ist der Mindestbetrag, zu dem der Designated Sponsor jederzeit bereit sein muss, Aktien zu kaufen oder zu verkaufen.

Mindestzeichnung

Die kleinste Stückzahl oder Ordereinheit an Wertpapieren, die vom Emittenten im Rahmen eines Börsengangs (IPO) zur Zeichnung angeboten wird. Die Mindestzeichnung kann vom Emittenten individuell festgelegt werden.

Mini-Premium-Optionsschein

Optionsschein-Variante, die mit einer Knock-out-Schwelle ausgestattet ist. Wird dieses Kursniveau vom Basisobjekt erreicht, verfällt der Optionsschein wertlos; der Inhaber erhält einen in den Optionsbedingungen festgelegten Geldbetrag.

Minusankündigung

Kurszusatz, der an der Deutschen Börse vom jeweiligen Makler verwendet wird. Fällt der Kurs einer Aktie im Vergleich zum vorangegangenen Börsentag um mehr als fünf Prozent, so kündigt der Makler dies mit einem Minuszeichen an der Maklertafel an, bei Kursrückgängen von mehr als zehn Prozent mit einem doppelten Minuszeichen. Bei Anleihen betragen die entsprechenden Kursverluste ein und zwei Prozent.

Minusankündigung, doppelt

Kurszusatz, der an der Deutschen Börse vom jeweiligen Makler verwendet wird. Bei einer doppelten Minusankündigung wird bei Aktien mit einem Kursverlust zwischen zehn und 20 Prozent, bei festverzinslichen Wertpapieren von mehr als zwei Prozent gerechnet. In diesen Fällen haben die Börsenhändler die Möglichkeit, ihre Aufträge zurückzuziehen.

Minusankündigung, dreifach

Kurszusatz, der an der Deutschen Börse vom jeweiligen Makler verwendet wird. Bei einer dreifachen Minusankündigung wird bei Aktien mit einem Kursverlust von mehr als 20 Prozent gerechnet, wobei die Börsenhändler die Möglichkeit haben, ihre Aufträge zurückzuziehen.

Minusankündigung, einfach

Kurszusatz, der an der Deutschen Börse vom jeweiligen Makler verwendet wird. Bei einer einfachen Minusankündigung wird bei Aktien mit einem Kursverlust zwischen fünf und zehn Prozent, bei festverzinslichen Wertpapieren zwischen ein und zwei Prozent gerechnet.

Mischfonds

Siehe: Gemischte Fonds.

Mittelkurs

Arithmetisches Mittel zwischen zwei Kursen. Wird durch Addition der beiden Zahlen und anschließende Division durch zwei errechnet.

MK-Notierung

MK ist eine Abkürzung, die zum Bereich der Rohstoffe gehört. So wird die tägliche Kupfernotierung an der Börse ermittelt. Ausgehend von der London-Metal-Exchange (LME)-Notierung wird die in Deutschland gültige MK-Notierung gebildet. Siehe auch: DEL-Notierung.

Momentum

Das Momentum ist ein Trendindikator der technischen Aktienanalyse. Es misst die Schwungkraft eines Markts. Dazu wird vom aktuellen Schlusskurs ein Kurs aus der Vergangenheit – üblich sind zehn oder 20 Perioden – abgezogen. Diese Berechnung wird jeden Tag vorgenommen und auf einem Chart aufgezeichnet. Solange das Momentum steigt, ist der Aufwärtstrend intakt. Dagegen deutet ein fallendes Momentum auf eine Abschwächung der Aufwärtsbewegung hin und warnt damit vor einer Trendwende.

Money Flow Index (MFI)

Der Money Flow Index (MFI) ist ein Begriff aus der Technischen Analyse. Er gehört zu den Trendfolgern und bezieht neben den Kursen auch die Umsätze in die Berechnung ein. Er stellt eine Art Umsatz-Momentum dar. Der MFI basiert auf der Idee, dass in einen Titel investiert wird, wenn der Wert in der Nähe des Tageshochs schließt. Anderenfalls liefert er ein Verkaufssignal.

Money Management

Money Management beantwortet die Frage, wie viel Kapital der Anleger einsetzen soll. Dabei wird der Kapitaleinsatz so berechnet, dass der maximal mögliche Verlust schon vor dem Kauf feststeht.

Moneyness

Die Moneyness stellt bei Optionsscheinen und Optionen – wie der Innere Wert – den aktuellen Kurs des Basiswerts und den Basispreis ins Verhältnis. Für Calls und Puts wird die Moneyness unterschiedlich berechnet. Bei Calls wird der Kurs des Basiswerts durch den Basispreis dividiert, bei Puts dagegen der Basispreis durch den Kurs des Basiswerts. Wenn die Moneyness größer ist als eins, befindet sich der Optionsschein oder die Option im Geld. Wenn sie darunter liegt, befindet sich der Schein oder die Option aus dem Geld. Bei einer Moneyness von eins sind Optionsscheine und Optionen am Geld.

Montanwerte

Als Montanwerte werden Wertpapiere von Aktiengesellschaften bezeichnet, die primär im Bereich Kohle und Stahl tätig sind.

Moody`s Rating

Moody's ist eine Agentur, die die Kreditwürdigkeit (Bonität) von Emittenten überprüft. **Aaa:** Beste Qualität, minimales Ausfallrisiko; **Aa1, Aa2, Aa3:** Hohe Qualität, aber leicht höheres Risiko als Spitzengruppe; **A1, A2, A3:** Gute Qualität, aber auch Faktoren vorhanden, die sich bei veränderter Wirtschaftsentwicklung negativ auswirken können; **Baa1, Baa2, Baa3:** Mittlere Qualität, aber mangelnder Schutz gegen Einflüsse sich verändernder Wirtschaftsleistung; **Ba1, Ba2, Ba3:** Spekulative Anlage, mäßige Deckung von Zins und Tilgung; **B1, B2, B3:** Sehr spekulativ, langfristiges Risiko deutlich höher; **Caa, Ca, C:** Geringste Qualität, geringster Anlegerschutz, in Zahlungsverzug oder in direkter Gefahr des Verzugs.

Morgan Stanley Capital International (MSCI)

Index einer Reihe von Aktienindizes für die bedeutendsten Aktienbörsen der Welt. Die MSCI-Indizes werden von professionellen Anlegern, wie Anlagefonds, als Vergleichsmaßstab (Benchmark) zur Beurteilung der eigenen Performance (Wertveränderung) genutzt.

Morning Star

Charttechnische Formation aus der Kerzenchart-Analyse. Ein Morning Star ist nach einer Abwärtsbewegung ein zuverlässiges Umkehrsignal. Er benötigt zur Ausbildung drei Handelstage. Am ersten Tag tritt eine überdurchschnittlich lange schwarze Kerze auf, das bedeutet, die Aktie (oder der Index) eröffnet in der Nähe des Tageshochs und schließt nach starken Verlusten in der Nähe des Tagestiefs. Am zweiten Tag tritt unterhalb der Vortageskerze eine kleine Kerze (engere Handelsspanne als am Vortag) auf, deren Körper den der ersten idealerweise nicht berührt und weiß ist (keine Bedingung). Die dritte Kerze schließlich sollte oberhalb der zweiten liegen und deren Körper ebenfalls nicht berühren. Sie muss weiß sein, und ihr Schlusskurs sollte über der Mitte des Körpers der ersten Kerze liegen.

Mortgage Backed Securities (MBS)

Mortgage Backed Securities (MBS) sind eine spezielle Form der Asset Backed Securities. Hierbei veräußert oder verbrieft ein Kreditinstitut Teile seiner Kreditrisiken aus Immobilienkrediten über die Begebung von Schuldverschreibungen. Vorrangiger Zweck derartiger Transaktionen ist die Entlastung von Risikoaktiva, die mit Eigenkapital unterlegt werden müssen.

Moving Average

Siehe: Gleitender Durchschnitt.

MSCI-Welt-Aktien-Index

Abkürzung für: Morgan Stanley Capital International. Vom US-Investmenthaus Morgan Stanley entwickelter Index, der die globale Entwicklung der Aktienmärkte misst. Neben dem MSCI-Welt-Index gibt es auch MSCI-Erdteil-, -Länder- und -Branchenindizes, die jeweils nach Marktkapitalisierung gewichtet sind.

MTN

Siehe: Medium-Term-Note.

Mündelsicherheit

Laut dem Bürgerlichen Gesetzbuch (BGB) muss ein Vormund das Vermögen seines Mündels in sicheren, verzinslichen Geldanlagen investieren (§ 1806 BGB). Mündelsicher sind als besonders risikoarm erachtete Formen der Geldanlage, in die auch Mündelgeld, also das zum Vermögen einer unter Vormundschaft stehende Person gehörende Geld, investiert werden darf. Was mündelsichere Geldanlagen sind, führt § 1807 BGB auf; dazu zählen beispielsweise Pfandbriefe, Bundesanleihen oder Sparguthaben bei Sparkassen.

Multi-Asset-Zertifikat

Sonderform des Discountzertifikats, die dem Anleger die Partizipation an der Wertentwicklung zweier verschiedener Underlyings (meist zweier Aktien) ermöglicht. Der Preisabschlag fällt höher aus als bei normalen Discountzertifikaten, weil auch das Risiko höher ist: Notieren am Bewertungsstichtag nicht beide Underlyings oberhalb des Cap, so kommt es zur Auszahlung desjenigen Underlyings mit dem niedrigeren Wert. Notieren beide über dem Cap, erhält der Anleger den in den Emissionsbedingungen festgelegten maximalen Rückzahlungsbetrag.

Musterdepot

In einem Musterdepot werden Käufe und Verkäufe von Aktien simuliert, ohne dass die Papiere wirklich an der Börse erworben werden. Diese virtuellen Depots sind bei Börsenbriefen und Online-Diensten sehr verbreitet.

Mutual Funds

Amerikanische Bezeichnung für einen Offenen Wertpapierinvestmentfonds. Siehe: Offener Fonds.

N

Nachbörse

Wertpapiergeschäfte nach Ende der offiziellen Handelszeit an der Börse.

Nachgebend

Im Börsenbereich bezeichnet nachgebend eine nach unten gerichtete Tendenz der Kurse.

Nachgelagerte Besteuerung

Beiträge für den Aufbau einer gesetzlichen, betrieblichen und privaten Alterssicherung sind unter bestimmten Bedingungen teilweise oder ganz steuerlich freigestellt. Die Leistungen im Ruhestand müssen aber versteuert werden.

Nachhaltigkeitsfonds

Ein Nachhaltigkeitsfonds investiert in Aktiengesellschaften, die nicht nur eine positive wirtschaftliche Entwicklung versprechen, sondern die sich auch ihrer ökologischen, sozialen und ethischen Verantwortung bewusst sind. Unternehmen, die in moralisch fragwürdigen Bereichen wie in der Waffen- oder Tabakindustrie tätig sind, werden vom Fondsmanager nicht berücksichtigt. In Deutschland wurde der erste Nachhaltigkeitsfonds im Mai 2002 von der Bundesanstalt für Finanzdienstleistungsaufsicht (BaFin) zugelassen.

Nachschussaufforderung

Siehe: Margin Call.

Naked Sale

Siehe: Leerverkauf einer Option.

Naked Warrants

Warrants sind Optionsscheine, die ohne Optionsanleihe begeben werden. Historisch haben sich Optionsscheine aus den Optionsanleihen heraus entwickelt. Längst haben sich jedoch Naked Warrants im Markt durchgesetzt. Anders als bei den traditionellen Optionsscheinen werden Naked Warrants nicht von Unternehmen begeben, die eine günstige Finanzierungsmöglichkeit in Anspruch nehmen, sondern von Emissionshäusern, meist Banken und Wertpapierhandelshäusern. Eine Untergruppe der Naked Warrants sind die Covered Warrants.

Namensaktie

Namensaktien sind geborene Orderpapiere. Sie sind persönlich auf den Namen des jeweiligen Inhabers lautende Wertpapiere, die außerdem in das Aktienbuch eingetragen werden. Die Übertragung erfolgt durch Einigung, Übergabe und schriftliche Abtretungserklärung (Indossament) auf der Rückseite der Aktienurkunde. Wegen der umständlichen Handhabung sind Namensaktien sehr selten.

Namensaktie, vinkulierte

Bei vinkulierten Namensaktien gilt der gleiche Übertragungsmodus wie bei Namensaktien mit dem Unterschied, dass die Gesellschaft die Zustimmung zur Übertragung verweigern kann. Aktiengesellschaften wenden diese Sonderform in der Regel dann an, wenn sie verhindern wollen, dass ihnen nicht genehme Personen Aktien und damit Anteile an der Gesellschaft erwerben.

Namenspapiere

Namenspapiere sind eine eher seltene Wertpapierart. Hier steht der Name des Inhabers (Berechtigter, Eigentümer) auf dem Wertpapier, und er wird zusätzlich in ein Aktienbuch eingetragen. Der Handel mit Namenspapieren ist schwieriger als mit normalen Aktien. Sie können als Rektapapiere (Rektascheck, Hypothekenpfandbrief) oder als Orderpapiere (Wechsel, Namensaktie) übertragen werden.

Nasdaq

Abkürzung für: National Association of Securities Dealers Automated Quoting System. So wird die elektronische US-Börse für Aktien junger Unternehmen und Junk Bonds außerhalb der NYSE bezeichnet. Der Nasdaq-Index gilt als technologielastig und weist manchmal eine andere Tendenz auf als die Indizes, in denen hauptsächlich Werte der Old Economy vertreten sind.

National Association of Securities Dealers (NASD)

Die National Association of Securities Dealers (NASD) ist die größte Standesorganisation im Bereich Wertpapiere in den USA. Die NASD reguliert sich selbst und erlässt Gesetze und Bestimmungen für ihre Töchter, zu denen unter anderem die Nasdaq Stock Market Inc. und The American Stock Exchange gehören. Aufgabe der NASD ist es, Wertpapiermärkte und die damit zusammenhängenden Dienstleistungen zu entwickeln, zu betreiben und zu regulieren. Für diesen Zweck darf die NASD die Aktivitäten von Mitgliedern überwachen und Disziplinarmaßnahmen gegen Verstöße einleiten.

National Futures Association (NFA)

Die National Futures Association (NFA) ist eine selbst verwaltete Organisation der Terminhandelsindustrie (ähnlich der National Association of Securities Dealers im Bereich des Aktien- und Wertpapierhandels). FCMs (Terminhandelsmakler) und ihre angeschlossenen Vertreter und Mitarbeiter sowie CTAs (Terminhandelsberater) und CPOs (Terminverwalter) müssen eine Mitgliedschaft bei der NFA haben.

Nebenwerte

Unter Nebenwerten werden Aktien kleinerer oder mittelgroßer Unternehmen verstanden, die in der Regel international wenig Beachtung finden und umsatzmäßig nicht zu den bevorzugten Börsenpapieren zählen. In Deutschland zählen alle Aktien unterhalb des Deutschen Aktienindex (DAX) zu den Nebenwerten. Der Name ist nicht als Abwertung gegenüber den Blue Chips zu verstehen.

Negative Volume Index

Der Negative Volume Index ist ein Begriff aus der Technischen Analyse. Ist das heutige Volumen kleiner als am Vortag, wird die Differenz des heutigen und gestrigen Close gebildet und durch den gestrigen Close geteilt. Das Ergebnis wird zunächst mit dem Indikatorwert vom Vortag multipliziert, dies wird dann zum gleichen Wert addiert. Steigt das Volumen oder bleibt es im Vergleich zum Vortag unverändert, bleibt auch der Indikatorwert gleich. Als Anfangswert für die Berechnung wird standardmäßig die Zahl 1.000 verwendet.

NEMAX 50

1999 konzipierte Indexfamilie für die am Neuen Markt in Deutschland gehandelten Aktien. Der NEMAX 50 umfasste die 50 Aktien mit der höchsten Marktkapitalisierung, der NEMAX-All-Share-Index sämtliche am Neuen Markt gehandelten Titel. Mit dem Ende des Handelssegments Neuer Markt wurden auch die NEMAX-Indizes abgeschafft.

NE-Metalle

Gebräuchliche Abkürzung für Nichteisenmetalle, auch Basis- oder Industriemetalle genannt. In Abgrenzung zu Eisen einerseits und zu Edelmetallen andererseits steht der Sammelbegriff für Metalle, die in der industriellen Produktion – zum Beispiel in der Maschinenbau- und Automobilindustrie – eine herausragende Rolle spielen. Die wichtigsten NE-Metalle sind Aluminium, Nickel, Blei, Kupfer, Zink und Zinn. Die Produzenten von NE-Metallen gehören aufgrund der hohen Konjunkturabhängigkeit der Branche zu den Zyklikern.

Nennwert

Nennwert ist die Summe, die der Emittent dem Wertpapierinhaber schuldet und die er bei Fälligkeit zurückzahlt. Er ist der auf den Wertpapieren angegebene (nominelle) Forderungsbetrag im Unterschied zum effektiven Markt- oder Kurswert. Der Nennwert wird auch Nennbetrag genannt. Siehe auch: Nominalwert.

Nennwertaktie

Aktie, die auf einen bestimmten in Geldeinheiten ausgedrückten Nennbetrag lautet.

Nennwertlose Aktie

Aktie, die nicht auf einen bestimmten, in Währungseinheiten angegebenen Nennwert lautet, sondern auf einen in Prozent ausgedrückten Anteil am Kapital eines Unternehmens.

Net Asset Value

Gesamtwert des Vermögens eines Investmentfonds (Nettoinventarwert). Der Inventarwert je Anteil errechnet sich durch Division des Net Asset Value durch die Stückzahl der ausgegebenen Anteile. Bei Offenen Investmentfonds bezeichnet dieser Wert auch den Anteilswert beziehungsweise den Rücknahmepreis.

Net Margin

Angelsächsischer Ausdruck für Nettomarge.

Netting

Unter Netting versteht man das Verrechnen von gegenläufigen Zahlungs- und/oder Lieferansprüchen. Dadurch wird eine große Anzahl von Einzelpositionen auf eine oder wenige Positionen verdichtet. Eine Netting-Vereinbarung gibt es zum Beispiel im Kreditwesengesetz: Das Kreditausfallrisiko eines Kreditinstituts mit demselben Geschäftspartner wird dadurch von einem Brutto- auf einen Nettobetrag reduziert.

Nettoanlageinvestitionen

Siehe: Investitionen.

Nettofinanzverbindlichkeiten

Die Nettofinanzverbindlichkeiten werden berechnet aus der Summe aller verzinslichen Verbindlichkeiten (zum Beispiel Bankkredite, Anleihen oder Schuldscheindarlehen) abzüglich der flüssigen Mittel sowie der Wertpapiere des Anlage- und Umlaufvermögens (verzinsliches Vermögen).

Nettogewinnmarge

Gewinn eines Unternehmens während eines bestimmten Zeitraums (zum Beispiel Geschäftsjahr oder Quartal), ausgedrückt in Prozent des Umsatzes, wobei die fälligen Steuerzahlungen berücksichtigt sind.

Nettoinvestitionen

Siehe: Investitionen.

Nettomarge

Im Gegensatz zur Bruttomarge werden bei der Nettomarge nicht nur die Herstellkosten, sondern auch alle übrigen Aufwendungen (zum Beispiel Zinskosten, Verwaltungskosten) vom Umsatz abgezogen. Damit beziffert die Nettomarge letztendlich den prozentualen Anteil des Unternehmensgewinns am Umsatz und wird deshalb auch häufig als Umsatzrendite bezeichnet. Eine Nettomarge von zehn Prozent bedeutet, dass dem Unternehmen von je 100 Euro Umsatz nach Abzug aller Kosten zehn Euro übrig bleiben.

Nettorendite

Zinsen beziehungsweise Rendite einer Wertpapieranlage nach Abzug der Steuern.

Nettovermögen

Unter dem Netto- oder Reinvermögen werden Aktiva abzüglich Schulden, Rückstellungen und passiven Rechnungsabgrenzungsposten verstanden.

Nettoverschuldung

Die Nettoverschuldung besagt, dass von den verzinslichen Schulden nicht betriebsnotwendige flüssige Mittel abgezogen werden. Darunter werden flüssige Mittel verstanden, die zur Erfüllung und Fortführung der betrieblichen Tätigkeit nicht zwingend gebraucht werden. Dazu gehören auch Wertschriften oder andere Aktiva, die jederzeit verflüssigt werden können. Sie sind längerfristig verfügbar.

Neue Aktien

Siehe: Junge Aktien.

Neuemission

Siehe: Going Public.

Neuer Markt

Am 10. März 1997 gegründetes Handelssegment für wachstumsstarke deutsche Aktien. Im Neuen Markt durften nur Stammaktien emittiert werden, mindestens 50 Prozent des Emissionsvolumens mussten aus einer Kapitalerhöhung stammen, und quartalsmäßige Berichterstattung der Unternehmen war Pflicht. Nach extremen Kursverlusten der meist aus Technologiebranchen stammenden dort gehandelten Aktien wurde das Handelssegment 2003 wieder abgeschafft.

Neunzig-Tage-Linie, 90-Tage-Linie

Gleitender Durchschnitt. Die 90-Tage-Linie wird aus den durchschnittlichen Kurswerten der jeweils 90 zurückliegenden Börsentage gebildet. Sie gilt in der technischen Wertpapieranalyse als eine der wichtigsten gleitenden Durchschnittslinien. Durchbricht der aktuelle Kurswert die 90-Tage-Linie von unten nach oben, so wird dies als Kaufsignal gewertet. Umgekehrt gilt ein Durchbruch von oben nach unten als Verkaufssignal.

Neuronale Netze

Künstliche neuronale Netze orientieren sich an ihrem natürlichen Vorbild, dem Gehirn. Dort sind die Nervenzellen (Neuronen) in einem dichten Netz miteinander verbunden. Im Finanzbereich werden neuronale Netze zur Prognose von Börsenkursen eingesetzt. Sie sind in der Lage, verschiedene Einflussfaktoren (zum Beispiel Goldpreis, Zinsen, Arbeitslosenquote, Stand des MACD-Indikators, Put-Call-Ratio) auf eine Zeitreihe (beispielsweise auf den DAX) zu berücksichtigen und unterschiedlich stark zu gewichten, bis eine (rückwirkend statistisch getestete) optimale Prognosequalität erzielt wird.

Neutral

Siehe: Halten.

Never Catch a Falling Knife

Alte Börsenweisheit, derzufolge man niemals eine Aktie kaufen sollte, die sich gerade in einem starken Abwärtstrend befindet, selbst wenn der Kurswert verlockend niedrig erscheinen mag. Man könnte damit nämlich in ein fallendes Messer greifen, weil der Kurs eventuell noch wesentlich tiefer fällt.

New York Stock Exchange

Die New York Stock Exchange (Abkürzung: NYSE) ist die größte Börse der Welt. Häufig bezeichnen Händler die NYSE auch als Wall Street, nach dem Straßennamen ihres Sitzes. Die NYSE wurde 1792 gegründet.

Nichtzyklische Aktien

Aktien von Unternehmen, deren Ertragslage von konjunkturellen Entwicklungen relativ unabhängig ist. Typische nichtzyklische Branchen sind Banken, Versicherungsunternehmen, Pharmazie, Nahrungsmittel- und Haushaltsbedarfshersteller, Brauereien sowie Produzenten von Erfrischungsgetränken.

Niedrigstkurs

Siehe: Low.

Niedrigzinsanleihe

Der Ausdruck Niedrigzinsanleihe wird für festverzinsliche Wertpapiere verwendet, deren verbriefter (nomineller) Zins unter den marktüblichen

Konditionen für Wertpapiere der gleichen Risikoklasse liegt. Die Differenz zwischen Nominalzins und Marktzins erklärt sich durch den niedrigeren Ausgabekurs von Niedrigzinsanleihen. Sie sind deshalb vor allem aus steuerlicher Sicht interessant, da Kursgewinne unter bestimmten Voraussetzungen nicht versteuert werden müssen. Von einer Niedrigzinsanleihe spricht man, wenn der Nominalzins rund ein bis zwei Prozentpunkte oder mehr unter den Marktzins liegt. Im Extremfall beträgt der Nominalzins Null. Diese Sonderform nennt sich Nullkupon-Anleihe.

Niedrigzinspolitik

Gesamtheit der von einer Notenbank zu ergreifenden Maßnahmen, die dazu geeignet sind, das allgemeine Zinsniveau zu senken oder auf einem bereits zuvor erreichten niedrigen Stand zu halten. Maßnahmen der Niedrigzinspolitik sind die Senkung der Leitzinsen und die Erhöhung zinsgünstiger Refinanzierungskontingente. Ziel der Niedrigzinspolitik ist in erster Linie eine Belebung der Wirtschaft durch Verbilligung der Kredit- und Finanzierungskosten.

Nifty Fifty

Der Begriff The Nifty Fifty ist eine Bezeichnung für amerikanische Blue Chips der 1970er-Jahre, denen damals eine außergewöhnlich gute Kursentwicklung zugetraut wurde und die extrem hohe Bewertungskennzahlen aufwiesen. Im Zug der Baisse von 1973/74 verloren die Titel bis zu 90 Prozent. Die meisten von ihnen erholten sich später aber wieder und erfüllten langfristig die hohen Erwartungen. Zu diesen Titeln gehörten zum Beispiel Procter & Gamble, IBM, General Electric oder Johnson & Johnson.

NIGS

NIGS steht als Abkürzung für Net Income Group Share. Diese Bezeichnung gibt den Anteil einer bestimmten Gruppe (Dachkonzern) am Nettogewinn an.

Nikkei-Index

Als Nikkei wird die Index-Familie der Börse Tokio bezeichnet. Der bekannteste ist der Nikkei 225, der die nach Marktkapitalisierung 225 größten japanischen Unternehmen enthält.

No-Load Fonds

No-Load Fonds sind Investmentfonds, bei denen die Anteile ohne Ausgabeaufschlag ausgegeben werden. Diese Fonds sind für Anleger interessant, die ihr Geld nur kurzfristig parken wollen oder häufiger den Fonds wechseln. Langfristig orientierte Anleger sollten Fonds mit Ausgabeaufschlag bevorzugen, da bei den No-Load Fonds die laufenden Verwaltungsgebühren höher sind.

Nominalkapital

Siehe: Nominelles Eigenkapital.

Nominalwert

Nennwert einer Aktie oder Anleihe. Der Nominalwert bei der Gründung eines Unternehmens errechnet sich aus den Bar- und Sacheinlagen der Gründer, dividiert durch die Anzahl der Aktien. In den USA gibt es auch Aktien ohne Nominalwert (N-ParValue-Stock – gekennzeichnet mit nominal 0 US-Dollar). Hauptvorteil dieser Aktienkategorie (Quotenaktie) war, dass der Nominalwert der Aktien bei der Emission (Ausgabe) in bestimmten Bundesstaaten besteuert wurde. Der Bundesstaat Delaware erlaubte aber zum Beispiel die Ausgabe von Aktien ohne Nominalwert und verzichtete damit auf die Steuern.

Nominalzins

Der Nominalzins ist der vertraglich vereinbarte, auf einem Wertpapier verbriefte Zins festverzinslicher Wertpapiere. Er muss wegen Kursaufschlägen oder -abschlägen nicht der tatsächlichen Verzinsung (Effektivzins) entsprechen. Der Nominalzins wird in Prozent vom Nominalwert (Nennwert) angegeben.

Nominelles Eigenkapital

Bei einer Aktiengesellschaft entspricht das nominelle Eigenkapital dem Grundkapital. Rücklagen bleiben unberücksichtigt. Bei einer GmbH ist das nominelle Eigenkapital mit dem Stammkapital gleichzusetzen.

Nonvaleurs

Siehe: Historisches Wertpapier.

Normale Zinsstruktur

Bezeichnung für die normale, meist vorherrschende Situation am Kapitalmarkt. Die Umlaufrenditen von Anleihen liegen tendenziell umso höher, je länger ihre Restlaufzeit ist. Gegensatz: Inverse Zinsstruktur.

Normaler Markt

Wenn die Terminkurse höher notieren als die Kassakurse, werden die entsprechenden Finanzierungskosten reflektiert. Man spricht dann von einem normalen Markt. Bei Zins-Futures ist dies umgekehrt: Die Kassakurse werden höher gehandelt als die Terminkurse. Das liegt daran, dass die Finanzierungskosten die Zinseinnahmen übersteigen.

Nostrogeschäft

Wertpapiergeschäfte einer Bank, die auf eigene Rechnung ausgeführt werden.

Notenbank

Siehe: Zentralbank.

Notierung

Siehe: Kursnotierung.

Notleidende Geldanlagen

Wertpapiere, meist Anleihen, bei denen der Schuldner, bedingt durch Liquiditätsprobleme, seinen Verpflichtungen zur Zinszahlung und/oder zur fristgerechten Rückzahlung (Tilgung) des geschuldeten Betrags nicht nachkommen kann.

Nullkupon-Anleihe

Inhaber von Nullkupon-Anleihen (Zero-Bonds) verzichten auf die periodische Zinszahlung, erhalten aber dafür das Papier unter dem Rückzahlungswert. Dieser Abschlag (Diskont) ist von Laufzeit und Zinsniveau abhängig. Siehe auch: Zero-Bond.

NYSE

Abkürzung für New York Stock Exchange. Bedeutendste Aktienbörse der Welt. Wird fälschlicherweise häufig mit dem US-Aktienmarkt gleichgesetzt, obwohl neben den Regionalbörsen (zum Beispiel in Chicago, Boston und Philadelphia) und dem immer mehr an Bedeutung gewinnenden Computerhandelssystem Nasdaq auch in New York noch eine wichtige andere Börse (American Stock Exchange) existiert, die 1998 mit der Nasdaq fusioniert hat.

O

Obergrenze

Siehe: Cap.

Obligation

Als Obligationen werden Anleihen von Großunternehmen und öffentlich-rechtlichen Kreditinstituten bezeichnet. Obligationen sind Wertpapiere, die meistens einen festen Zinssatz haben. Dieser kann in seltenen Fällen auch variabel sein. In Form von Zero-Bonds sind Obligationen zinslos gestaltet.

ODAX

Abkürzung für: Option auf den Deutschen Aktienindex (DAX) oder DAX-Option. An der Terminbörse Eurex entspricht ein Indexpunkt im Kassa-DAX einem Wert von fünf Euro. Die minimale Indexveränderung von 0,1 Punkten entspricht somit einem Wert von 0,50 Euro. Am Laufzeitende der Optionen sehen die Kontraktspezifikationen einen Barausgleich vor.

Odd Lot

Siehe: Fraktion.

Oder-Depot

Gemeinschaftsdepot, über das jeder Einzelne der Depotinhaber verfügungsberechtigt ist.

Öffentliche Anleihe

Bei öffentlichen Anleihen handelt es sich um festverzinsliche Wertpapiere, die von der öffentlichen Hand ausgegeben werden. Schuldner sind Bund, Länder oder Kommunen.

Offene Position

Als offene Position wird eine Long- (Kauf) oder Shortposition (Verkauf) in Terminprodukten bezeichnet, die noch nicht durch ein entsprechendes Gegengeschäft geschlossen (glattgestellt) wurde. Während bei Optionen und Futures auch Leerverkäufe möglich sind, ist dies bei Optionsscheinen nicht der Fall. Da Terminprodukte eine feste Laufzeit besitzen, kann eine offene Position auch durch den Verfall (Optionsscheine, Optionen) oder durch die Erfüllung (Futures) enden.

Offener Fonds

Die in Deutschland gängigste Fondsart, in der die Anzahl der Anteile nicht begrenzt ist. Bei entsprechendem Mittelaufkommen werden laufend neue Anteile an Anleger ausgegeben oder zurückgenommen. Starke Kapitalzuflüsse erhöhen das Gesamtvermögen des Offenen Fonds. Die zusätzlichen Gelder fließen zunächst in die Liquiditätsreserve, bis eine Anlage in entsprechende Werte erfolgt. Steuerlich zählen die Ausschüttungen zu den Erträgen aus Kapitalvermögen. In den USA heißt der Offene Fonds Open End Funds oder Mutual Funds.

Offener Immobilienfonds

Die Fondsgesellschaft sammelt Geld von Anlegern ein und investiert überwiegend in Gewerbeimmobilien, die sie verwaltet. Die Anzahl der Anteile, die ausgegeben werden, ist nicht begrenzt. Täglicher Kauf und Verkauf sind möglich.

Offenmarktgeschäft

Kauf und Verkauf von Wertpapieren durch die Zentralbank auf eigene Rechnung am offenen Markt. Als offener Markt wird der allen Teilnehmern zugängige allgemeine Geld- und Kapitalmarkt oder die Börse bezeichnet.

Offenmarktpolitik

Die Offenmarktpolitik ist ein währungspolitisches Steuerungsmittel der Zentralbank und beruht auf der Befugnis, Wertpapiere am offenen Markt anzukaufen oder zu verkaufen, um die Entwicklung am Geld- oder Kapitalmarkt beeinflussen zu können.

Offer

Die Offerte oder das Angebot, ein Finanzinstrument zu einem bestimmen Kurs (Briefkurs) zu verkaufen.

Offsetting

Siehe: Glattstellen.

Ökonomisches Prinzip

Auch Wirtschaftlichkeitsprinzip genannt. Bezeichnet das – wirtschaftlich sinnvolle – Bestreben, mit einer gegebenen Menge an Produktionsfaktoren den größtmöglichen Ertrag zu erwirtschaften beziehungsweise für einen vorgegebenen Ertrag eine möglichst geringe Menge an Produktionsfaktoren einzusetzen.

Omega

Omega ist eine Kennzahl für Optionsscheine und Optionen. Diese wird berechnet, indem der Hebel und das Delta multipliziert werden. Damit stellt das Omega eine Verfeinerung des Hebels dar, der eine gleich starke absolute Kursveränderung von Optionsschein und Basiswert unterstellt. Im Gegensatz dazu passt sich das Omega durch das Delta an die jeweilige Marktsituation an und veranschaulicht, um welchen Prozentsatz sich der Kurs des Optionsscheins/der Option bei der Kursveränderung des Basiswerts um ein Prozent verändert.

On-Balance-Volumen

Maßzahl aus der Technischen Analyse. Das On-Balance-Volume ist die fortlaufend berechnete kumulierte Summe des Aufwärts- und des Abwärtsvolumens. An Tagen mit steigenden Kursen werden die Tagesumsätze jeweils addiert, an Tagen mit fallenden Kursen werden sie subtrahiert. So wird deutlich, ob steigende (fallende) Kurse auch mit steigenden (fallenden) Umsätzen einhergehen oder nicht.

One Cancels Other (OCO)

Diese Methode wird hauptsächlich bei Termingeschäften angewendet, wenn gleichzeitig zwei Aufträge erteilt werden und die Ausführung des einen Auftrags den anderen aufhebt.

Onion Warrant

Mit einer Bandbreite (Range) ausgestatteter Optionsschein. Die Besonderheit besteht darin, dass es hier eine innere und eine äußere Bandbreite gibt, ähnlich wie bei den Schalen einer Zwiebel (engl.: onion), woraus sich die Bezeichnung dieser Optionsscheinvariante ableitet.

Online-Broker

Das sind Banken, die kein Filialnetz unterhalten. Sie wickeln Käufe online oder telefonisch ab.

On the Close

Orders, die ein Anleger mit dem englischen Zusatz On the Close aufgibt, werden in der Schlussphase (Closing Session) einer Börsensitzung zu Marktorders. Als solche werden sie auf jeden Fall ausgeführt. Oft wird diese Variante genutzt, um eine Position, die nicht über Nacht gehalten werden soll, zu schließen.

Open

Siehe: Eröffnungskurs.

Open End

Unbegrenzte Laufzeit.

Opening

Siehe: Eröffnungskurs.

Opening Period

Diese Periode dient zur Ermittlung eines endgültigen Eröffnungspreises. Viele Börsen teilen die Opening Period in die Pre-Opening-Periode und den Ausgleichsprozess (Netting) auf. In der Pre-Opening-Periode geben Marktteilnehmer ihre Kauf- und Verkaufswünsche ab, im anschließenden Ausgleichsprozess werden passende Orders zusammengeführt, sodass ein Handel und ein Eröffnungskurs zustande kommen.

Open Interest

Bezeichnung für die Zahl von Options- oder Terminkontrakten, die am Ende des jeweiligen Handelstags noch offen sind und somit nicht glattgestellt wurden. Das Volumen des Open Interest eines bestimmten Kontrakts im Zeitvergleich lässt Rückschlüsse darauf zu, ob Kapital in diesen Kontrakt fließt oder daraus abgezogen wird und wie liquide der Handel in diesem Kontrakt abläuft.

Open Order

Eine Open Order ist die englische Bezeichnung für einen Börsenauftrag, der noch nicht ausgeführt wurde. Eine Open Order, die gerade ausgeführt wird, wird auch als Pending Order bezeichnet.

Open Outcry

In Parkettbörsen werden die Kauf- und Verkaufsangebote in den Börsenständen mündlich bekannt gegeben. Dies ist erforderlich, um „hautnahe“ Handelstransaktionen zu gewährleisten und den Käufern und Verkäufern zu garantieren, dass sie den bestmöglichen Kurs erzielen.

Opening Transaction

Siehe: Eröffnungstransaktion.

Opération Blanche

Mögliche Verhaltensweise des Aktionärs bei einer ordentlichen Kapitalerhöhung. Es werden gerade so viele Bezugsrechte verkauft, dass mit dem Veräußerungserlös die verbleibenden Bezugsrechte genutzt und der Emissionspreis für die neuen Aktien bezahlt werden kann. Nach der Opération Blanche bleibt die absolute Höhe der Kapitalanlage des Aktionärs in Aktien der betreffenden AG unverändert, es verringert sich jedoch der relative Anteil am Grundkapital.

Operatives Ergebnis

Bezeichnung für das Ergebnis der gewöhnlichen Geschäftstätigkeit eines Unternehmens. Neben dem Finanz- und Beteiligungsergebnis umfasst der operative Gewinn auch das sogenannte betriebliche Ergebnis (ohne Steuern und ohne das außerordentliche Ergebnis).

OPEX

OPEX ist die Abkürzung für Operational Expenditure. Das sind die Ausgaben eines Unternehmens, die erforderlich sind, um den operativen Geschäftsbetrieb aufrechtzuerhalten (zum Beispiel Kauf von Roh-, Hilfs- und Betriebsstoffen oder Personalkosten).

Opportunitätskosten

Verloren gegangener Ertrag, wenn man eine andere (bessere) Investition unterlassen hat; entgangener Profit durch das Versäumnis einer

Gelegenheit. Beispiel: Haben Sie Ihr Kapital in Grundstücke mit einem Ertrag von fünf Prozent angelegt und nicht in T-Bills mit einer Rendite von zehn Prozent, so erleiden Sie eine Gelegenheitseinbuße – also Opportunitätskosten – von fünf Prozent.

Option

Stammt vom lateinischen optio und bedeutet freie Wahl. Eine Option ist ein Kontrakt, der dem Inhaber das Recht und dem Stillhalter die Verpflichtung gibt, bis zum Verfallsdatum der Option den Basiswert zum vorher festgesetzten Basispreis zu kaufen oder zu verkaufen. Kaufoptionen werden international als Call, Verkaufsoptionen als Put bezeichnet. Optionen umfassen lediglich das Recht, nicht aber die Pflicht zur Ausübung. Daher stellt der Kaufpreis für die Option im Gegensatz etwa zum Leerverkauf (Short Selling) das maximale Verlustrisiko für den Optionsinhaber dar.

Option Writer

Siehe: Schreiben von Optionen.

Optionsanleihe

Anleihe mit Zusatzrechten, die in der Regel im Vergleich zum Marktzinssatz einen geringeren Zinssatz aufweist. Der Inhaber hat innerhalb einer festgesetzten Frist das Recht (die Option), Aktien oder festverzinsliche Wertpapiere (Rentenwerte) zu einem bestimmten Preis zu kaufen. Die Bezugsmöglichkeit wird durch einen handelbaren Optionsschein verbrieft, für den sich im Lauf der Zeit ein eigener Markt, der Optionsscheinmarkt, entwickelt hat.

Optionsbedingungen

Sie regeln die Details der Ausübung von Optionsrechten. Insbesondere sind in den Optionsbedingungen Laufzeit, Art des Optionsrechts (europäisch oder amerikanisch), Optionsfrist, Optionsverhältnis und Basispreis festgelegt.

Optionsfrist

In den Optionsbedingungen festgelegter Zeitraum zur Ausübung von Optionsrechten. Nicht in jedem Fall identisch mit der Laufzeit eines Optionsscheins (europäisches/amerikanisches Optionsrecht).

Optionsgeschäft

Besondere Form des Termingeschäfts. Der Käufer einer Option (lat. optio = freie Wahl) erwirbt das Recht, vom Verkäufer (Stillhalter) innerhalb einer festgesetzten Frist entweder die Lieferung einer bestimmten Leistung (Kaufoption / Call) oder ihre Abnahme (Verkaufsoption / Put) zu einem im Voraus vereinbarten Preis (Basispreis) verlangen zu können. Für den Erwerb einer Option muss der Käufer dem Verkäufer eine Prämie (Optionspreis) zahlen.

Optionsinhaber

Der Inhaber einer Option hat das Recht, aber nicht die Verpflichtung, den Basiswert zum Basispreis bis zum Verfallsdatum zu kaufen (Call) beziehungsweise zu verkaufen (Put).

Optionsklasse

Alle Optionen desselben Typs (Call oder Put) mit dem gleichen Basiswert.

Optionskontrakt

Ein einseitiger Kontrakt, der dem Käufer das Recht gibt, ihn aber nicht verpflichtet, eine Ware oder einen Future-Kontrakt zu einem festgesetzten Preis innerhalb eines bestimmten Zeitraums zu kaufen oder zu verkaufen. Der Kontrakt ist deshalb einseitig, weil nur der Käufer das Recht hat, Leistungen zu verlangen. Falls der Käufer sein Recht ausübt, muss der Verkäufer (Stillhalter) – ungeachtet des gegenwärtigen Marktpreises – zum vereinbarten Basispreis seine Verpflichtung erfüllen.

Optionsprämie

Die Optionsprämie ist der Preis, den der Käufer für das Optionsrecht bezahlt und den der Verkäufer für seine Leistung erhält. Die Höhe der Prämie richtet sich nach der Zeitdauer, für die das Optionsrecht eingeräumt wird, und den Kurserwartungen. Siehe auch: Optionspreis.

Optionspreis

Preis, der für einen Optionsschein oder eine Option bezahlt wird. Dieser Preis wird durch Angebot und Nachfrage auf dem Markt bestimmt. Die Prämie entspricht für gewöhnlich einem größeren Wert als dem inneren Wert des gehandelten Optionsrechts. Dies liegt am Zeitwert, der die Gewinnchancen für die verbleibende Restlaufzeit widerspiegelt.

Optionspreisbewertungsmodelle

Zur Bewertung von Optionspreisen gibt es drei Modelle, die von teilweise grundverschiedenen Prämissen ausgehen: das Black-Scholes-Modell, das Binomialmodell und das analytische Approximationsmodell. Die Modelle dienen dazu, den angemessenen (fairen) Wert eines Optionsrechts zu ermitteln. In den vergangenen Jahren hat sich das Black-Scholes-Modell weitgehend durchgesetzt.

Optionsrecht

In den Optionsbedingungen festgelegtes Recht zum Kauf oder Verkauf eines Basisinstruments. Bei Optionsscheinen ist zwischen europäischem und amerikanischem Optionsrecht zu unterscheiden.

Optionsschein

Eigenständig beurkundetes Wertpapier, das dem Inhaber das Recht verbrieft, ein bestimmtes Basisinstrument während einer bestimmten Frist (Optionsfrist) in einem bestimmten Verhältnis (Optionsverhältnis) zu einem bestimmten Preis (Basispreis) zu kaufen (bei Kaufoptionsscheinen/Calls) beziehungsweise zu verkaufen (bei Verkaufsoptionsscheinen/Puts). Mittels der Hebelwirkung bieten Optionsscheine die Chance, von Kursbewegungen des Basisinstruments – zum Beispiel einer Aktie, eines Index, einer Anleihe – überproportional zu profitieren.

Optionsschein-Emittent

Optionsschein-Emittenten sind Herausgeber von Optionsscheinen. Meist sind dies große Finanzinstitute wie Banken oder Versicherungen. Die Optionsschein-Emittenten sind für die Gestaltung der Optionsscheine verantwortlich und garantieren auch die Erfüllung des bedingten Termingeschäfts.

Optionsschein, gedeckter

Siehe: Covered Warrant.

Optionsserie

Optionen gehören einer Serie an, wenn sie identisch sind, also wenn Typ, Basiswert und Verfallsdatum gleich sind.

Optionstyp

Es werden prinzipiell zwei Optionstypen unterschieden: die Kaufoption (Call) und die Verkaufsoption (Puts).

Optionsverhältnis

Gibt die Zahl der Optionsrechte pro Optionsschein an. Es legt die Anzahl von Basisinstrumenten beziehungsweise bei Währungsoptionsscheinen den Betrag der Fremdwährung fest, die pro Optionsschein ge- oder verkauft werden können.

Optionsverkäufer

Siehe: Stillhalter.

Ordentliche Kapitalerhöhung

Nach §§ 182 – 191 Aktiengesetz die Kapitalerhöhung gegen Einlagen. Zu einem festgesetzten Emissionspreis werden neue (junge) Aktien ausgegeben. Die Aktionäre sind gemäß ihrem bisherigen Anteil am Grundkapital zum Bezug der neuen Aktien berechtigt (Bezugsrecht). Das Grundkapital der AG erhöht sich entsprechend.

Order

1. In Wirtschaft und Handel ist ein Auftrag (eine Order) das Ersuchen, etwas zu liefern, zu verkaufen, zu erhalten oder zu kaufen. 2. Im Wertpapier- und Terminhandel ist der Auftrag die Anweisung an einen Broker, wie viel, was und wie ge- oder verkauft werden soll. Die gebräuchlichsten Arten des Auftrags im Terminhandel sind die Market-Order und die Limit-Order.

Order Taking Period

Die Order Taking Period ist beim Bookbuilding-Verfahren die Zeitspanne, in der die Investoren die Möglichkeit haben, ihre Zeichnungswünsche innerhalb der Preisspanne abzugeben.

Orderbuch

In dieses „Buch“ notiert der Makler alle eingegangenen Kauf- und Verkaufsaufträge. Orderbücher werden heute in der Regel nicht mehr in Papierform, sondern als Computerdatei geführt.

Orderpapier

Auf den Namen eines bestimmten Berechtigten lautendes Wertpapier, zu dessen Übertragung neben Einigung und Übergabe auch eine schriftliche Übergabeerklärung (Indossament) erforderlich ist.

Orderzusatz

Detaillierte Anweisung an den eine Wertpapierorder ausführenden Broker oder an die betreffende Bank, in welcher Form der Auftrag abzuwickeln ist. Beispiele: Fill or Kill; Immediate or Cancel. Nicht alle Orderzusätze werden an sämtlichen Börsen akzeptiert.

Oszillator

In der Technischen Analyse dienen Oszillatoren (zum Beispiel RSI, McClellan-Oszillator und Stochastik) als Indikatoren einer überkauften beziehungsweise einer überverkauften Situation. Wird ein oberer (unterer) Extremwert erreicht, so geht der Technische Analyst von einer überkauften (überverkauften) Marktsituation aus und erwartet eine Kursbewegung in die entgegengesetzte Richtung. Als besonders wertvoll gelten Oszillatoren, wenn ihre Ergebnisse durch andere technische Indikatoren bestätigt werden.

OTC

Over the Counter, siehe dort.

OTC-Markt

Außerbörslicher Handel mit Finanzinstrumenten wie Optionsscheinen, Optionen und anderen Terminkontrakten.

Out of the Money

Siehe: Aus dem Geld.

Outperformance

Bezeichnung für die Tatsache, dass ein Wertpapier, ein Fonds oder ein Depot in einem bestimmten Zeitraum eine höhere Rendite erzielt hat als der Vergleichsindex (Benchmark).

Outperformance-Zertifikat

Zertifikat, das mit einem definierten Basispreis und einer begrenzten Laufzeit ausgestattet ist. Notiert das Basisobjekt am Laufzeitende oberhalb des Basispreises, so wird zusätzlich zum Kurs des Basisobjekts die mit einem Faktor größer als eins (abhängig von den Emissionsbedingungen des jeweiligen Zertifikats) multiplizierte Differenz zwischen diesem Kurs und dem Basispreis ausbezahlt. Notiert das Basisobjekt am Laufzeitende unterhalb des Basispreises, wird der Basiswert ausbezahlt.

Outperformer

Siehe: Market Outperformer.

Overages

Overages sind beispielsweise bei Geschlossenen Medienfonds Übererlöse nach Rückdeckung der gesamten Produktions- und Verleihvorkosten sowie der Minimumgarantien.

Overbought

Siehe: Überkauft.

Overnight Repo

Bezeichnung für ein Repo-Geschäft, das nur für die Dauer eines Börsentags abgeschlossen wird.

Oversold

Siehe: Überverkauft.

Over the Counter (OTC)

Angelsächsische Bezeichnung für Wertpapiere, die außerhalb des Geregelten Börsenhandels notieren. Die Titel werden quasi direkt über den Ladentisch gehandelt. Anleger sollten deshalb bei solchen Wertpapieren entsprechend vorsichtig sein.

Overweight

Die Investmentbank Morgan Stanley hat Mitte März 2002 ihr Bewertungssystem für Aktien von vier auf drei Einstufungen reduziert. Die

Ratings lauten seitdem: Overweight (übergewichten, entwickelt sich besser als der Markt), Equalweight (entwickelt sich wie der Markt) und Underweight (untergewichten, entwickelt sich schlechter als der Markt). Das Bewertungssystem sollte dadurch vereinfacht werden. Die Einstufungen sind mittelfristig und beziehen sich auf einen Zeitraum von zwölf bis 18 Monaten.

P

p. a.

Stammt vom lateinischen per annum und heißt pro Jahr; wird zum Beispiel bei Zinssätzen angegeben.

Pari

Aus dem italienischen Wort für gleich abgeleitete Bezeichnung. Wird ein Wertpapier zum Nennwert ausgegeben, so spricht man von einer Pari-Emission. Entsprechend handelt es sich um eine Unterpari- bzw. Überpari-Emission, wenn die Ausgabe unter beziehungsweise über dem Nennwert erfolgt.

Pari-Emission

Eine Pari-Emission bedeutet, dass das Wertpapier zum Nennwert ausgegeben wird. Aktien dürfen nicht unter Pari ausgegeben werden. Bei festverzinslichen Wertpapieren ist dies dagegen üblich.

Parität

Innerer Wert oder Substanzwert eines Optionsscheins, errechnet als Differenz zwischen dem Basispreis und dem aktuellen Kurswert des Basisobjekts. Die Parität ist positiv, wenn der Preis des zugrunde liegenden Basiswerts über (Call) oder unter (Put) dem Basispreis liegt. Sie ist negativ, wenn der Preis des zugrunde liegenden Basiswerts unter (Call) oder über (Put) dem Basispreis liegt. Eine Parität von Null ergibt sich, wenn der Basispreis und der Kurs des zugrunde liegenden Basiswerts identisch sind.

Paritätsbezogene Bewertung

Bei Optionsscheinen die vergleichende Bewertung anhand von Kennzahlen, die sich auf die Parität beziehen, also Aufgeld (Agio), Aufgeld pro Jahr und Prämie.

Parketthandel

Bezeichnung für den Wertpapierhandel an der Präsenzbörse. Die Marktteilnehmer treffen sich im Handelssaal (auf dem Börsenparkett) zum Handel von Wertpapieren. Eine der bekanntesten Parkettbörsen ist die New York Stock Exchange (NYSE). Der Gegensatz dazu sind elektronische Handelsplattformen (der Computerhandel) wie etwa das Xetra-System der Deutschen Börse.

Partizipationsrate

Bei Zertifikaten derjenige Prozentsatz, mit dem der Inhaber des Zertifikats von Kurssteigerungen des Basiswerts profitiert.

Partizipationsschein

Ein Partizipationsschein ist ein Wertpapier, das Vermögensrechte, nicht aber Mitgliedschaftsrechte an einer Aktiengesellschaft verkörpert. Diese Beteiligungspapiere werden in der Schweiz als Finanzierungsinstrument verwendet und sind dem deutschen Genussschein ähnlich.

Par Value

International gebräuchlicher Ausdruck für Nennwert.

Pattern

Begriff aus der Technischen Analyse. Unter Pattern wird eine Abfolge bestimmter Schlusskurse (oder in einer erweiterten Form auch Eröffnungs-, Höchst- und Tiefstkurse) im Chart verstanden, die häufiger vorkommt. Diese Kursmuster haben meistens einen Anstieg (oder Rückgang) zur Folge und wurden in der Technischen Analyse mit Namen versehen, um sie schneller beschreiben zu können.

Pax Americana

Der Ausdruck Pax Americana bezeichnet die Vision einer weltweiten Sicherheits- und Friedensordnung unter Federführung der USA.

Pay-in-Kind-Anleihen

Pay-in-Kind-Anleihen (Pay-in-Kind-Bonds) sind Anleihen, bei denen der Emittent (Schuldner) das Wahlrecht hat, die daraus resultierenden Verpflichtungen (zum Beispiel Zinszahlungen) entweder in bar zu zahlen oder durch die Ausgabe neuer Anleihen zu bedienen.

Pay Later Warrant

Siehe auch: Contingent-Optionsschein.

Payout-Ratio

Bezeichnung für die relative Höhe der Dividendenausschüttung eines Unternehmens, ausgedrückt als Prozentsatz des Reingewinns im jeweiligen Geschäftsjahr.

PCR

Abkürzung für Put-Call-Ratio.

Peer-Group

Die Peer-Group ist ein Vergleichsmaß für die Entwicklung von Aktienkursen branchenähnlicher Unternehmen. Im Unterschied zu anderen, sehr viel breiter gefassten Vergleichsgruppen wie etwa CDAX oder MDAX wird eine Peer-Group nach individuellen Kriterien zusammengestellt.

PEG

Abkürzung für Price Earnings to Growth.

Pending Order

Eine Pending Order ist die englische Bezeichnung für einen Börsenauftrag, der gerade ausgeführt wird. Als solche ist die Pending Order eine Art Open Order.

Penny Stock

In den USA übliche Bezeichnung für Aktien mit optisch sehr niedrigem Kurswert. Meist handelt es sich dabei um hochspekulative Papiere kleiner Unternehmen oder um Titel, die heftige Kursverluste erlitten haben.

PER

Abkürzung für Price-Earning-Ratio.

Performance

Bezeichnung für die Wertentwicklung eines Anlageobjekts über einen bestimmten Zeitraum. Die Performance kann in absoluten Zahlen (zum Beispiel eine Gesamtrendite von x Prozent innerhalb eines Jahrs) oder relativ zu einem Vergleichsindex (Benchmark) ermittelt werden.

Performance-Analyse

Vergleichende Bewertung der Performance verschiedener Anlageobjekte oder Anlagestrategien. So kann mit der Performance der Kursverlauf einer Aktie, die Ertragsentwicklung eines Portfolios oder die Leistung des Managements eines Anlagefonds im Hinblick auf das Anlageziel gemeint sein.

Performance-Index

Aktienindex, in dessen Berechnung neben der Kursentwicklung der darin enthaltenen Aktien auch die von diesen ausgeschütteten Dividenden und Boni eingehen. Im Vergleich zu Kursindizes erlauben Performance-Indizes daher eine genauere Abbildung der Gesamtrendite, für die Dividenden eine wesentliche Rolle spielen. Die meisten Aktienindizes – zum Beispiel auch die DAX-Indizes der Deutschen Börse – sind Performance-Indizes.

Performer

Siehe: Market Performer.

Permanenter Handel

Permanenter Handel ist in der Schweiz die gebräuchliche Bezeichnung für den variablen Handel. Der Begriff drückt den durchgehenden Handel mit Aktien während der gesamten Handelszeit der Börse aus.

Perpetual Bond

Anleihe ohne Laufzeitbegrenzung. Derartige Anleihen werden in Deutschland nicht emittiert.

Pfandbrief

Festverzinsliches Wertpapier, das zur Refinanzierung von Hypothekarkrediten dient. Pfandbriefe werden von Hypothekenbanken, Schiffspfandbriefbanken und öffentlich-rechtlichen Kreditanstalten ausgegeben, wobei zur Emission eine staatliche Genehmigung erforderlich ist. Pfandbriefe werden an deutschen Börsen im Amtlichen Handel notiert. Die Papiere sind mündelsicher und erfreuen sich bei konservativen Anlegern großer Beliebtheit.

Pflichtangebot

Die gesetzliche Grundlage für das Pflichtangebot bildet das Wertpapiererwerbs- und Übernahmegesetz (WpÜG). Nach § 35 WpÜG hat der Bieter innerhalb von vier Wochen nach der Veröffentlichung der Erlangung der Kontrolle über eine Zielgesellschaft der Bundesanstalt eine Angebotsunterlage zu übermitteln und nach § 14 Abs. 2 Satz 1 ein Angebot zu veröffentlichen. Kontrolle ist dabei das Halten von mindestens 30 Prozent der Stimmrechte an der Zielgesellschaft (§ 29 Absatz 2 WpÜG).

Pflichtveröffentlichung

Siehe: Ad-hoc-Mitteilung.

Philadelphia Fed Index

Der Philadelphia Fed Index gibt Aufschluss über die Entwicklung des produzierenden Gewerbes in den US-Bundesstaaten Philadelphia, New Jersey und Delaware. Er wird einmal im Monat von der Notenbank in Philadelphia erstellt. Indexstände unter Null signalisieren einen Abschwung, über Null einen Aufschwung. Der Philadelphia Fed Index (auch Philadelphia Business Outlook Survey) ist ein Frühindikator für die wirtschaftliche Entwicklung in den USA.

Physische Lieferung

Art der Erfüllung eines Optionsscheins, Options- oder Future-Kontrakts, bei der der Basiswert geliefert wird.

Pit

Bezeichnung für den Börsenstand einer Parkettbörse.

Pit Broker

Eine Person, die direkt im Börsenhandel – in den Pits – Terminkontrakte handelt. Siehe auch: Floor Broker.

Plain Vanilla

Bezeichnung für derivative Finanzinstrumente von geringer Komplexität. Im Optionsscheinbereich spricht man zum Beispiel von einem Plain Vanilla Warrant, wenn ein Call oder Put mit fester Laufzeit, Optionsverhältnis und Basispreis ausgestattet ist und keine davon abweichenden Merkmale wie eine Knock-in-Schwelle oder dergleichen aufweist.

Platzierung

Als Platzierung wird die abschließende Verteilung einer Wertpapieremission an die interessierten Käufer bezeichnet. Das können Privatpersonen oder institutionelle Anleger sein.

Platzierungsverfahren

Die Platzierung von Wertpapieren kann auf unterschiedliche Weise erfolgen. Die bekannteste und häufigste Methode ist das Bookbuilding-Verfahren.

Plusankündigung, einfach

Beim Kursanstieg einer Aktie von mehr als fünf Prozent im Vergleich zum Vortag schreibt der Makler ein Pluszeichen an die Maklertafel, bei einem Anstieg von mehr als zehn Prozent ein doppeltes Pluszeichen. Bei Anleihen kündigen Plus und Doppelplus Kursanstiege von mehr als einem beziehungsweise zwei Prozent an.

Plusankündigung, doppelt

Kurszusatz, der an der Deutschen Börse vom jeweiligen Makler verwendet wird. Bei einer doppelten Plusankündigung wird bei Aktien mit einem Kursgewinn zwischen zehn und 20 Prozent, bei festverzinslichen Wertpapieren von mehr als zwei Prozent gerechnet. In diesen Fällen haben die Börsenhändler die Möglichkeit, ihre Aufträge zurückzuziehen.

Plusankündigung, dreifach

Kursszusatz, der an der Deutschen Börse vom jeweiligen Makler verwendet wird. Bei einer dreifachen Plusankündigung wird bei Aktien mit einem Kursgewinn von mehr als 20 Prozent gerechnet, wobei die Börsenhändler die Möglichkeit haben, ihre Aufträge zurückzuziehen.

Point & Figure-Chart

Bei einem Point & Figure-Chart zeigt die Abszisse an, dass weiter rechts stehende Notierungen zeitlich später liegen als weiter links stehende. Die Zeit rückt daher in den Hintergrund. Auf einem Papier mit gleich großen Kästchen werden Zeichen über- beziehungsweise untereinander eingetragen, solange die Kursbewegung in die gleiche Richtung verläuft. Für Aufwärtsbewegungen setzt man pro Zeiteinheit ein „x“, bis sich eine Abwärtsbewegung einstellt, die pro Zeiteinheit mit einem „o“ markiert wird und eine neue Spalte beginnt. So steht jede Spalte für einen Trend.

Policy Mix

Volkswirtschaftlich versteht man unter dem Begriff Policy Mix das Zusammenspiel zwischen der Geldpolitik der Notenbank, der Fiskalpolitik des Staats und der Einkommenspolitik der Tarifparteien. Das einvernehmliche Zusammenwirken von Zentralbank, Staat und Tarifpartnern hat entscheidenden Einfluss auf die konjunkturelle Entwicklung in einer Volkswirtschaft.

Poolfaktor

Als Poolfaktor wird der Faktor bezeichnet, um den eine Anleihe in Raten zu regelmäßigen Terminen getilgt wird. Der Poolfaktor wird mit dem Nennbetrag verrechnet. Am Anfang beträgt er 1 und läuft dann sukzessiv gegen 0. Eine andere Möglichkeit der Ratentilgung ist, zu festgelegten Terminen jeweils einen bestimmten Prozentsatz abzuziehen.

Portefeuille

Siehe: Portfolio.

Portfolio

Im Zusammenhang mit Geldanlagen von Privatpersonen oft als Synonym für Depot gebraucht (Wertpapierportefeuille). Bei Investmentfonds bezeichnet der Begriff den Wertpapierbestand, bei Immobilienfonds den Bestand an Anlagewerten.

Portfolioanalyse

Die Grundthese der Finanzmarkttheorie lautet, dass nur höhere Erträge erzielt werden können, wenn auch höhere Risiken eingegangen werden. Die Portfolioanalyse will das Risiko und den Ertrag definieren und, darauf aufbauend, eine optimale Diversifizierung des Depots vornehmen. Das Gesamtrisiko wird dabei in ein Marktrisiko (systematisches Risiko) und ein titelspezifisches Risiko (unsystematisches Risiko) unterteilt. Durch Diversifikation versucht man, das unsystematische Risiko zu minimieren. Das Risiko soll reduziert werden mithilfe des Beta-Faktors und von derivaten Instrumenten.

Position

Bei Wertpapieren wird eine Position als Engagement bezeichnet - es wurde ein Kauf getätigt. Bei Terminkontrakten wie Optionen und Futures dagegen kann auch ein Leerverkauf durchgeführt werden. Bei einem Leerverkauf wird der Wert verkauft, ohne dass der Investor den Wert besitzt. Der Anleger muss den Wert zu einem späteren Zeitpunkt zurückkaufen, um seine Position zu schließen. Daher wird im Terminmarkt zwischen Long- und Shortpositionen unterschieden. Mit einer Longposition wird der - über das Terminprodukt indirekt getätigte - Kauf des Basiswerts bezeichnet. Mit einer Shortposition wird dagegen der - über das Terminprodukt indirekt getätigte - Leerverkauf des Basiswerts bezeichnet.

Positive Volume Index

Begriff aus der Technischen Analyse. Ist das heutige Volumen größer als am Vortag, wird die Differenz des heutigen und gestrigen Close gebildet und durch den gestrigen Close geteilt. Das Ergebnis wird zunächst mit dem Indikatorwert vom Vortag multipliziert; dies wird dann zum gleichen Wert addiert. Fällt das Volumen oder bleibt es im Vergleich zum Vortag unverändert, bleibt auch der Indikatorwert gleich. Als Anfangswert für die Berechnung wird standardmäßig die Zahl 1.000 verwendet.

Post-Trading

Während dieser Phase des Tagesablaufs steht das Handelssystem den Börsenteilnehmern zur Abfrage von Informationen und zum Eingeben von Aufträgen und Quotes zur Verfügung.

Power of Attorney

Angelsächsische Bezeichnung für Handelsvollmacht, die eine Vereinbarung zwischen Broker und Kunden einrichtet. Die Handelsvollmacht gibt dem Broker die Befugnis, im Namen des Kunden unter vorgegebenen Umständen zu handeln. Im Future-Bereich muss die Vollmacht schriftlich erteilt und jedes Jahr erneuert werden.

Power Warrant

Neuartige Optionsscheinkonstruktion. Optionsscheine mit einmaliger Ausübung (europäisches Optionsrecht), wobei sich der vom Emittenten an den Inhaber auszuzahlende Betrag aus der quadrierten Differenz zwischen Berechnungskurs und Basispreis errechnet. Die Auszahlung pro Optionsschein ist dabei auf einen festgesetzten Höchstbetrag beschränkt.

Prämie

Kennzahl zur vergleichenden Optionsscheinbewertung. Ähnlich wie das Aufgeld (Agio) gibt sie an, um wie viel teurer es ist, ein Basisobjekt durch Kauf des Optionsscheins und Ausübung des Optionsrechts zu erwerben, als es direkt an der Börse zu kaufen. Anstelle von Prämie hat sich heute vielfach die Bezeichnung prozentuales Aufgeld oder Aufgeld in Prozent durchgesetzt.

Präsenzbörse

Börse, in der der Handel auf einem Parkett nach festen Regeln abläuft. Zum Parketthandel sind als Marktteilnehmer in der Regel nur Händler und Makler zugelassen. Die neuen Organisationsformen der Börse, allen voran der Computerhandel, laufen der Präsenzbörse mehr und mehr den Rang ab.

Pre-Opening

Phase vor Handelsbeginn, während der die Händler durch die Eingabe von Quotes und Aufträgen Einfluss auf den Eröffnungskurs nehmen.

Preference Shares

Preference Shares ist die englische Bezeichnung für Vorzugsaktien.

Preis

Siehe: Kurs.

Preiselastizität

Siehe: Elastizität.

Preisindex, Kursindex

Aktienindex, dessen Veränderungen lediglich die Kursentwicklung der in ihm enthaltenen Aktien berücksichtigen, nicht aber Dividendenausschüttungen, Boni, Bezugsrechte oder andere Zusatzerträge. Im Gegensatz zu Performance-Indizes wird in einem Preisindex daher nicht die Gesamtrendite der betreffenden Aktien erkenntlich. Aus diesem Grund sind sämtliche in jüngerer Vergangenheit neu konzipierten Aktienindizes Performance-Indizes. Der weltweit bedeutendste Preisindex im Aktienbereich ist der Dow Jones Industrial Average.

Preisintervall

Siehe: Tick.

Preisnachlass

Siehe: Discount.

Preisnotierung

Die Preisnotierung gibt den Betrag an, der für eine Einheit Auslandwährung in heimischer Währung gezahlt werden muss. Die Preisnotierung wurde in Deutschland zu Zeiten der D-Mark verwendet. Beispiel: 1 US-Dollar = 2,20 D-Mark. Seit Einführung des Euros wird der Wechselkurs gegenüber dem Dollar als Mengennotierung angegeben. Beispiel: 1 Euro = 1,25 US-Dollar.

Premium

Siehe: Optionspreis

Premium Margin

Der Stillhalter einer Optionsposition hat eine Premium-Margin zu hinterlegen, die bis zum Verfall oder zur Ausübung der Optionsrechte bestehen bleibt und die Kosten einer Glattstellung des Stillhalters zum Abrechnungspreis abdeckt. Die Premium-Margin wird laufend angepasst.

Price-Earning-Ratio (PER)

Der angelsächsische Ausdruck für Kurs-Gewinn-Verhältnis (KGV). Das KGV entspricht dem Kurs, dividiert durch den geschätzten Gewinn pro Aktie.

Price-Earning-to-Growth (PEG)-Ratio

Kennzahl der fundamentalen Aktienanalyse. Zur Berechnung wird das aktuelle Kurs-Gewinn-Verhältnis (Price Earnings atio) durch das in der Vergangenheit erzielte oder für die Zukunft erwartete Gewinnwachstum (Earnings Growth) des Unternehmens dividiert. Ein PEG unter 1,00 signalisiert eine aktuell niedrige Bewertung.

Pricing Model

Siehe: Optionspreismodelle.

Prime Standard

Am 1. Januar 2003 ins Leben gerufenes Handelssegment der Deutschen Börse. Im Prime Standard gelistete Unternehmen müssen Transparenzvorschriften erfüllen, die deutlich über die Zulassungsregeln zum Amtlichen Handel und zum Geregelten Markt hinausgehen. In die Auswahlindizes der Deutschen Börse wie DAX, MDAX oder SDAX können nur Aktien aufgenommen werden, die im Prime Standard gelistet sind.

Primärmarkt

Markt, auf dem neu emittierte Wertpapiere erstmals abgesetzt werden. Im Gegensatz zum Primärmarkt dient die Börse als Sekundärmarkt (Umlaufmarkt) und gewährleistet später einen funktionierenden Wertpapierhandel.

Priority List

Der Begriff Priority List wird von Analysten und Investmenthäusern zur Bewertung der Kursentwicklung einer Aktie verwendet. Bei der US-Investmentbank Goldman Sachs ist die Priority List vor der Recommended List die höchste Einstufung. Während die deutsche Entsprechung für Priority List Unbedingt kaufen lautet, bedeutet Recommended List Kaufen.

Priorität der Ausführungen

Die Orderausführung an den Börsenplätzen in den Vereinigten Staaten ist von einer Vielzahl von Regeln abgesichert, um die Ausführung für den Kunden so sicher und fair wie möglich zu machen. Eine davon ist die Priorität der Ausführungen. So müssen unlimitierte Orders immer vor limitierten Orders bedient werden. Round Lots (Stückzahl von 100 oder einem Vielfachen) werden vor Odd Lots (alle anderen Stückzahlen) bedient.

Private Equity

Begriff aus dem Übernahmegeschäft: Beteiligungskapital, das sowohl in nicht börsennotierte als auch in gelistete Unternehmen fließt. Dazu zählt auch Venture Capital (Risikokapital), das aber im engeren Sinne nur bei wachstumsstarken Unternehmen in frühen Phasen zum Einsatz kommt.

Private Haftpflichtversicherung

Die private Haftpflichtversicherung ist die wohl wichtigste Versicherung überhaupt. Denn jeder haftet mit seinem Gesamtvermögen für Schäden, die er anderen zufügt.

Private Rentenversicherung

Sparvertrag ohne Versicherungsschutz. Eignet sich besonders für ältere Menschen mit Rücklagen: Gegen eine Einmaleinzahlung beziehen sie eine sofort beginnende lebenslange Rente.

Pro-forma-Gewinn

Begriff aus der Bilanzanalyse: In den USA verstehen Anleger unter dem Pro-forma-Ergebnis meist den operativen Gewinn oder Verlust. Je nach Branche werden hier etwa Goodwillabschreibungen oder Übernahmekosten herausgerechnet. In Deutschland melden Gesellschaften Pro-forma-Ergebnisse meist zum Vergleich, wenn im Berichtszeitraum Töchter ge- oder verkauft wurden. So wird eine Vergleichbarkeit für den kommenden Berichtszeitraum gewährleistet.

Prognose

Versuch von Analysten und Anlegern, die künftige Entwicklung eines Wertpapierkurses, des Unternehmensgewinns oder der Konjunktur anhand geeigneter Kriterien vorherzusagen.

Progressionsvorbehalt

Steuerliche Einkünfte, die unter Progressionsvorbehalt stehen, werden nicht direkt besteuert. Diese Einkünfte werden allerdings bei der Festsetzung des im Inland anfallenden Steuersatzes für die steuerpflichtigen Einkünfte berücksichtigt. Das bedeutet: Durch fiktives Hinzurechnen von im Ausland niedrig besteuerten Gewinnen wird der deutsche Steuersatz erhöht.

Prolongation

Prolongation ist der finanzwirtschaftliche Ausdruck für die Verlängerung eines Kredits.

Prospekt, Wertpapieremission

Der Prospekt bei Wertpapieremissionen ist eine Bekanntmachung, die für die Zeichnung des neu ausgegebenen Wertpapiers wirbt und die wichtigsten Angaben über die Gesellschaft und die Emissionsbedingungen enthält. Bei Börseneinführung ist der Prospekt ein ausführlicher Bericht, der alle erheblichen Angaben für die Beurteilung des Wertpapiers beinhaltet. Die Prospekte müssen im Bundesanzeiger und mindestens in einer der Tages- oder Wirtschaftszeitungen publiziert werden, die Börsenpflichtblätter am betreffenden Börsenplatz sind.

Protect-Price

Ein Protect-Price sichert einem Käufer einen bestimmten Preis oder eine bestimmte Preisspanne zu.

Provision

Bankgebühr für das Ausführen von Börsenaufträgen. Bei Wertpapieren beträgt die Provision oft ein Prozent des Ordervolumens, wobei jedoch eine Mindestgebühr verlangt wird. Die Gebühr von Maklern wird dagegen für gewöhnlich als Courtage bezeichnet.

Prozyklisches Vorgehen

Die prozyklische Strategie bezeichnet das Handeln mit dem Markttrend: Gekauft wird erst, wenn charttechnische Signale eine anhaltende Aufwärtstendenz anzeigen; mit dem Verkauf wartet der prozyklisch orientierte Anleger, bis der Trend sich klar nach unten gewendet hat. Ziel ist, ausgeprägte Trends zu nutzen, möglichst am Anfang einer Aufwärtsbewegung zu kaufen und an deren Ende zu verkaufen. Gegensatz: Antizyklisches Vorgehen.

Public-to-Private

Siehe: Going Private.

Publikumsfonds

Fonds sind für private Anleger. Das bedeutet: Jedermann kann sie kaufen. Publikumsfonds sind die häufigste Art von Fonds.

Publizität

Unterrichtung der Öffentlichkeit über relevante Ereignisse, die das Börsenwesen allgemein oder die Situation eines bestimmten Unternehmens betreffen.

Publizitätsvorschriften

Gesetzlich festgelegte Vorschriften über Art und Umfang der Publizität. Während die Gesellschaftspublizität von der Rechtsform des Unternehmens abhängig ist (die Publizitätsverpflichtungen der AG sind im Aktienrecht geregelt), richtet sich die Börsenpublizität vor allem nach dem Marktsegment, in dem das betreffende Wertpapier gehandelt wird. Die aktienrechtliche Publizität wird vom Registergericht überwacht, die Börsenpublizität einer AG von den Aufsichtsorganen der jeweiligen Börse.

Pull Back

Pull Back ist ein Begriff aus der Charttechnik. Übersetzt bedeutet Pull Back zurückziehen beziehungsweise Rückschlag.

Pushen

Englischer Begriff für Schieben, Treiben oder Drücken. An der Börse wird pushen umgangssprachlich im Zusammenhang mit Kurs pushen gebraucht; ein Aktienkurs wird also durch eine gezielte Streuung von Meldungen nach oben getrieben.

Put

Ein Put ist die Bezeichnung sowohl für einen Verkaufsoptionsschein als auch für eine Verkaufsoption. Beide Finanzinstrumente beinhalten das Verkaufsrecht, das sie dem jeweiligen Käufer des Puts gewähren. Dabei handelt es sich um das Wahlrecht, den zu Grunde liegenden Basiswert bis zum Verfallsdatum zum Basispreis zu verkaufen. Während der Käufer keine Verpflichtung eingeht, verpflichtet sich der Verkäufer (Stillhalter), den Basiswert zum vorher festgesetzten Basispreis abzunehmen, wenn der Optionsinhaber dies innerhalb der Laufzeit wünscht.

Put-Call-Ratio

Eine Darstellung des Open Interest von Optionen, die sich auf einen Markt beziehen. Das Put-Call-Ratio stellt das Verhältnis der in einem Optionsmarkt gehandelten Puts im Verhältnis zu den gehandelten Calls dar und zeigt die im Markt herrschende Einschätzung der Tendenz an. Je höher das Put-Call-Ratio ist, desto pessimistischer schätzen die Anleger die Kursaussichten des betreffenden Markts ein.

Q

Quality Option

Die Begriffe Quantity und Quality Option werden unterschiedlich gebraucht. Quantity bedeutet übersetzt Menge. Das ist die Mengenbestimmung beim Handel mit Futures, also eine Standardmenge, die für alle Kontrakte gilt – üblicherweise die kleinste handelbare Einheit, beispielsweise 100 Calls = ein Kontrakt. Eine Quality Option ist hingegen ein Wahlrecht des Leerverkäufers, den für ihn günstigsten Qualitätsstandard auszuwählen und anzudienen, zum Beispiel bei Zins-Future-Kontrakten das Recht des Leerverkäufers, eine lieferbare Anleihe zu wählen und andienen zu können.

Quantity Option

Siehe: Quality Option.

Quanto

Unter Quanto versteht man ein währungsgesichertes Wertpapier. Das auf eine Fremdwährung lautende Basisinstrument wird in Euro umgerechnet, sodass für den Anleger kein Währungsrisiko besteht.

Quanto-Zertifikat

Zertifikat mit automatischer Währungsabsicherung. Veränderungen von Wechselkursen haben hier keine Auswirkungen für den Anleger. Quanto-Zertifikate sind vor allem in denjenigen Bereichen interessant, in denen der Weltmarktpreis in US-Dollar festgelegt wird, also im gesamten Metall- und Rohstoffsektor. Bei nicht währungsgesicherten Zertifikaten kann es dem Anleger passieren, dass er von einer Preissteigerung des Basisobjekts nicht profitiert, weil gleichzeitig der US-Dollar gegenüber dem Euro an Wert verliert.

Quartalsbericht

In den USA sind börsennotierte Unternehmen verpflichtet, die Anleger viermal im Jahr über ihre wirtschaftliche Lage zu informieren. In Deutschland sind Quartalsberichte nicht an allen Börsensegmenten vorgeschrieben.

Quartalsdividende

Dividende, die nicht (wie in Deutschland) einmal jährlich ausgezahlt wird, sondern (wie in den USA) viermal pro Jahr.

Quattro-Optionsschein

Optionsschein mit vier verschiedenen Basisobjekten, in der Regel Aktien. Für jedes Basisobjekt ist dabei eine eigene Kursbandbreite (Range) festgelegt. Fällt eines der Basisobjekte aus seiner Range heraus, so verfällt es, wovon die anderen Basisobjekte jedoch nicht betroffen sind. Wenn alle vier Basisobjekte ihre Range verlassen, verfällt der Quattro-Optionsschein wertlos.

Quellensteuer

Bezeichnung für Steuern, die direkt an der Quelle erhoben werden, also dort, wo sie entstehen. Die bekannteste Quellensteuer ist die Einkommensteuer. Hierbei ist der Arbeitgeber gesetzlich verpflichtet, die Steuer direkt an das Finanzamt abzuführen. Die für Anleger wichtigste Quellensteuer ist die Kapitalertragsteuer, die auf Dividenden und Zinsen erhoben wird und direkt von den Banken an das Finanzamt fließt. Da bei dieser Steuer Freibeträge gelten, kann der Anleger den Banken Freistellungsaufträge bis zur Höhe des Freibetrags erteilen.

Quellensteuer, fiktive

In einzelnen Ländern werden auf Zinserträge aus Auslandsanleihen keine oder nur sehr geringe Quellensteuern erhoben. Unabhängig davon unterliegen die im Ausland vereinnahmten Zinserträge bei unbeschränkt steuerpflichtigen Inländern im Inland grundsätzlich der Einkommensteuer oder Körperschaftsteuer. Mit einzelnen Ländern (hauptsächlich Entwicklungsländer) sehen jedoch die Doppelbesteuerungsabkommen die Berücksichtigung einer fiktiven Quellensteuer vor. Das bedeutet: Im Inland wird bei der Ermittlung der individuellen Steuerschuld unterstellt, der Steuerpflichtige hätte im Ausland Quellensteuer gezahlt, auch wenn diese gar nicht erhoben wurde.

Quiet Period

Von einer Quiet Period spricht man, wenn sich Konsortialbanken im Rahmen eines Börsengangs oder einer Kapitalerhöhung verpflichten, über eine bestimmte Zeit (in der Regel 25 Tage) keine Anlageempfehlung für das betreute Unternehmen abzugeben.

R

R, rat oder rep (rationiert)

Kurszusatz r, rat oder rep: rationiert oder repartiert (Zuteilung). Die Kauf- und Verkaufsaufträge werden nur teilweise, also nicht in der gewünschten Stückzahl, ausgeführt.

Raider

Ein Raider (wörtlich: Angreifer) ist ein Finanzinvestor (Investorengruppe), der eine Aktiengesellschaft feindlich – also gegen den Willen des Managements – übernehmen will.

Rally

In der Börsensprache ist eine Rally ein starker Kursanstieg über einen kurzen Zeitraum; er entspricht einer Hausse.

Random-Walk-Theorie

Diese Theorie besagt, dass die Kursverläufe von Finanzinstrumenten einem nicht quantifizierbaren und nicht berechenbaren Zufallsprinzip unterliegen. Die Verfechter dieser Theorie stellen sich damit gegen die Meinung, dass Finanzmärkte Trendverläufe und immer wiederkehrende Muster aufweisen, mit denen ein überdurchschnittliches Ergebnis bei der Aktienanlage erzielt werden kann.

Range

Der Unterschied zwischen dem höchsten und dem niedrigsten Kurs über eine bestimmte Zeitspanne, für gewöhnlich während einer Börsensitzung.

Range Trading

Kurzfristig orientierter Trading-Ansatz, bei dem man versucht, die erwartete Schwankungsbreite (Range) einer Kursbewegung auszunutzen. Dabei wird jeweils verkauft, wenn der Kurs am oberen Ende der Range angekommen ist, am unteren Ende wird gekauft.

Range Warrant

Siehe: Bandbreiten-Optionsschein.

Ranking

Als Ranking bezeichnet man das Einordnen eines Objekts (Aktie, Unternehmen) innerhalb eines vorgegebenen Bewertungsschemas.

Raroc

Abk. für Risk Adjusted Return On Capital. Verhältniskennzahl zur Messung des Risiko-Rendite-Verhältnisses eines Bankgeschäfts. Das risikobereinigte Ergebnis (Nettoertrag abzüglich Standardrisikokosten) wird ins Verhältnis zum notwendigen Risikokapital gesetzt. Das notwendige Risikokapital ergibt sich individuell aus den mit dem jeweiligen Geschäft verbundenen Kredit-, Markt- und operativen Risiken.

Ratchet-Optionsscheine

Siehe: Cliquet-Optionsscheine.

Rate of Change (ROC)

Das Rate of Change (ROC) ist ein Begriff der Charttechnik; es ist ein Oszillator und liefert im Prinzip genau die gleiche Aussage wie das Momentum. Allerdings wird es leicht modifiziert berechnet: Das Ergebnis der Subtraktion wird noch durch den Kurs vor n Tagen dividiert. Deshalb kann es bei der Generierung von Handelssystemen sinnvoll sein, anstelle des Momentum das ROC einzusetzen.

ratG

Siehe: Rationierung.

Rating

Als Rating wird die Einschätzung der Kreditwürdigkeit (Bonität) eines Schuldners bezeichnet. Ratingagenturen nehmen auf Grund von Kriterien wie Verschuldung, Cashflow oder Länderrisiken Einstufungen vor. Anerkannte Agenturen sind Moody's und Standard & Poor's. Ratings erfolgen meist in Buchstabenkombinationen wie AAA (Triple A) oder Aaa (höchste Bonitätsstufe, faktisch mündelsicher) bis D (Schuldner in Zahlungsschwierigkeiten, Rückzahlung bereits notleidend).

Ratingagentur

Gesellschaft, die eine Bewertung von Produkten wie beispielsweise Fonds oder Anleihen anderer Unternehmen nach verschiedenen Kriterien vornimmt.

Rationierung

Wenn der Kursmakler auf Grund der vorliegenden Aufträge feststellt, dass diese voraussichtlich nur durch beschränkte (repartierte, rationierte) Zuteilung bei Nachfrageüberhang oder Abnahme bei Angebotsüberhang ausgeführt werden können, ist der Markt unter Bekanntgabe eines Kurszusatzes von ratG (rationiert Geld) oder von ratB (rationiert Brief) hierauf aufmerksam zu machen.

Real Estate Investment Trust (Reit)

Ein Real Estate Investment Trust ist eine Gesellschaft, die ertragbringende Immobilien besitzt und in den meisten Fällen auch betreibt. Einige Reits finanzieren auch Immobilien. Um als Reit zu gelten, muss ein Unternehmen mindestens 90 Prozent seines steuerpflichtigen Einkommens pro Jahr an die Aktionäre in Form von Dividenden ausschütten.

Reallokation

Regelmäßige Überarbeitung und gegebenenfalls Neuzusammensetzung eines Basket oder eines Index anhand festgelegter Kriterien. So werden zum Beispiel die DAX-Indizes regelmäßig nach den Kriterien der Marktkapitalisierung und der Börsenumsätze reallokiert.

Realtime-Kurse

Realtime-Kurse sind Echtzeitkurse. Mit ihnen lassen sich die Bewegungen der Wertpapierpreise ohne zeitliche Verzögerung verfolgen.

Realzins

Der tatsächliche Zinsertrag einer Anlage, der sich ergibt, wenn von den Nominalzinsen die Inflationsrate abgezogen wird.

Rechenschaftsbericht

Deutsche Investmentgesellschaften sind gesetzlich verpflichtet, einmal jährlich einen Rechenschaftsbericht und zusätzlich nach sechs Monaten einen Zwischenbericht zur Information ihrer Anleger herauszugeben. Der Rechenschaftsbericht umfasst: 1. die Vermögensaufstellung, 2. die Aufwands- und Ertragsrechnung, 3. die Höhe der eventuellen Ausschüttung und 4. Informationen zur Geschäfts- und Fondsentwicklung.

Rechteckformation

Begriff aus der Technischen Analyse. Bei der Rechteckformation verlaufen die Begrenzungslinien einer Plattform als waagerechte Parallelen. Rechteckformationen können sowohl als Trendbestätigungs- als auch als Trendwendeformation auftreten. Als Trendwendeformation muss eine der Begrenzungslinien durch die Kurskurve geschnitten werden.

Recommended List

Der Begriff Recommended List wird von Analysten und Investmenthäusern zur Bewertung der Kursentwicklung einer Aktie verwendet. Bei der US-Investmentbank Goldmann Sachs ist die Recommended List nach der Priority List die zweithöchste Einstufung. Während die deutsche Entsprechung für Priority List Unbedingt kaufen lautet, bedeutet Recommended List Kaufen.

Redemption Rights

Redemption Rights sind je nach Sichtweise Einziehungs- oder Rückkaufrechte. Aus Aktionärssicht verbriefen sie das Recht, unter bestimmten Bedingungen die Aktien an die Gesellschaft zurückzugeben und dafür eine bestimmte Gegenleistung zu erhalten. Aus Unternehmenssicht verbriefen sie das Recht, die Aktien von den Anteilseignern zurückzukaufen.

Reduce

Siehe: Reduzieren.

Reduzieren

Begriff aus der Sprache der Analysten: Die Empfehlung, Aktien zu reduzieren, ist eine verklausulierte Verkaufsempfehlung. Analysten drücken sich bei negativen Einschätzungen aus Rücksicht auf die betroffenen Papiere gerne vorsichtig aus. Da die Börsianer aber die Bedeutung dieser Begriffe kennen, wirkt sich diese Einschätzung dennoch stark auf die Kursentwicklung der Aktie aus.

Referenzzinssatz

Repräsentativer, meist kurz- bis mittelfristiger Zinssatz, an dem sich andere Zinssätze orientieren. Wichtige internationale Referenzzinssätze sind der Libor und der Euribor.

Refinanzierung

Möglichkeit von Banken, Geld für ausgegebene Kredite bei einer Zentralbank zu leihen.

Refinanzierungsgeschäfte

Siehe: Hauptrefinanzierungsgeschäfte.

Rein Brief

Für einen bestimmten Finanzwert gibt es nur Nachfrage, aber kein Angebot. Gegensatz: Rein Geld. Siehe auch: Brief.

Rein Geld

Für einen bestimmten Finanzwert gibt es nur Angebot, aber keine Nachfrage. Gegensatz: Rein Brief. Siehe auch: Geld.

Reinvermögen

Siehe: Nettovermögen.

Reit

Abk. für: Real Estate Investment Trust. Siehe dort.

Rektapapier

Das Rektapapier ist ein Namenspapier, es lautet also auf den Namen einer bestimmten Person. Sie allein kann die in der Urkunde verbrieften Rechte geltend machen. Die Übertragung erfolgt durch Abtretung (Zession). Siehe: Orderpapier.

Relative Stärke

Als relative Stärke einer Aktie wird das Verhältnis einer Einzelaktie zu einem Gesamtmarkt bezeichnet. Wenn der Kursverlauf einer Aktie gar nicht oder sogar negativ mit dem Verlauf eines Gesamtmarkts korreliert, gilt die Aktie als relativ stark. Beispiel: Steigt eine Aktie stärker im Kurs als der Gesamtmarkt oder sinkt sie weniger als der Gesamtmarkt, so weist die Aktie eine relative Stärke auf.

Relative-Momentum-Index (RMI)

Der RMI ist ein Trendfolge-Indikator und gleichzeitig eine Weiterentwicklung des RSI-Indikators. Er zählt Kurssteigerungen und Rückgänge relativ zu einem Schlusskurs von vor x-Tagen zusammen und oszilliert zwischen null und 100. Über 70 bis 80 wird ein Aufwärtstrend angezeigt, unter 20 bis 30 ein Abwärtstrend.

Relative-Stärke-Index

Der Relative-Stärke-Index (RSI) nach Wilder ist ein Oszillator. Er schwankt innerhalb einer Skala von 0 bis 100 und gibt vor allem in Seitwärtsbewegungen zuverlässige Signale. Er misst die innere Stärke von Kursbewegungen. Der RSI berechnet ein Verhältnis von Aufwärts- und Abwärtsschlusskursen über eine bestimmt Zeitperiode (Standardeinstellung: neun oder 14 Zeiteinheiten, beispielsweise Tage oder Wochen).

Rendite

Erwirtschafteter Ertrag des eingesetzten Kapitals. Bei Aktien die Dividendenrendite. Dabei wird die Dividende ins Verhältnis zum Kurs gesetzt (Dividende multipliziert mit 100, dividiert durch den Kurs). Bei festverzinslichen Wertpapieren ist die Rendite nicht immer gleichzusetzen mit dem Nominalzinssatz. Bei der Berechnung muss beachtet werden, ob die Anleihe ein Agio (über Pari) oder ein Disagio (unter Pari) aufweist; eine weitere wichtige Größe ist die Restlaufzeit. Bei ausländischen Anleihen ist zudem der Währungseffekt zu berücksichtigen.

Rentabilität

Der wirtschaftlich-finanzielle Erfolg eines Projekts oder Unternehmens, gemessen am eingesetzten Kapital. Je weniger Kapital investiert wird und/oder je mehr Gewinn anfällt, desto rentabler ist ein Projekt oder ein Unternehmen.

Rentabilitätsgrenze

Siehe: Break-even-Point.

Renten

Gängige Bezeichnung für Anleihen (festverzinsliche Wertpapiere). Dem Anleger fließt regelmäßig ein Zinsbetrag (Rente) zu.

Rentengarantie

Ist sie vereinbart, wird die Rente monatlich weiter an Hinterbliebene ausgezahlt.

Rentenfonds

Rentenfonds sind Investmentfonds, deren Fondsvermögen hauptsächlich aus festverzinslichen Wertpapieren (zum Beispiel Pfandbriefe, Kommunalobligationen, Anleihen, Fremdwährungsanleihen) bestehen. Gegensatz: Aktienfonds.

Rentenmarkt

Börsensegment, an dem Rentenpapiere (Anleihen, festverzinsliche Wertpapiere) gehandelt werden.

Rentenniveau

Das Verhältnis der Standardrente zum Durchschnittseinkommen der Bundesbürger.

Rentenwerte

Sammelbegriff für alle festverzinslichen Wertpapiere (etwa Anleihen, Obligationen oder Pfandbriefe). Im Gegensatz zur Aktie, die einen Anteil an einer Gesellschaft verbrieft, lauten Rentenwerte über eine Geldschuld, die mit einem festen Zinssatz verzinst wird.

Repartierung

Siehe: Rationierung.

Report

Von einem Report (Aufschlag) wird gesprochen, wenn der Terminkurs eines Basiswerts über dem Kassakurs liegt. Dieser Basiswert wird dann mit einem Report gehandelt.

Residualvolatilität

Derjenige Anteil der Volatilität bei Aktien, der unabhängig von der Volatilität des Gesamtmarkts auftritt und unternehmensspezifische Ursachen hat. Die Residualvolatilität steht in engem Zusammenhang mit dem unsystematischen Risiko bei Aktienengagements.

Restlaufzeit

Die Restlaufzeit eines festverzinslichen Wertpapiers – etwa einer Anleihe – benennt den Zeitraum, der zwischen dem Kauf oder einem anderen Termin und der Endfälligkeit des Papiers liegt.

Retail

Retail ist der englische Ausdruck für Einzelhandel. Der Begriff wird dabei branchenumfassend verwendet. So ist Retail Banking das Geschäft von Banken mit den privaten Kunden, beispielsweise die Vergabe von Konsumentenkrediten.

Retracement

Siehe: Fibonacci (1).

Return

Betriebswirtschaftlich wird der Begriff Return vor allem bei der Berechnung von Kapitalrentabilitäten verwendet. So gibt der ROI (Return on Investment) darüber Auskunft, wie hoch sich das eingesetzte Gesamtkapital eines Unternehmens (Fremd- und Eigenkapital) durch die Betriebstätigkeit (den Gewinn) verzinst hat (Gesamtkapitalrentabilität). Je höher der ROI ist, desto besser arbeitet ein Unternehmen mit den eingesetzten Mitteln. Eine abgewandelte Form ist der ROE (Return on Equity). Diese Kennziffer gibt Aufschluss über die Eigenkapitalrentabilität.

Reuters-Service-Index

Für den Reuters-Service-Index werden repräsentative Firmen des deutschen Dienstleistungssektors danach befragt, wie sie ihre Geschäftslage im Vergleich zum Vormonat einschätzen. Indexwerte über 50 Punkte signalisieren ein Wachstum, Werte unter dieser Grenze ein Schrumpfen des Sektors. Der Reuters-Service-Index Deutschland erfasst alle deutschen Dienstleistungsbereiche mit Ausnahme des Groß- und Einzelhandels, des öffentlichen Diensts und der Vermietung von Privatunterkünften.

Reverse Convertibles

Englische Bezeichnung für Hochkuponanleihen mit Aktienandienungsrecht. Siehe: Aktienanleihe.

Reverse Split

Der Reverse Split ist der umgekehrte Prozess eine Aktiensplits. Mehrere Papiere einer börsennotierten Gesellschaft werden zu einer Aktie zusammengefasst. Damit erscheint die Aktie optisch teurer. Gerade nach einem starken Kursverfall oder nach Kapitalmaßnahmen im Zuge von Abspaltungen erwägen Unternehmen diesen Schritt. Die Vorteile des Aktiensplits, wie höhere Liquidität und damit bessere Handelbarkeit, werden für einen optisch höheren Kurs aufgegeben.

REX

Abk. für: Deutscher Rentenindex. Er wird von der Deutschen Börse ermittelt und gibt den gewichteten Durchschnittskurs von 30 idealtypischen deutschen Anleihen wieder. Der REX wird sowohl als Kurs-Index als auch als Performance-Index ermittelt.

Rezession

Eine Rezession ist eine Phase innerhalb des Konjunkturzyklus. Merkmale dieser Phase sind unter anderem Beschäftigungs- und Investitionsrückgang, zunehmende Anzahl von Konkursen und abnehmende Konsumkraft. Gegensatz: Aufschwung.

Rho

Der Parameter Rho gibt die Optionspreisänderung an, die im Zuge von Änderungen bei den Kapitalmarktzinsen entsteht. Der Zinsanteil Rho spielt aber bei der Preisbestimmung von Optionen nur eine untergeordnete Rolle. Rho leitet sich aus den Finanzierungskosten ab, die aus dem Finanzierungsvorteil oder -nachteil entstehen, den der Anleger durch den Kauf einer Option anstelle des zugrunde liegenden Basisobjekts erleidet.

Riester-Fonds

Die mit Zulagen geförderte private Vorsorge (Riester-Rente) können Arbeitnehmer in Investmentfonds anlegen. Das bietet verglichen mit anderen Produkten wie Versicherungen die besten Renditechancen.

Riester-Rente

Der Staat fördert seit dem Jahr 2002 den Aufbau einer kapitalgedeckten Zusatzrente.

Risikoprämie

Als Risikoprämie bezeichnet man den Zinsaufschlag, den Anleger für ein Investment in risikobehaftete Kapitalanlagen fordern. Je größer das Verlust- oder Ausfallrisiko ist, desto höher wird der Aufschlag sein. Als Ausgangspunkt dient die Verzinsung von (sicheren) Bundesanleihen. Institutionen mit einer schlechteren Bonität müssen, wenn sie Anleihen emittieren, eine entsprechend höhere Verzinsung zahlen, weil Anleger ansonsten die sicherere Bundesanleihe vorziehen würden.

Risk Based Margining

Risk Based Margining bezeichnet das Verfahren, mit dem Terminbörsen die Höhe der Sicherheitsleistungen für offene Terminkontrakte berechnen. Dabei berücksichtigen die Börsen das maximale Verlustrisiko, das ein Kunde mit einem Futures-Konto bis zum nächsten Tag erleiden kann.

RMI

Abk. für: Relative-Momentum-Index.

Road Show

Eine Road Show ist die angelsächsische Bezeichnung für eine Unternehmenspräsentation, die zum Ziel hat, Investoren für Kapitalmaßnahmen (IPO, Anleihen, Kapitalerhöhungen) zu gewinnen.

Rohertragsmarge

Siehe: Bruttomarge.

Rohstoffterminkontrakt

Rohstoffterminkontrakte sind Optionen und Futures, die sich auf einen Rohstoff (Commodity) beziehen. Als Commodities zählen beispielsweise Getreidesorten (zum Beispiel Weizen), Energieprodukte (zum Beispiel Erdöl), Edelmetalle (zum Beispiel Gold), das Wetter und Rohstoffterminkontrakte selbst. Gegensatz: Finanzterminkontrakte (Financials).

Rollen

Siehe: Kontraktverlängerung.

Rolling-Discount-Zertifikat

Bei dieser Form des Zertifikats wird kontinuierlich in (fiktive) Discountzertifikate investiert, die in der Regel eine Restlaufzeit von einem Monat aufweisen. Dabei erfolgt quasi automatisch eine Anpassung an die jeweils aktuelle Marktlage. Der Nachteil der begrenzten Laufzeit herkömmlicher Discountzertifikate wird dadurch überwunden.

Round Lot

Unter Round Lot werden bei Obligationen ein Mindestnominalwert und bei Aktien, Fondsanteilen und Optionsscheinen eine Mindeststückzahl verstanden, die offiziell an der Börse gehandelt werden können. Siehe auch: Schlusseinheit

Round Turn

Round Turn ist der Abschluss von Termintransaktionen (Eingehen und Beendigung einer Futures-Position), beispielsweise Verkauf und anschließender Kauf eines Futures. Maklergebühren werden üblicherweise auf der Basis eines Round Turn berechnet.

RSI

Abk. für: Relative-Stärke-Index.

Rumpfgeschäftsjahr

Ein Rumpfgeschäftsjahr ist ein verkürztes Geschäftsjahr, das bei einer Verschiebung des Geschäftsjahresendes entsteht. Das Rumpfgeschäftsjahr deckt den Zeitraum zwischen dem Ende des letzten Geschäftsjahrs nach altem Rhythmus und dem Anfang des ersten Geschäftsjahrs nach neuem Rhythmus ab.

Runaway Gap

Begriff aus der charttechnischen Analyse: Das Runaway Gap wird auch Measuring Gap oder Continuation Gap genannt. Ein solches Gap tritt in der Regel in der Mitte eines Trends auf. Damit können Kursziele berechnet werden, indem die Länge des Trends bis zur unteren Begrenzung des Gaps gemessen und dann an die obere Begrenzung hinzuaddiert wird.

Rückkaufswert

Summe, die der Versicherte bekommt, wenn er die Kapitallebenspolice kündigt.

Rücklagen

Für Unternehmen sind Rücklagen eine Reserve für mögliche Verluste oder für Sonderzwecke. Sie werden vom Unternehmensgewinn abgeführt und dem Eigenkapital zugeordnet. Im Gegensatz zu den stillen Rücklagen, die aus einer Unterbewertung des Vermögens einer Gesellschaft entstehen, werden die offenen Rücklagen in der Bilanz auf der Passivseite ausgewiesen.

Rücknahmepreis

Der Preis, zu dem der Anleger seine Fondsanteile wieder an die Investmentgesellschaft verkaufen kann. Er ist bei den meisten Fonds niedriger als der Ausgabepreis, da dieser noch den Ausgabeaufschlag beinhaltet, der quasi eine Gebühr für die Verwaltung der Fondsanteile darstellt.

Rücknahmeverpflichtung

Für deutsche Investmentfonds besteht die gesetzliche Verpflichtung, Anteile grundsätzlich jederzeit zu Lasten des Fondsvermögens zurückzunehmen. Der Anteilswert ändert sich durch die Rücknahme von Investmentanteilen nicht.

Rürup-Rente

Die steuerlich geförderte Privatvorsorge gibt es erst seit dem Jahr 2005. Im Prinzip ist der Vorsorgebaustein an die gesetzliche Rente angelehnt. Sie bietet eine lebenslange, monatliche Rente – frühestens ab dem 60. Lebensjahr.

S

S&P 500

Abk. für: Standard & Poor's 500.

S&P Barra Indices

S&P and Barra Inc. ist ein Investmenttechnologie- und beratungsunternehmen, das Indizes berechnet. Der S&P/Barra Value Index e'hält Wertpapiere mit tendenziell niedrigen Kurs-Gewinn-Verhältnissen, hohen Dividendenrenditen und niedrigem historischen sowie erwarteten Gewinnwachstum. Die Indizes werden nicht gemanagt, und man kann nicht direkt in einen Index investieren.

Sägezahnmarkt

Seitwärtsgerichtete Kursbewegung, bei der sich die Kurse über einen längeren Zeitraum hinweg auf- und abwärtsbewegen. Ein Sägezahnmarkt ist für einen Anlagezeitpunkt weniger geeignet, da keine Trendbewegung ausgemacht werden kann.

Saisonal bereinigt

Bezeichnet das Herausfiltern von saisonal bedingten Schwankungen bei der Aktienanalyse. Dadurch werden Trends besser erkennbar.

Scalper

Ein Scalper ist ein Börsenhändler, der keine Kundenorders annimmt und nur im eigenen Namen handelt. Dabei kauft und verkauft er in schneller Folge relativ große Mengen, um aus kleinsten Kursschwankungen Gewinne zu erzielen. Ein Scalper ist bereit, zum Geldkurs (Bid) zu kaufen und zum Briefkurs (Ask) zu verkaufen. Er verschafft dem Markt dadurch Liquidität.

Schatzanweisungen

Vom Bund emittierte, überwiegend kurz- und mittelfristige Schuldverschreibungen (Laufzeit: sechs Monate bis zu mehreren Jahren). Sie werden in den Amtlichen Handel an allen deutschen Börsen eingeführt. Man unterscheidet zwischen unverzinslichen Schatzanweisungen (sind ohne laufende Verzinsung ausgestattet, auch Bubills genannt) und festverzinslichen Schatzanweisungen (sind wie festverzinsliche Anleihen mit Zinsscheinen ausgestattet, auch Schätze genannt).

Schlusseinheit

Eine Schlusseinheit umfasst eine bestimmte Anzahl von Wertpapieren, die mindestens umgesetzt werden muss, damit von der Börse ein neuer Kurs notiert wird. Wird ein Auftrag von weniger als einer Schlusseinheit aufgegeben, dann handelt es sich um eine Fraktion.

Schlusskurs

Der letzte Kurs, der am Ende der Börsensitzung für ein Wertpapier ermittelt wird.

Schreiben von Optionen

Verkauf von Optionen, der die Stillhalterschaft bei Optionen nach sich zieht. Der Optionsverkäufer bekommt die Optionsprämie und übernimmt die Verpflichtung, dem Inhaber das Optionsrecht innerhalb der Laufzeit zu gewähren. Dadurch sieht sich der Optionsverkäufer einem theoretisch unbegrenzten Verlustrisiko gegenüber.

Schuldner

Schuldner oder Emittent einer Anleihe kann ein Staat, eine Körperschaft öffentlichen Rechts oder ein privates Unternehmen sein.

Schuldscheindarlehen

Schuldscheindarlehen sind Kredite, die in einem Schuldschein (Urkunde, in der sich der Schuldner zu einer bestimmten Leistung, in der Regel zur Verzinsung und Rückzahlung einer bestimmten Geldsumme, verpflichtet) verbrieft sind. Begeben werden Schuldscheindarlehen von der Industrie, aber auch von der öffentlichen Hand. Sie gelten als das wichtigste Finanzierungsmittel der Länder und Gemeinden.

Schuldverschreibung

Urkunde, in der sich der Aussteller den Inhabern gegenüber verpflichtet, die geliehene Geldsumme und eine laufende Verzinsung zurückzuzahlen. Es gibt verschiedene Bezeichnungen für Schuldverschreibungen, die sich von den Gestaltungsmöglichkeiten her unterscheiden. Die bekannteste Schuldverschreibung in Deutschland ist die Bundesanleihe.

Schulter-Kopf-Schulter-Formation

Diese Formation aus der Charttechnik besteht aus einem Scheitelpunkt im Kursverlauf (Kopf), um den sich links und rechts zwei niedriger liegende Scheitelpunkte (Schultern) gebildet haben. Die Schultern sollten jeweils etwa den gleichen zeitlichen Abstand (mindestens einen Monat) von dem hoch gelegenen Scheitelpunkt (Kopf) aufweisen. Die Tiefpunkte zwischen den Scheiteln und dem Kopf werden durch eine sogenannte Nackenlinie verbunden. Durchbricht der Kurs die Nackenlinie der Schulter-Kopf-Schulter-Formation, wird dies als Trendwendeformation gedeutet. Durchbricht der Kurs die Nackenlinie nach unten, ist dies ein Verkaufssignal. Bei einem Durchbruch nach oben entsteht ein Kaufsignal, und diese Formation wird Umgekehrte Schulter-Kopf-Schulter-Formation genannt.

Schütt-aus-hol-zurück-Verfahren

Bei diesem Verfahren schüttet eine Aktiengesellschaft (AG) eine Dividende aus, die dann im Rahmen einer ordentlichen Kapitalerhöhung wieder ins Unternehmen zurückfließt. Die AG hat den Vorteil, dass eine Gewinnausschüttung an die Aktionäre stattfindet, ohne dass dem Unternehmen Liquidität entzogen wird. Aus Sicht der Aktionäre bestehen Parallelen zur Kapitalerhöhung aus Gesellschaftsmitteln, da sie keine Gelder aufwenden müssen, um neue Aktien zu erhalten.

Schwach

Tendenzbezeichnung an der Börse, wenn die Kursnotierungen um etwa ein bis drei Prozent gefallen sind. Gegensatz: Fest.

Schwarzer Freitag

Am Freitag, 25. Oktober 1929, erlebte die Wall Street in New York den bisher größten Kurseinbruch in der Geschichte der Börse. Der Schwarze Freitag markierte das Ende eines langjährigen Konjunkturaufschwungs in den USA.

Schwellenländer

Siehe: Emerging Markets.

SDAX

Dieses Marktsegment enthält die 50 größten deutschen Aktiengesellschaften nach den DAX- und MDAX-Unternehmen.

SEAQ

Bei SEAQ (Stock Exchange Automated Quotation System) handelt es sich um ein elektronisches Notierungssystem der Börse London. Angezeigt werden fortlaufend die Preise und das Volumen von an der Börse London gehandelten Aktien. Ziel ist es, den angeschlossenen Investoren die Möglichkeit zu geben, zu fairen und transparenten Preisen zu kaufen oder zu verkaufen.

SEC

Abk. für: Securities Exchange Commission.

Sector Perform

Sector Perform ist ein Anlageurteil für Aktien, bei denen man davon ausgeht, dass sie sich parallel zu ihrem Sektor (Branchenindex) entwickeln werden.

Securities Exchange Commission

US-Börsenaufsichtsbehörde für Wertpapiere, die nicht zuletzt durch die Aufdeckung von Insidertransaktionen bekannt geworden ist. Im Optionshandel ist die Organisation zuständig für Optionen, die nicht auf die Lieferung von Futures-Kontrakten, sondern auf die Andienung von Kassamarkt-Titeln gerichtet oder in bar zu erfüllen sind.

Segregated Account

Alle Kundenkonten eines Brokerhauses sind Segregated Accounts. Dabei handelt es sich um Konten, die getrennt von den eigenen Konten des Brokerhauses geführt werden müssen. Im Falle einer Zahlungsunfähigkeit des Brokers kann der Kunde trotzdem über sein Geld verfügen und wird nicht unnötigerweise in einen Rechtsstreit verwickelt.

Sehr fest

Tendenzbezeichnung an der Börse, wenn die Kursnotierungen um mehr als drei Prozent gestiegen sind. Gegensatz: Sehr schwach.

Sehr schwach

Tendenzbezeichnung an der Börse, wenn die Kursnotierungen um mehr als drei Prozent gefallen sind. Gegensatz: Sehr fest.

Seitwärtstrend

Siehe: Konsolidierung.

Sekundenhandel

Über den Sekundenhandel kann man Wertpapiere kaufen oder verkaufen, wobei man direkt bei der Auftragserteilung den Abrechnungskurs kennt.

Sekundärmarktrendite

Als Sekundärmarktrendite bezeichnet man die durchschnittliche Rendite (effektive Verzinsung), die sich aus den verschiedenen Renditen börsengehandelter festverzinslicher Wertpapiere (zum Beispiel Anleihen, Obligationen) errechnet. Beispiel: Es gibt drei börsen gehandelte Wertpapiere: Anleihe A mit fünf Prozent Rendite, Anleihe B mit sieben Prozent Rendite und Anleihe C mit drei Prozent Rendite. Die Summe von A bis C (= 5 + 7 + 3 = 15) geteilt durch drei ergibt eine Sekundärmarktrendite von fünf Prozent.

Selbstemission

Bei der Emission von Wertpapieren bestehen die Möglichkeiten der Selbstemission und der Fremdemission. Im Rahmen einer Selbstemission bemüht sich die emittierende Firma eigenständig um die Platzierung der Wertpapiere im Markt.

Self Tender

Self Tender ist der englische Ausdruck für den Rückkauf eigener Aktien am Markt.

Sell in May and go away

Börsenweisheit, die eine häufig zu beobachtende Entwicklung an der Börse beschreibt. In der Vergangenheit stiegen die Kurse häufig in den ersten vier Monaten eines Kalenderjahres, ehe im Sommer die Kurse allgemein nachgaben.

Sell-off

Siehe: Sell-out.

Sell on Good News

Börsenweisheit, die auf den Verkauf einer Aktie anspielt. Wenn das betreffende Unternehmen eine gute Nachricht bekannt gibt, ziehen die Kurse nach der Meldung zumeist deutlich an. In die steigenden Kurse zu verkaufen kann eine lohnende Transaktion sein.

Sell-out

Ein Sell-out (Ausverkauf) ist der Massenverkauf eines Titels mit dem Ergebnis extremer Kursverluste.

Sell-Side

Als Sell-Side-Analysten werden Analysten bezeichnet, die für Banken arbeiten, die Aktien am Markt handeln. Siehe auch: Buy-Side

Sell-Stop-Orders

Siehe: Stop Orders.

Semi-passiver Investmentstil

Den semi-passiven Investmentstil findet man hauptsächlich bei Aktienbaskets oder Aktienbasketzertifikaten. Die Emittenten heben hervor, dass die Vorteile der rein aktiven Anlagestrategie mit den Vorzügen einer ausschließlich indexorientierten Vorgehensweise im Rahmen eines passiven Investmentstils kombiniert und entsprechend genutzt werden können.

Sensex

Der Sensex ist die Bezeichnung für den Index der Börse in Bombay (Indien).

SET

SET ist die Abkürzung für den Index der Börse in Bangkok (Thailand).

Settlement

Siehe: Erfüllung.

Settlementpreis

Preis, zu dem die Clearingstelle beim täglichen Settlement alle Positionen bewertet.

Shareholder Value

Shareholder Value ist eine Managementphilosophie, die sich die langfristige Steigerung des Aktienwerts zum Ziel gesetzt hat. Dabei gehen die Unternehmensverantwortlichen davon aus, dass den Kapitalgebern, also den Aktionären, ein Recht auf Wertzuwachs zusteht.

Sharpe-Ratio

Das Sharpe-Ratio ist eine Kennzahl für den Fondsvergleich. Sie bewertet die Mehrrendite, die gegenüber dem risikolosen Marktzinssatz erzielt wurde. Damit liefert das Sharpe-Ratio einen objektiven Maßstab für die Leistung eines Fondsmanagements.

Shiften

Siehe: Switchen.

Short

Der Verkauf von effektiven Waren- oder Terminkontrakten, ohne diese tatsächlich zu besitzen. Bei bestehenden, offenen Shortpositionen wird auf fallende Kurse spekuliert. Die Ware muss zu einem späteren, noch nicht bekannten Preis eingekauft werden, um die Position zu decken. Liegt der Kaufpreis unter dem Verkaufspreis, entsteht ein Gewinn. Gegensatz: Long.

Short-Call

Short-Call bezeichnet die Position, die sich nach dem Verkauf einer Kaufoption (Call) ergibt. Ein Short-Call kann vor Laufzeitende durch den Kauf eines identischen Calls glattgestellt werden. Nach Ablauf der Laufzeit eines Calls löst sich die Position von selbst auf. Gegensatz: Long-Call.

Short Covering

Angelsächsische Bezeichnung für die Deckung einer Verkaufsposition.

Short-Hedge

Wenn ein Hedger im Kassamarkt eine Longposition einnimmt, sichert er sich mit einem Short-Hedge ab, indem er einen Future-Kontrakt verkauft. Eine Verkaufsabsicherung (Short-Hedge) wird auch als Ersatzverkauf bezeichnet.

Shortposition

Siehe: Short.

Short-Put

Short-Put bezeichnet die Position, die sich nach dem Verkauf einer Verkaufsoption (Put) ergibt. Ein Short-Put kann vor Laufzeitende durch den Kauf eines identischen Puts glattgestellt werden. Nach Ablauf der Laufzeit eines Puts löst sich die Position von selbst auf. Gegensatz: Long-Put.

Short Selling

Siehe: Leerverkauf.

Short Spread

Siehe: Verkaufter Spread.

Short Squeeze

Unter einem Short Squeeze versteht man einen starken, sich selbst verstärkenden Anstieg eines Futures oder einer Aktie auf Grund von Anlegern, die bisher durch Leerverkäufe auf fallende Kurse spekulierten und diese Position jetzt um jeden Preis auflösen (= schließen) müssen.

SICAF

Abk. für: Société d'Investissement à Capital Fixe. Siehe: SICAV

SICAV

Abk. für: Société d'Investissement à Capital Variable. Bei einem SICAV handelt es sich um eine in Frankreich und Luxemburg weit verbreitete Art von Offenen Investmentfonds. Im Gegensatz zum SICAF (Geschlossener Fonds) kann ein SICAV auch aus mehreren Teilfonds bestehen, die dann jeweils separat berechnet werden.

Sichere Verzinsung

Bei Geldanlagen mit minimalem Ausfallrisiko wird häufig von einer sicheren Verzinsung gesprochen. Ein typisches Beispiel dafür sind Anleihen der Bundesrepublik Deutschland. Aber: Einen absolut sicheren Zins gibt es nicht. Sogar die Bundesrepublik könnte - auch wenn dies kaum wahrscheinlich ist - auf Grund von nicht vorhersehbaren Ereignissen zahlungsunfähig werden.

Sicherheitsleistung

Siehe: Margin.

Sigma

Ein Synonym für die Optionskennzahl Vega. Siehe dort.

Simplex-Optionsschein

Digitaler Warrant mit europäischem Optionsrecht.

Skaleneffekt

Als Skaleneffekt beschreibt man das ökonomische Gesetz, wonach mit steigender Ausbringung die variablen Stückkosten sinken.

Skontro

Auflistung von Positionen. Mit Skontro ist auch das Maklertagebuch gemeint.

SKS-Formation

Abk. für: Schulter-Kopf-Schulter-Formation. Siehe dort.

Slippage

Als Slippage wird die Differenz zwischen dem erwarteten und dem tatsächlichen Ausführungskurs einer Order verstanden.

Slow Stochastik

Siehe: Stochastik.

Small Caps

Siehe: Nebenwerte.

SMAX

Dieses Marktsegment enthält Aktiengesellschaften, die der Größe nach hinter den SDAX-Unternehmen rangieren. Die Anzahl der in diesem Segment gelisteten Unternehmen kann sich im Zeitablauf verändern.

SMI

Abk. für: Swiss Market Index.

Soft Commodities

Sammelbegriff für börsengehandelte landwirtschaftliche Rohstoffe wie Zucker, Getreide, Kaffee, Orangensaft etc. im Gegensatz zu den „harten" Rohstoffen wie Industrie- oder Edelmetalle.

Soft Landing

Soft Landing ist das ideale Szenario nach einer Phase der Hochkonjunktur. Als sanfte Landung wird ein moderates Wirtschaftswachstum ohne nennenswerte Inflation bezeichnet. Die Abkühlung der Wirtschaft erfolgt ohne Gewinneinbrüche bei den Unternehmen, aber auch die Zahl der Arbeitslosen steigt nicht.

Sold Spread

Siehe: Verkaufter Spread.

Solvabilität

Unter Solvabilität versteht man die in § 10 Kreditwesengesetz (Grundsatz 1) verankerte Verpflichtung von Kreditinstituten, Finanzdienstleistungsinstituten sowie Instituts- und Finanzholding-Gruppen, angemessenes Eigenkapital im Interesse der Erfüllung ihrer Verpflichtungen gegenüber ihren Kunden vorzuhalten. Demnach müssen die Institute ihre Kreditausfallrisiken sowie ihre Marktrisiken quantifizieren und mit Eigenmitteln unterlegen.

Solvabilitätskoeffizient

Der Solvabilitätskoeffizient gibt an, welchen Anteil die Eigenmittel an der Bemessungsrundlage mindestens haben müssen. Gegenwärtig schreibt das KWG hierfür mindestens acht Prozent vor. Die Bemessungsgrundlage bilden die risikogewichteten Aktivposten und außerbilanzmäßigen Geschäfte (zum Beispiel Eventualverbindlichkeiten) eines Kreditinstituts.

Sondereffekte

Siehe: Einmaleffekte.

Sondervermögen

Siehe: Fondsvermögen.

Sorte

Bankbezeichnung für physisch vorhandene Währung. Diese ist durch Lagerkosten und kalkulatorische Kosten teurer als die ermittelten Preise am Devisenmarkt.

Spanne

Bei Unternehmen ist die (Gewinn-)Spanne die prozentual zum Umsatz bewertete Differenz zwischen Erträgen und Aufwand. Bei Wertpapieren bezeichnet die Spanne den Abstand zwischen dem Kauf- und Verkaufskurs.

Sparbriefe

Ähnlich dem Festgeld ist das Kapital dauerhaft angelegt. Die Laufzeit von Sparbriefen kann zwischen einem und zehn Jahren liegen.

Sparerfreibetrag

Dividenden und Zinseinkünfte eines Jahres bleiben steuerfrei, solange der Sparerfreibetrag von 801 Euro/1.602 Euro (Ledige/Verheiratete) nicht ausgeschöpft wurde.

Sparplan

Bei Investmentfonds können Anleger automatisch einen bestimmten Betrag monatlich oder quartalsweise investieren. Dazu richten sie einen Fondssparplan ein und bestimmen das Datum der Abbuchung, die Summe und gegebenenfalls eine Dynamisierung. Sparpläne sind schon ab einer Rate von 50 Euro möglich. Bei den stärker schwankenden Fonds wie Aktienfonds entfällt mit einem Sparplan auch die Frage, wann der günstigste Zeitpunkt zum Einstieg ist. Es kommt dabei zum Cost-Average-Effekt, der Durchschnittskostenmethode genannt wird. Bei einer gleich bleibenden Sparrate werden bei höheren Kursen weniger und bei niedrigeren Kursen mehr Anteile erworben.

Sparquote

Der Anteil am Einkommen, der nicht für Konsum ausgegeben, sondern gespart wird.

Speed-Zertifikat

Siehe: Sprintzertifikat.

Spekulation

Als Spekulation wird in der Finanzwelt die Tätigkeit bezeichnet, auf den unsicheren Ausgang eines künftigen Ereignisses einen Kapitaleinsatz in der Hoffnung zu riskieren, einen Gewinn zu erzielen. Die Chancen und Risiken eines Kapitaleinsatzes können durch Finanzanalysen und -prognosen quantifiziert und gegeneinander abgewägt werden.

Spekulationsfrist

Siehe: Spekulationsgewinne.

Spekulationsgewinne

Kursgewinne aus Wertpapiergeschäften gelten als steuerpflichtige Spekulationsgewinne, wenn zwischen Kauf und Verkauf nicht mindestens zwölf Monate verstrichen sind (Spekulationsfrist). Bis zur Freigrenze von 512 Euro pro Kalenderjahr sind Spekulationsgewinne steuerfrei, Verluste innerhalb der Frist können mit angefallenen Gewinnen verrechnet werden.

Spekulationssteuer

Bis zur Freigrenze von 512 Euro pro Jahr sind Gewinne innerhalb der Spekulationsfrist steuerfrei, Verluste innerhalb der Frist können mit angefallenen Gewinnen verrechnet werden.

Spekulative Geldanlage

Bei der spekulativen Geldanlage steht die Maximierung der Kursgewinne im Vordergrund. Dazu nimmt der Anleger ein erhöhtes Risiko in Kauf, das er durch den Einsatz von Stoppkursen und limitierten Aufträgen zu reduzieren versucht.

Spesen

Kosten, die beim Kauf oder Verkauf von Wertpapieren entstehen. Dazu zählen die Bankprovision, die Maklercourtage sowie eventuelle Abwicklungsgebühren. Provisionen und Abwicklungsgebühren liegen im Ermessen der jeweils ausführenden Bank, die Maklercourtage wird von der jeweiligen Börse festgelegt.

Spezialfonds

Fonds, die speziell für institutionelle Anleger wie Unternehmen, Versicherungen, Pensionskassen oder Stiftungen eröffnet werden. Für Privatanleger kommen diese Fonds in der Regel nicht in Frage.

Spezialitätenfonds

Anders als ein Spezialfonds investiert der Spezialitätenfonds nur in ganz bestimmte Werte, wie Wandel- und Optionsanleihen oder Optionsscheine. Spezialitätenfonds gibt es auch in Form von Aktienfonds, die dann nur in ausgewählte Branchen, wie zum Beispiel Umwelt, investieren. Eine weitere Form von Spezialitätenfonds sind Länderfonds, die beispielsweise mit Aktienfonds ihre Anlagepolitik auf bestimmte Länder oder Regionen konzentrieren.

Spezialwerte

Siehe: Nebenwerte.

Spin-off

Ein Spin-off entsteht, wenn sich ein Unternehmen von Geschäftsfeldern, die nicht mehr zum Kerngeschäft zählen, trennt. Typische Spin-offs sind Abspaltungen eines Konzerns im Bereich Forschung und Entwicklung. Die rechtlich selbstständigen Spin-offs werden meistens unter dem Dach einer Holding zusammengeführt. Dennoch haben sie einen eigenständigen Zugang zum Kapitalmarkt.

Spitzenrefinanzierungsfazilität

Neben der Offenmarktpolitik gehören zum Instrumentarium des Euro-Systems zwei Fazilitäten: Spitzenrefinanzierungsfazilität und Einlagefazilität. Die Spitzenrefinanzierungsfazilität dient dazu, Übernacht-Liquidität zu einem vorgegebenen Zinssatz bereitzustellen und so ein Ausbrechen des Tagesgeldsatzes nach oben zu begrenzen. Damit ersetzt dieses Instrument den deutschen Lombardkredit.

Split

Teilung von Aktien. Durch einen Aktiensplit wird der Kurs eines Wertpapiers auf der einen Seite optisch günstiger. Auf der anderen Seite erhöht sich entsprechend dem Split-Verhältnis die Zahl der Aktien, sodass sich für den Aktionär der Anteil an der AG nicht ändert. Im Gegensatz zur Ausgabe von Berichtigungsaktien bleibt beim Aktiensplit das Grundkapital gleich.

Spot-Kurs

Ein Markt, in dem Waren zur sofortigen Lieferung erhältlich sind und gehandelt werden. Spot bezieht sich auch auf den Kassakurs einer bestimmten Ware.

Spot Market

Spot Market – auch Cash Market genannt – ist die angelsächsische Bezeichnung für den Kassamarkt.

Spot Price

Siehe: Basispreis.

Spread

Im Finanzbereich ist eine Vielzahl von Spreads bekannt. Im derivativen Bereich sind die bedeutendsten der Kassa-Termin-Spread, der Bid-/Ask-

Spread und die Options-Spreads. 1. Kassa-/Termin-Spread: Als Kassa-/ Termin-Spread wird der Unterschied zwischen dem Terminkurs und dem Kassakurs eines Finanzwertes bezeichnet. 2. Bid-/Ask-Spread: Als Bid-/ Ask-Spread wird der Unterschied zwischen Geld- und Briefkurs bezeichnet, also zwischen Angebot und Nachfrage, Verkaufs- und Kaufgesuch. 3. Options-Spreads: Options-Spreads werden auch Optionskombinationen genannt. Hierbei kommt es zu einem gleichzeitigen Kauf und Verkauf von ähnlichen Optionskontrakten.

Sprinter

Siehe: Sprintzertifikat.

Sprintzertifikat

Mit Sprintzertifikaten können Anleger innerhalb einer bestimmten Kursspanne vom Startwert bis zu einer Obergrenze (Cap) den doppelten Kursgewinn erzielen. Wird die Obergrenze allerdings überschritten, verdient der Anleger nichts mehr. Denn der Gewinn ist auf einen schon bei der Emission festgelegten Höchstbetrag begrenzt. Nach unten gibt es keine Absicherung, das Risiko entspricht dem eines Aktien- oder Indexinvestments – mit einer Ausnahme: Anleger erhalten keine Dividenden.

Squeeze-out

Begriff aus dem Übernahmegeschäft: Unter einem Squeeze-out wird das Herausdrängen von Minderheitsaktionären verstanden.

Stagflation

Begriff aus der Volkswirtschaftslehre: Die Stagflation ist gekennzeichnet durch das Zusammentreffen einer Wachstumspause (Stagnation) und nachhaltiger Kaufkraftverluste des Gelds (Inflation). Dies wirkt sich zumeist negativ auf die Aktienkurse aus.

Stakeholder Value

Der Ansatz des Stakeholder Value als Form der Unternehmensführung versucht, sämtliche Interessengruppen, die in das betriebliche Geschehen involviert oder von diesem betroffen sind, in die strategische Unternehmensplanung mit einzubeziehen. Ziel des Stakeholder Value ist es, eine dauerhafte Existenz des Unternehmens zu sichern.

Stammaktien

Stammaktien verbriefen dem Anteilseigner die vom Aktiengesetz vorgesehenen Aktionärsrechte, insbesondere das Stimmrecht auf der Hauptversammlung. Gegensatz: Vorzugsaktien.

Stämme

Kurzbezeichnung für Stammaktien. Der Begriff wird bei Unternehmen verwendet, die neben den Stamm- auch Vorzugsaktien ausgegeben haben. Bekannte Beispiele: VW und SAP.

Standard & Poor`s 500

Bekanntester Börsenindex der internationalen Ratingagentur Standard & Poor's, der nach der Marktkapitalisierung gewichtet ist. Er besteht aus 500 US-amerikanischen Werten: 400 Industrie-Aktien, 40 Versorgern, 40 Finanzwerten und 20 Aktien von Verkehrsgesellschaften.

Standardabweichung

Die Standardabweichung gibt an, wie stark die Werte einer Zeitreihe (zum Beispiel Index oder Aktie) im Betrachtungszeitraum von ihrem Mittelwert abweichen. Dazu wird gemessen, um welchen (nicht negativen) Betrag jeder einzelne Punkt der Datenreihe (etwa jeder einzelne Schlusskurs) vom Durchschnitt (beispielsweise von einer Gleitenden 20-Tage-Durchschnittslinie) entfernt ist. Von diesen einzelnen Messwerten wird dann wiederum ein Mittelwert gebildet. Er sagt aus, wie weit sich der betrachtete Wert im Schnitt von seiner Durchschnittslinie entfernt, und liefert dadurch ein Maß für die Volatilität (Schwankungsintensität) der Zeitreihe.

Standardisierung

Die Standardisierung von Waren/Werten ist eine wichtige Voraussetzung für ihre Fungibilität (Handelbarkeit) und somit für die Börse. Besonders ausgeprägt ist die Standardisierung an den Terminmärkten für ein Options- oder Futures-Geschäft. Die standardisierten Spezifikationen bei Terminkontrakten müssen neben Qualität und Quantität auch Angaben über die Laufzeit des Kontrakts enthalten, bei Optionskontrakten darüber hinaus noch die Angabe des Optionstyps (Call oder Put) und des Basispreises, zu dem der zu Grunde liegende Basiswert zu liefern beziehungsweise abzunehmen ist.

Standardrente

Sie wird für einen fiktiven Rentner berechnet, der 45 Jahre lang durchschnittlich verdient und Beiträge zur gesetzlichen Rente eingezahlt hat.

Standardwerte

Siehe: Blue Chips.

Start-Buy-Order

Siehe: Stop-Buy-Order.

Sterbegeldversicherung

Die Kosten für Bestattungen müssen seit 2004 aus der Erbmasse oder von Angehörigen bezahlt werden. Findige Versicherungen bieten älteren Menschen daher häufig diese Police an und schüren ihre Angst, ihren Angehörigen auf der Tasche zu liegen. Doch die Police rechnet sich meistens nur für die Assekuranz. Überflüssiges Produkt, so das Urteil des Bunds der Versicherten.

Stillhalter

Als Stillhalter wird der Verkäufer einer Option bezeichnet. Diese Warteposition nehmen zumeist Banken ein. Die Option beinhaltet das Recht, aber nicht die Pflicht zur Ausübung. Daher muss der Verkäufer bis zum Ende der Laufzeit stillhalten, egal ob der Käufer oder ein Dritter, an den dieser die Option weiterveräußert hat, die Erfüllung des Geschäfts verlangt oder nicht. Während die Gewinnmöglichkeiten für den Stillhalter auf die Optionsprämie beschränkt sind, kann er bei Ausübung der Option einen unendlichen Verlust erleiden.

Stillhalter, gedeckter

Ein Stillhalter, der den Basiswert für den geschriebenen Call besitzt.

Stimmrecht

Recht des Aktionärs, auf der Hauptversammlung einer Aktiengesellschaft entsprechend seinen Anteilen am Unternehmen an der Politik der Gesellschaft mitzugestalten. Er kann aber auch Dritte, etwa eine Bank, mit der Ausübung beauftragen.

Stimmrechtsbeschränkung

Ist in § 134 Abs. 1 Aktiengesetz geregelt: Für den Fall, dass ein Aktionär eine größere Zahl von Aktien besitzt, kann bei einer nicht börsennotierten Gesellschaft die Satzung das Stimmrecht beschränken, und zwar durch Festsetzung eines Höchstbetrags oder von Abstufungen.

Stimmrechtsquote

Das Stimmrecht eines einzelnen Aktionärs errechnet sich wie folgt: Der gesamte Nennwert der von ihm gehaltenen Stammaktien wird durch das stimmberechtigte Grundkapital dividiert. Der auf Stammaktien entfallende Anteil am Grundkapital einer Aktiengesellschaft wird als stimmberechtigtes Grundkapital bezeichnet.

Stimmungsindikator (STI)

Der Stimmungsindikator wurde von BÖRSE ONLINE entwickelt. Er basiert auf der Annahme, dass die Mehrheit der Anleger meist schief liegt, und signalisiert, wenn diese zu optimistisch sind. Das wird als Warnsignal gewertet. Umgekehrt bestehen Hoffnungen auf einen Kursanstieg, wenn die Marktteilnehmer zu pessimistisch gestimmt sind.

Stochastik

Mit dem charttechnischen Indikator Stochastik wird berechnet, ob der aktuelle Schlusskurs eher am oberen oder eher am unteren Ende des Beobachtungszeitraums liegt. Aus der Erkenntnis, dass sich in einer Aufwärtsphase die Schlusskurse eher am oberen Ende der Handelsspanne einer Zeitperiode befinden (in einem Abwärtstrend analog am unteren Ende), lässt sich anhand dieses Oszillators eine Kursprognose ableiten.

Stock

Stock ist der angelsächsische Ausdruck für das Grundkapital einer Gesellschaft. Für gewöhnlich werden auch Aktien als Stocks bezeichnet.

Stock Exchange

Im angelsächsischen Raum übliche Bezeichnung für die Wertpapierbörse.

Stock Option

Die Stock Option beinhaltet das Recht, eine bestimmte Anzahl von Aktien zu einem vorher vereinbarten Preis zu beziehen. Stock Options spielen eine wichtige Rolle als Gehaltsbestandteil für Führungskräfte. Durch die Beteiligung am Aktienvermögen der Gesellschaft sind sie für die Manager ein Leistungsanreiz zur Steigerung des Unternehmenswerts (Shareholder Value). Kritiker entgegnen jedoch, dass Stock Options dazu verführen, Vorstände nur auf das kurzfristige Wachstum zu fixieren und nicht für die langfristige Entwicklung des Unternehmens zu sensibilisieren.

Stockpicking-Fonds

Unter einem Stockpicking-Fonds versteht man einen Fonds, bei dem die gezielte Auswahl einzelner Werte im Vordergrund steht.

Stop-Buy-Order

Überschreitet eine Aktie einen zuvor angegebenen Kurs, wird der Titel durch die Stop-Buy-Order billigst gekauft.

Stop-Fischen

Unter Stop-Fischen versteht man umgangssprachlich, ein Kauflimit unter dem aktuellen Kurs zu setzen und so auf einen günstigen Einstiegspreis zu spekulieren.

Stop-Loss-Limit

Siehe: Stoppkurs.

Stop-Loss-Order

Mit einer Stop-Loss-Order versuchen Kapitalanleger, das Verlustrisiko zu begrenzen. Dabei setzen die Investoren eine Kursgrenze. Fällt die Aktie unter das angegebene Stop Loss, wird eine unlimitierte Verkaufsorder ausgelöst.

Stop-Order

Auftrag, der dann ausgeführt wird, wenn ein im Voraus festgelegter Stoppkurs erreicht oder überschritten wird. Bei Wertpapieren dient die Stop-Order als ein Instrument der Risikobegrenzung. Ein Stoppauftrag wird meist bereits beim Aktienkauf in Auftrag gegeben. Das maximale Verlustrisiko ist dabei mehr oder weniger auf die Differenz zwischen Kauf- und Stoppkurs begrenzt. Erfahrene Anleger ziehen den Stopp je nach Kursentwicklung nach, um eventuelle Buchgewinne abzusichern.

Stoppkurs

Beim Stoppkurs handelt es sich um einen Verkaufsauftrag, der ausgeführt wird, sobald der aktuelle Tageskurs einer Aktie einen bestimmten Stopp unterschreitet. Dann wird die Order bestens ausgeführt. Das bedeutet: Abgerechnet wird zum nächsten Kurs, an dem ein Handel stattfindet. Ziel ist es, Verluste zu begrenzen oder Gewinne zu sichern.

Straddle

Als Optionsstrategie stellt ein Straddle den gleichzeitigen Kauf oder Verkauf einer gleichen Anzahl von Call- und Put-Optionen mit gleichem Basiswert, Verfallsdatum und Basispreis dar. Die identischen Basispreise der Optionen sind normalerweise at-the-money. Ein Straddle ermöglicht sowohl die Spekulation in einem sehr volatilen Markt, in dem ein starker Ausbruch erwartet wird – der Anleger ist sich aber nicht über die Richtung der Kursbewegung sicher (Long-Straddle) –, als auch in einem sehr ruhigen Markt, in dem eine länger anhaltende Seitwärtsbewegung erwartet wird (Short-Straddle). Beim Long-Straddle werden gleichzeitig ein Call und ein Put gekauft, beim Short-Straddle dagegen verkauft.

Straits-Times-Index (STI)

Der Straits-Times-Index ist der Index der Börse in Singapur.

Strangle

Als Optionsstrategie stellt ein Strangle den gleichzeitigen Kauf oder Verkauf einer gleichen Anzahl von Call- und Put-Optionen mit gleichem Basiswert und Verfallsdatum, aber unterschiedlichen Basispreisen dar, die normalerweise out-of-the-money sind. Hinsichtlich der Basispreise unterscheidet sich also der Strangle vom Straddle. Wie der Straddle ermöglicht auch der Strangle sowohl die Spekulation in einem sehr volatilen Markt, in dem ein starker Ausbruch erwartet wird – der Anleger ist sich aber nicht über die Richtung der Kursbewegung sicher (Long-Strangle) –, als auch in einem sehr ruhigen Markt, in dem eine länger anhaltende Seitwärtsbewegung erwartet wird (Short-Strangle). Beim Long-Strangle werden gleichzeitig ein Call und ein Put gekauft, beim Short-Straddle dagegen verkauft.

Strategie

An der Börse versteht man unter Strategie eine zumeist langfristig angelegte Vorgehensweise zur Erzielung attraktiver Renditen bei vertretbarem Risiko. Die Strategie umfasst verschiedene Kriterien zur Auswahl von Wertpapieren und deren Haltedauer im Depot. Die Auswahl kann zum Beispiel nach fundamentalen Kriterien erfolgen, zu denen das Kurs-Gewinn-Verhältnis, das Kurs-Buchwert-Verhältnis, die Dividendenrendite oder die langfristige Gewinnentwicklung des Unternehmens zählen. Sie kann auch nach rein charttechnischen Gesichtspunkten erfolgen. Bei der Auswahl der Wertpapiere können zahlreiche Kriterien herangezogen werden oder im Extremfall, wie bei der Dow-Dividend-Strategie, nur zwei, nämlich die Zugehörigkeit zu einem Index und die Dividendenrendite. Für welche Strategie sich ein Anleger entscheidet, hängt in erster Linie von seinen persönlichen Anlagezielen und seiner Bereitschaft ab, Risiken einzugehen.

Strategiezertifikat

Bei einem Strategiezertifikat zielen die Elemente des Baskets, aus denen sich der Basiswert zusammensetzt, auf eine bestimmte Anlagestrategie ab, zum Beispiel auf eine Branche oder eine Region. Das ähnelt dem Vorgehen bei Investmentzertifikaten.

Strategische Managementholding

Eine strategische Managementholding ist eine Beteiligungsgesellschaft mit langfristigen Zielsetzungen.

Streubesitz

Der Streubesitz ist der prozentuale Anteil an einem Unternehmen, der frei an der Börse handelbar ist und sich nicht in festen Händen befindet. Die Schätzung des Streubesitzes ist stets mit gewissen Unwägbarkeiten verbunden.

Strike Price

Siehe: Basispreis.

Strong Buy

Analystensprache für die Einschätzung einer Aktie. Beim Ausdruck Strong Buy handelt es sich um eine starke Kaufempfehlung für ein Wertpapier. Analysten, die eine Aktie mit Strong Buy einstufen, rechnen mit überdurchschnittlichen Kursgewinnen. Dabei ist die Bedeutung der Terminologie je nach Gesellschaft unterschiedlich.

Stückaktie

Im Gegensatz zur Nennwertaktie verbrieft die Stückaktie keinen feststehenden Betrag, sondern einen in der Satzung festgelegten Anteil am Kapital der Gesellschaft. Die Stückaktie wurde in Deutschland erst 1998 zugelassen.

Stückelung

Wenn eine Emission in mehrere Nennbeträge aufgeteilt wird, nennt man das Stückelung. Das kann sowohl bei Aktien als auch bei Anleihen der Fall sein. Verschiedene Stückelungen derselben Emission sind beim Wertpapierdruck durch veränderte Farbzusammenstellungen zu unterscheiden. Die Stückelung gibt damit auch an, in welchen Abschnitten Titel effektiv verfügbar sind.

Stückzinsen

Ausgleichszahlung beim Kauf oder Verkauf festverzinslicher Wertpapiere. Zur Berechnung der Stückzinsen wird der Nominalzins des Wertpapiers durch 360 geteilt und mit der Zahl der Tage multipliziert, die seit der letzten Zinszahlung vergangen sind.

Stückzinstopf

Für die Behandlung der Zwischengewinne gibt es einen theoretischen Stückzinstopf. In ihm werden gezahlte und erhaltene Stückzinsen und Zwischengewinne gegeneinander aufgerechnet. Der Stückzinstopf wird kalenderjahrbezogen geführt und berücksichtigt (auf die Fonds bezogen) alle Zwischengewinne deutscher und ausländischer, ausschüttender und thesaurierender Fonds.

Stufenzinsanleihe

Bei einer Stufenzinsanleihe steigt der nominelle Zins – entsprechend den Emissionsbedingungen – während der Laufzeit an. Dies kann für Anleger von Vorteil sein, bei denen in Zukunft mit einer niedrigeren persönlichen Steuerquote zu rechnen ist, etwa bei angehenden Pensionären.

Stundenchart

Begriff aus der Technischen Analyse: Unter einem Stundenchart versteht man eine Abfolge von Kerzen, wobei eine neue Kerze nicht wie im üblichen Chart nach einem Börsentag entsteht, sondern bereits nach einer Stunde. Dadurch werden Bewegungen im Tagesablauf deutlich.

Stützungskäufe

Wenn ein Unternehmen, eine Bank oder ein sonstiger Interessierter gezielt Aktien aufkauft, um zu verhindern, dass der Kurs unter eine bestimmte Marke fällt, dann wird dies als Stützungskauf bezeichnet.

Style Box

Eine Style Box (Klassifizierungsmatrix) wird zur Einteilung (Klassifizierung) von Investmentfonds verwendet. Bekannt ist die Style Box der US-Investmentgesellschaft Morningstar. Fonds werden dabei hinsichtlich zweier Kriterien eingeteilt: Zum einen wird die Größe (mittels der durchschnittlichen Marktkapitalisierung) der im Fonds enthaltenen Unternehmen untersucht (groß, mittel, klein). Zum anderen wird der Anlagestil des Fonds in Value, Bench und Growth (also von wert- bis wachstumsorientiert) eingeteilt.

Subkritische Masse

Von einer subkritischen Masse spricht man, wenn durch die Ausbringungsmenge nicht die Gewinnschwelle erreicht wird.

Substanz

Bei der Unternehmensbewertung: Sachwert des Umlauf- und Anlagevermögens des Unternehmens abzüglich der Verbindlichkeiten.

Substanzwertorientierte Anlagestrategie

Hier steht nicht die Ertragskraft eines Unternehmens im Vordergrund, sondern der Substanzwert. Substanzwertorientierte Anleger konzentrieren sich vor allem auf solche Aktien, deren Buchwerte in der Vergangenheit konstant gestiegen sind und bei denen eine Fortsetzung dieser Tendenz zu erwarten ist.

Super-Bowl-Indikator

Der Super-Bowl elektrisiert die Massen in den USA und ist die begehrteste Trophäe beim American Football. Alljährlich kämpfen die führenden US-Teams der National Football Conference (NFC) und der American Football Conference (AFC) um den Super-Bowl. In der Vergangenheit folgte auf einen Erfolg eines NFC-Teams zumeist ein gutes Börsenjahr. Daher interessieren sich nicht nur Sportfans, sondern auch die Börsianer für den Ausgang der Duelle.

Superfonds

Als Superfonds (Superfunds) werden aktiv gemanagte Dachfonds bezeichnet, die in fast alle zulässigen Anlageinstrumente investieren dürfen, also in Fonds, Aktien, Renten, Geldmarktpapiere, Futures und Derivate. Außen vor bleiben Hedgefonds und Offene Immobilienfonds. Superfonds können sich der jeweiligen Marktlage anpassen und zum Beispiel je nach Börsenklima zwischen einer Aktienquote von null bis 100 Prozent variieren.

Suboptimale Auslastung

Eine suboptimale Auslastung ist dann gegeben wenn Produktionskapazitäten nicht maximal ausgeschöpft werden können.

Support

Siehe: Unterstützungslinie.

Supranationale Anleihen

Supranationale Anleihen sind festverzinsliche Wertpapiere, die in mehreren Ländern gleichzeitig aufgelegt werden, zum Beispiel Eurobonds. Von supranationalen Emittenten spricht man, wenn der Anleihengläubiger eine länderübergreifende Institution ist.

Swap

Ein Swapgeschäft dient zur Absicherung von Währungsrisiken. Es ist eine Form des Devisenaustauschgeschäfts (engl.: to swap = tauschen), bei dem ein Partner einem anderen sofort Devisen bereitstellt (Kassageschäft) und gleichzeitig mit ihm den Rückkauf zu festem Kurs und Termin vereinbart (Termingeschäft).

Swiss Market Index

Aktienindex, der die an den Börsen von Zürich, Genf und Basel variabel gehandelten marktbreiten schweizerischen Aktien erfasst. Die Börsenkapitalisierung beträgt etwa 40 Prozent der amtlich notierten Aktien in der Schweiz.

Switchen

1. Unter Switchen wird der Wechsel eines Fonds bezeichnet, wobei aber nur die künftigen Einzahlungen und nicht das bereits angesparte Kapital in die neuen Fonds fließen. Beim Shiften werden dagegen nicht nur die künftigen Beiträge, sondern auch das bisher angesammelte Fondsvermögen umgeschichtet. Anleger, die bei ein und derselben Gesellschaft in einen anderen Fonds wechseln, zahlen entweder gar keinen oder nur einen reduzierten Ausgabeaufschlag. Die Kosten werden als Switchgebühr bezeichnet. 2. Bei Optionen siehe: Kontraktverlängerung

Synthetische Position

1. Synthetische Future-Position: Strategie, bei der durch die Kombination von zwei Optionen eine Position im Future mit dem gleichen Gewinn-Verlust-Profil nachgebildet werden kann. 2. Synthetische Kassaposition: Durch Kombination zweier Optionen kann ein ähnliches Gewinn-Verlust-Profil wie bei einer Position im Basiswert eingegangen werden. Die Funktionsweise gleicht der einer synthetischen Future-Position (siehe oben).

Systematisches Risiko

Risiko, das den Gesamtmarkt betrifft. Kommt es beispielsweise zu Inflationstendenzen, so wird der gesamte Aktienmarkt in Mitleidenschaft gezogen. Aktienindex-Futures können herangezogen werden, um dem systematischen Risiko zu begegnen. Siehe auch: Unsystematisches Risiko.

T

T (Taxkurs)

Kurszusatz: Taxkurs, taxiert. Es hat kein Umsatz stattgefunden. Der Kurs wurde vom Kursmakler geschätzt.

Tafelgeschäft

Bei Tafelgeschäften erfolgen Leistung und Gegenleistung direkt am Bankschalter. Der Anleger erwirbt seine Effekten am Schalter gegen Barzahlung als effektive Stücke, also als Aktie zum Anfassen, oder er wechselt an der Sortenkasse ausländisches Geld.

Tagesgeldkonto

Ein Tagesgeldkonto ist ein verzinstes Konto, das ohne Kündigungsfrist auskommt, sodass die eingezahlten Beträge täglich verfügbar sind. Für den Vorteil der schnellen Liquidität zahlt man allerdings einen Preis: Die Zinsen sind generell niedriger als beispielsweise bei lang laufenden Anleihen. Ein weiterer Nachteil: Die Banken können den Zinssatz theoretisch täglich ändern und in Zinssenkungsphasen sehr schnell nach unten anpassen.

Tageskurs

Offiziell festgestellter Kurs für die Abrechnung und Ausführung von Orders an einem bestimmten Börsentag.

Talon

Letzter Abschnitt eines Zins- beziehungsweise Dividendenscheinbogens, der zur Erneuerung des Bogens berechtigt.

Target

Target ist die Abkürzung für Trans-European Automated Realtime Gross Settlement Express Transfer. Es handelt sich um ein Zahlungssystem der Europäischen Zentralbank, mit dem grenzüberschreitende Euro-Zahlungen taggleich – einschließlich der Gutschrift auf dem Konto des begünstigten Kreditinstituts – abgewickelt werden. An Samstagen, Sonntagen, am Neujahrstag, Karfreitag, Ostermontag, 1. Mai, Weihnachten und am 26. Dezember bleibt das System geschlossen. Somit sind diese Tage keine Target-Tage.

Taxe

Siehe: Kurszusätze.

TBI

Abk. für: Trendbestätigungsindikator.

TecDAX

Nach dem desaströsen Verlauf des Neuen Markts hatte sich die Deutsche Börse zu einer Umstrukturierung der Indizes entschlossen: Der TecDAX löste den NEMAX 50 als Leitindex für Technologiewerte ab.

Technische Analyse

Die Technische Analyse versucht, aus Aufzeichnungen und grafischen Darstellungen (Charts) der bisherigen Kurs- und Umsatzentwicklung Kursprognosen zu entwickeln, die das Börsenverhalten der Anleger in der Vergangenheit und Gegenwart widerspiegeln. Die Technischen Analysten suchen Formationen und Begebenheiten, die in der Vergangenheit bestimmte Kursverläufe nach sich gezogen haben (zum Beispiel Trendwende- und Trendbestätigungsformationen), um dann solche wiederauftauchende Kursverläufe zu erkennen und entsprechend zu handeln. Zur Erkennung werden in der Technischen Analyse auch Hilfsmittel (sogenannte Indikatoren) wie zum Beispiel Gleitende Durchschnitte benutzt.

Technische Reaktion

Eine zeitweise Kurskorrektur auf Grund stark gestiegener oder stark gefallener Kurse wird als technische Reaktion bezeichnet.

Technologie-Aktien

Eigentlich müssten diese Papiere Hochtechnologie-Aktien heißen. Die dahinterstehenden Unternehmen befassen sich in der Regel mit zukunftsweisenden und forschungsintensiven Projekten. Klassische Vertreter finden sich in den Branchen Telekommunikation, Internet oder Biotechnologie.

Teilschutzzertifikate

Zertifikate, die den Schutz des eingesetzten Kapitals zusichern, wenn bestimmte Ereignisse nicht eintreten. Beispiel: Am Laufzeitende wird das eingesetzte Kapital vollständig zurückgezahlt, wenn während der Laufzeit eine bestimmte Untergrenze nicht berührt oder unterschritten wurde.

Telefonhandel

Handel zwischen den Banken am Telefon, im Gegensatz zur Präsenzbörse (Handel an der Börse vor Ort); auch Telefonverkehr genannt. Hier werden meist nur sehr kleine Gesellschaften gehandelt. Eine Überwachung des Handels findet nicht statt.

Tendenz

Neigung oder Trend eines Markts, sich in einer bestimmten Richtung weiterzuentwickeln.

TER

Abk. für: Total Expense Ratio, siehe dort.

Terminabschlag

Siehe: Basis.

Terminbörse

An der Terminbörse (auch Futures-Börse) werden Kontrakte auf Waren oder Finanzprodukte gehandelt. Ziel ist es, sich gegen Kursverluste mit einem Gegengeschäft abzusichern oder auf Gewinne zu spekulieren.

Terminbörsenmakler

Einzelpersonen oder Firmen, die Kauf- und Verkaufsaufträge für Futures entgegennehmen und ausführen. FCMs müssen bei der CFTC (Commodity Futures Trading Commission) und bei der NFA (National Futures Association) registriert sein und ein Mindestkapital von 100.000 US-Dollar aufrechterhalten.

Termingeschäft

Als Termingeschäft werden gemeinhin Geschäfte bezeichnet, deren Erfüllung nicht valutagerecht, also innerhalb von zwei Tagen, erfolgt. Für Termingeschäfte hat sich eine Reihe von speziellen Finanzinstrumenten (Derivate) entwickelt. Zu den bekanntesten gehören Optionsscheine, Optionen und Futures. Das Besondere an Derivaten ist, dass ihre Wertentwicklung von der Wertentwicklung des zugrunde liegenden Basiswerts abhängt. So können sie auch ein entgegengesetztes Chance-Risiko-Verhältnis zum Basiswert besitzen. Auf diese Weise ist es möglich, auf fallende Kurse zu setzen oder ein Aktiendepot gegen fallende Kurse abzuhedgen.

Terminhandel

Im Terminhandel werden Finanzprodukte gehandelt, die ein Termingeschäft vereinbaren. Ein Termingeschäft liegt vor, wenn die Geschäftserfüllung nicht valutagerecht, also nicht innerhalb von zwei Geschäftstagen, durchgeführt wird. Bekannte Instrumente des Terminhandels sind börsengehandelte Optionen und Futures sowie Optionsscheine. Der Terminhandel ist jedoch nicht auf das Börsengeschehen beschränkt. Banken und andere institutionelle Anleger handeln mit Terminfinanzinstrumenten auch außerhalb der Börse miteinander.

Terminkontrakt

Siehe: Futures.

Terminmarkt

Bei Geschäften, die am Terminmarkt getätigt werden, sind Abschluss und Erfüllung zeitlich voneinander getrennt. Bei Abschluss vereinbaren die Kontraktparteien einen Preis, zu dem an einem Termin in der Zukunft eine bestimmte Menge einer Ware geliefert, abgenommen und bezahlt werden soll. Der vereinbarte Preis wird bei Optionsscheinen und Optionen über den Basispreis festgelegt und bei Futures über den aktuellen Kontraktkurs. Gegensatz: Kassamarkt.

Terrassenmodell

Es bietet wertvolle Hinweise dafür, wie man beim Aufbau des eigenen Vermögens vorgehen sollte. Demnach empfiehlt es sich, zunächst einmal einen „Notgroschen" von drei Monatsgehältern anzusparen, bevor man sich an die Finanzierung mittelfristiger Ausgaben wie eines neuen

Autos macht. Erst danach sollte man sich gezielt um die Altersvorsorge kümmern. So verhindert man, dass unvorhergesehene Ausgaben das Rentenbudget aufzehren.

TEU

Twenty Feet Equivalent Unit (TEU) ist das Standardmaß für Container. Je nach Ladekapazität werden so auch die Schiffsgrößen bestimmt.

The Trend is your Friend

Börsenweisheit, die darauf hinweist, dass der Anleger nicht gegen einen stabilen Trend handeln soll.

Themenbasket

Siehe: Aktienbasket.

Theoretischer Hebel

Siehe: Hebel.

Theoretischer Wert

Siehe: Fairer Preis.

Thesaurierender Fonds

Fondsart, die im Gegensatz zum Ausschüttungsfonds die laufenden Erträge nicht an die Anleger ausgibt, sondern sie wieder im Fondsvermögen anlegt. Sie erhöhen so das Fondsvermögen.

Thesaurierung

Bei thesaurierenden Fonds werden die im Geschäftsjahr erwirtschafteten Erträge nicht ausgeschüttet. Zum Ende des Geschäftsjahrs wird thesauriert, und somit werden die Steuerdaten für den Anleger festgestellt. Bei thesaurierenden Fonds erhöht sich der Kurs stetig, da es keinen Abschlag gibt. Das Gegenteil sind ausschüttende Fonds, die in der Regel einmal jährlich die aufgelaufenen Erträge an die Anleger auszahlen.

Theta

Maß für die Reaktion des Optionspreises auf die Restlaufzeit der Option. Selbst wenn eine Option mit Restlaufzeit keinen inneren Wert aufweist, ist sie auf Grund des Zeitwerts nicht wertlos. Dieser nimmt mit abnehmender Restlaufzeit kontinuierlich ab. Der Wertverlust erfolgt jedoch nicht linear, sondern dynamisch. Dies ist mathematisch begründbar, da beispielsweise bei einer Restlaufzeit von 100 Tagen ein Tag prozentual nicht so viel ausmacht, wie wenn die Restlaufzeit nur noch zwei Tage beträgt.

Third Market

Die Orderausführung an den Börsenplätzen in den Vereinigten Staaten ist von einer Vielzahl von Regeln abgesichert, um die Ausführung für den Kunden so sicher und fair wie möglich zu machen. Darunter fällt auch der Third Market. Der Dritte Markt dient als Börsenplatz für institutionelle Anleger und Händler. Dort können gelistete Aktien für eigene Rechnung gehandelt werden. Diese Trades sind abgeschlossen, bevor sie in der Kursinformation ersichtlich sind.

Tick

Die kleinste erlaubte Kursschwankung für einen börsengehandelten Wert.

Ticker

Das an der Börse benutzte Kurzzeichen für den Namen eines Unternehmens beziehungsweise einer Aktie. Als Ticker werden auch die Ausgabegeräte von Nachrichtenagenturen (Newsticker) bezeichnet.

Tief im Geld

Eine Option ist tief im Geld, wenn sie so weit im Geld ist, dass es unwahrscheinlich erscheint, dass sie bis zur Fälligkeit aus dem Geld gehen wird. Daher ist tief im Geld ein willkürlicher Ausdruck.

Tier-Anleihe

Mit Tier-Anleihen sind nachrangige Anleihen gemeint. Geht der Emittent der Anleihe (meistens ist das eine Bank) pleite, werden zuerst alle anderen Gläubiger bedient.

Tilgung

Die Rückzahlung einer Schuld. Sie erfolgt entweder in Raten oder in einem Betrag zum Laufzeitende.

Time Spread

Der Time Spread, auch Calendar Spread genannt, ist ein Spread mit Optionen. Bei einem Spread wird gleichzeitig eine Option ge- und verkauft. Die für den Time Spread verwendeten Optionen besitzen unterschiedliche Verfallsmonate, sind aber in jeder anderen Hinsicht identisch. Die Absicht des Anlegers ist, auch die länger laufende Option zu schließen, wenn die kürzer laufende Option ausläuft. Dadurch spekuliert der Anleger nicht auf die Veränderung des inneren Werts der Option, da diese sowohl beim ge- als auch beim verkauften Call oder Put identisch sind und sich dadurch gegenseitig aufheben. Stattdessen zielt die Spekulation auf die Ausnutzung der Zeitwertveränderung.

Time Value

Siehe: Zeitwert.

Timing

Wahl des richtigen Zeitpunkts zum Kauf beziehungsweise Verkauf eines Wertpapiers. Wichtiges Hilfsmittel beim Timing ist die Technische Analyse.

Timing-Indikator (TI)

Der Timing-Indikator wurde von BÖRSE ONLINE entwickelt. In seine Berechnung fließen die Anzahl der gestiegenen und gefallenen Aktien sowie ein Gleitender Durchschnitt des DAX ein. Gefahr droht, wenn sich der Indikator im überkauften Bereich befindet. Umgekehrt besteht Hoffnung, wenn der TI überverkauft ist und der Indikator nach oben dreht.

Top-down-Ansatz

Ein Begriff aus der Aktienanalyse. Analysten betrachten dabei zuerst die Weltkonjunktur, suchen dann weiter nach den besten Branchen oder Regionen, um schließlich in diesen Segmenten die erfolgversprechensten Einzeltitel zu selektieren. Gegensatz: Bottom-up-Ansatz.

Topix-Index

Der Topix-Index wurde 1998 neu an der Börse Tokio für den aufgenommenen Handel mit Index-Terminkontrakten eingeführt. Er enthält sämtliche 1111 Aktienwerte der Ersten Sektion der Tokioter Börse, was dem Amtlichen Handel in Deutschland entspricht. Im Gegensatz zum Nikkei-225-Index beinhaltet der Topix-Index vor allem moderne Industrien, Finanzinstitute und Unternehmen der Elektroindustrie.

Total Expense Ratio (TER)

Das Total Expense Ratio (TER) ist eine Kennzahl, die für Kostentransparenz bei Fondsprodukten sorgt. Durch das TER werden die Aufwendungen deutlich, die den Anlagebetrag und mögliche Erträge schmälern. Dazu zählen sämtliche Kosten für das Management und die Administration des Fonds, Kosten für die gesetzlich vorgeschriebenen Unterlagen (Verkaufsprospekte, Rechenschaftsberichte, Antragsformulare) oder auch Anwalts- und Versicherungskosten.

Total Return

Unter Total Return versteht man eine Investmentstrategie mit dem Ziel, eine möglichst positive Rendite zu erwirtschaften. Dabei kann das Geld in verschiedenen Assetklassen angelegt werden.

Totalverlust

Bezeichnet das Risiko, dass das gesamte eingesetzte Kapital verloren geht. Bei Finanzanlagen gilt in der Regel: Je höher die Gewinnchancen, desto höher das Verlustrisiko. Jeder Anleger sollte abwägen, welches Risiko er bei einer Anlage einzugehen bereit ist. Nur so kann ein Portfolio entstehen, das mit den persönlichen Anlagezielen im Einklang steht.

Track Rekord

Track Rekord heißt wörtlich übersetzt: Erfolgsgeschichte. In der Finanzwelt wird der Begriff dazu verwendet, über die Managementleistung eines Unternehmens, einer Fondsgesellschaft oder einer Beteiligungsgesellschaft zu informieren.

Tracking Error

Der Begriff Tracking Error steht für die Qualität der Benchmark-Nachbildung. Diese Maßeinheit ergibt sich als Standardabweichung der Differenz zwischen Portfolio- und Benchmark-Rendite. Der Tracking Error wird folglich als Risiko interpretiert, die Rendite einer vorgegebenen Benchmark zu verfehlen.

Tracking Stock

Der Begriff Tracking Stock kommt aus dem Englischen und bedeutet übersetzt: Geschäftsbereichs-Aktie. Mit der Einteilung eines Unternehmens in zwei oder mehrere nominale Geschäftsbereiche sollen die Tracking-Aktien den Aktionären eine Rendite bieten, die sich an dem Ergebnis eines bestimmten Geschäftsbereichs des Unternehmens und somit nicht am Ergebnis des Gesamtunternehmens orientiert. Ziel ist es, eine getrennte börsliche Bewertung eines einzelnen Geschäftsbereiches zu erreichen, ohne dass hierbei die Kontrolle durch die Muttergesellschaft eingeschränkt wird.

Trackerzertifikat

Mit einem Index- oder Trackerzertifikat kann an der Entwicklung eines Basiswerts partizipiert werden, in den man ansonsten nicht oder nur schwer investieren kann. Indexzertifikate ermöglichen eine direkte Investition in einen Index. Daneben gibt es entsprechende Zertifikate auf Aktien, Anleihen, Rohstoffe oder Immobilien.

Trader

Angelsächsischer Begriff für Händler.

Trading

Handel mit Wertpapieren, Devisen, Rohstoffen oder anderen Waren und Werten.

Tradingperiode

Periode des Börsentagesablaufs, während der der eigentliche Handel stattfindet.

Trading Range

Bezeichnung für den Kurs- beziehungsweise Preisbereich, in dem ein Wert gehandelt wird. Eine Trading-Range kann auch für einen bestimmten Markt von einer Börse festgesetzt werden, bei deren Überschreitung der Handel ausgesetzt wird (Limit-up, Limit-down).

Trailing

Trailing oder Trailing Stop ist ein Begriff aus der Risikobegrenzung und gleichbedeutend mit schrittweise nachziehen oder nachgezogener/

nachzuziehender Stop. Sobald sich eine Position in die angenommene Richtung bewegt (zum Beispiel: Eine Aktie steigt nach dem Kauf), wird der ursprünglich festgelegte Stoppkurs stufenweise mit einem gebührenden Sicherheitsabstand in die gleiche Richtung angepasst.

Transaktionsgebühr

Die Kosten, die eine Bank dem Anleger pro Kauf- oder Verkaufsauftrag in Rechnung stellt.

Treasury Management

Mit Treasury Management wird die Finanzwirtschaft eines Unternehmens bezeichnet. Dazu gehören unter anderem das Liquiditätsmanagement, das Zinsmanagement, das Währungsmanagement und das Cash Management.

Trend

Als Trend wird die Neigung eines Markts bezeichnet, sich in eine bestimmte Richtung zu entwickeln. Generell wird ein Trend durch seine Richtung näher beschrieben. Daher werden die Trendverläufe in einen Aufwärts-, Abwärts- und Seitwärtstrend unterteilt.

Trendbestätigungsformation

Siehe: Bestätigungsformation.

Trendbestätigungsindikator (TBI)

Begriff aus der Technischen Analyse. Der Trendbestätigungsindikator (TBI) vergleicht einen kurzen und einen längeren gleitenden Durchschnitt miteinander. Dazu wird für jeden Tag der Quotient aus dem kürzerem und dem längeren Durchschnitt gebildet und durch 100 geteilt. Somit schwankt der Indikator um eine 100er-Signallinie. Notiert der kurzfristige über dem längerfristigen Durchschnitt, liegt der TBI unter 100 und umgekehrt.

Trendlinie

In der Chartanalyse bezeichnen Trendlinien Linien, die bei einem kurvenmäßig dargestellten Kursverlauf aus bereits vorhandenen Kursen einen Schluss auf die weitere Entwicklung zulassen. Siehe auch: Widerstandslinie.

Trendumkehrformation

Siehe: Umkehrformation.

Treynor-Ratio

Bei der Treynor-Ratio wird die Überschussrendite zum sogenannten Betafaktor ins Verhältnis gesetzt. Der Investor wird unter sonst gleichen Rahmenbedingungen den Fonds mit der größeren Treynor-Ratio vorziehen, denn er hat seine Rendite unter relativ geringeren indexkorrelierten Schwankungen erzielt.

Trigger

Trigger ist ein Fachbegriff aus dem Bereich der Technischen Analyse und bezeichnet eine Signallinie. Wird der Kurs einer Aktie getriggert, dann entsteht entweder ein Kauf- oder ein Verkaufssignal.

Triple A

Siehe: Rating.

Triple-Witching-Day

Siehe: Dreifacher Verfallstermin.

Trust

Bezeichnung für eine Holdinggesellschaft in den USA, hinter der Absichten zur Marktbeherrschung stehen.

TSE

Abk. für: Tokyo Stock Exchange; ebenso für: Toronto Stock Exchange (siehe auch: TSE 35).

TSE 35

Index der Toronto Stock Exchange, der die 35 Titel mit der höchsten Kapitalisierung der kanadischen Börse umfasst.

Turbo-Option

Option, deren zugrunde liegender Basiswert wiederum eine Option ist. Derartige Optionen sind als höchst spekulativ einzustufen.

Turbo-Zertifikate

Siehe: Hebelzertifikate.

Turnaround

Analysten sprechen von einem Turnaround, wenn es einer Aktiengesellschaft nach schwachen Jahren wieder gelingt, ihre wirtschaftliche Lage deutlich zu verbessern. Zumeist wird als Turnaround die Rückkehr von der Verlust- in die Gewinnzone bezeichnet.

Turnover Ratio

Als Turnover Ratio wird der Wert der gehandelten Aktien relativ zum Bruttosozialprodukt (BSP) bezeichnet. Diesen Indikator verwendet die Weltbank, und er setzt sich aus zwei Komponenten zusammen. Erstens wird die Marktkapitalisierung relativ zum BSP gemessen. Und zweitens wird die Liquidität berücksichtigt, also die Häufigkeit, mit der die existierenden Aktien gehandelt werden, errechnet als Wert der gehandelten Aktien relativ zur Marktkapitalisierung.

TWSE

Abkürzung für den Index der Börse in Taipeh (Taiwan).

U

Überbewertet

Eine Aktie wird von Analysten oder anderen Experten als überbewertet bezeichnet, wenn sie aus fundamentalen Gründen zu teuer erscheint. Bei Aktien, die als zukunftsträchtig gelten, kommt es häufig zu einer Überbewertung. Besonders anfällig sind die Branchen Internet und Biotechnologie.

Übergewichten

Analysten empfehlen eine Aktie überzugewichten, wenn sie von den überdurchschnittlichen Wachstumsperspektiven des Werts überzeugt sind. Sie empfehlen dabei den Anlegern, den Depotanteil des Titels im Vergleich zu anderen Aktien zu erhöhen. Gegensatz: Untergewichten.

Über Pari

Über Pari gibt an, dass der Kurs oder Preis eines Wertpapiers über seinem Nennwert liegt. Oft erfolgt die Angabe in Prozent. Würde der Kurs des Wertpapiers dem Nennwert entsprechen, wäre er Pari und hätte einen Wert von 100 Prozent. Wenn das Wertpapier Über Pari liegt, kommt ein Wert von mehr als 100 Prozent zustande. Der Differenzbetrag zwischen Wertpapierkurs und Nennwert wird Agio (Aufgeld, Aufschlag) genannt. Die Bezeichnung Über Pari wird meist bei Anleihen oder Darlehen, aber beispielsweise auch bei Indexzertifikaten verwendet. Gegensatz: Unter Pari.

Über-Pari-Emission

Eine Über-Pari-Emission liegt vor, wenn der Ausgabekurs eines Wertpapiers über dem Nennwert erfolgt. Der Emissionskurs entspricht mehr als 100 Prozent des Nennwerts. Gegensatz: Unter-Pari-Emission.

Überkauft

Technischer Zustand eines Markts nach einer länger andauernden, starken Kursbewegung nach oben. Technische Indikatoren zeigen an, wie stark überkauft der Markt ist. Ein Markt wird als überkauft bezeichnet, wenn die Marktteilnehmer nach sehr schnellen und kräftigen Kursanstiegen mit einer Korrektur nach unten rechnen.

Übernahmeangebot

Hat ein Unternehmen die Absicht, eine andere Aktiengesellschaft zu übernehmen, unterbreitet es den Aktionären des Kaufkandidaten ein entsprechendes Übernahmeangebot. Dieses liegt in der Regel über dem aktuellen Aktienkurs.

Überverkauft

Technischer Zustand eines Markts nach einer länger andauernden, starken Kursbewegung nach unten. Technische Indikatoren zeigen an, wie stark überverkauft der Markt ist. Ein Markt wird als überverkauft bezeichnet, wenn die Marktteilnehmer nach schnellen und deutlichen Kursverlusten mit einer Korrektur nach oben rechnen.

Überzeichnung

Eine Überzeichnung liegt bei einer Neuemission dann vor, wenn mehr Aktien gezeichnet werden, als durch das Emissionsvolumen angeboten werden. Die Aktien werden dann mit einer kleinen Stückzahl an jeden Zeichner oder durch das Losverfahren zugeteilt.

Ultimo

Bezeichnung für die Gültigkeitsdauer eines limitierten Kauf- oder Verkaufsauftrags bis zum Monatsende.

Umbrella-Fonds

Unter einem Umbrella-Fonds wird ein übergeordnetes Fondskonzept mit Ursprung in Großbritannien verstanden. Unter diesem Dach befinden sich mehrere Subfonds (Unter- oder Teilfonds). Alle Fonds werden unter der Regie einer Investmentgesellschaft verwaltet, weisen aber unterschiedliche Anlageschwerpunkte auf. Ein Umbrella-Fonds ist aber kein Dachfonds, sondern der Anleger kann unter dem Mantel des Umbrellas mehrere Subfonds erwerben. Die Fondsauswahl trifft der Anleger selbst. Die Auflegung von Umbrella-Fonds in Deutschland ist nach dem KAAG nicht möglich.

Umgekehrte Schulter-Kopf-Schulter-Formation

Siehe: Schulter-Kopf-Schulter-Formation.

Umkehrformation

Die Umkehrformation ist ein Begriff aus der Chartanalyse. Sie zeigt das Ende eines vorherrschenden Trends an und signalisiert eine Positionierung in die Gegenrichtung der bisherigen Trends. In der Regel dauert die zeitliche Ausbildung einer Umkehrformation länger als drei Monate. Bei einer Trendumkehrformation sind die Umsätze für gewöhnlich höher als bei einer Trendbestätigungsformation. Es gilt daher: Je höher die Umsätze, desto größer ist die Wahrscheinlichkeit für das Entstehen einer Umkehrformation.

Umlageverfahren

Die Rentenversicherungsbeiträge der jeweils Erwerbstätigen werden sofort an die Rentenbezieher ausgezahlt - und nicht etwa am Kapitalmarkt angelegt, um mit den Erträgen künftige Renten zu finanzieren.

Umlaufrendite

Die Umlaufrendite oder genauer die Umlaufrendite festverzinslicher Wertpapiere inländischer Emittenten. Dabei handelt es sich um einen Kennwert, der die Durchschnittsrendite aller börsennotierten deutschen Anleihen mit einer Restlaufzeit von mehr als vier Jahren angibt. Die Umlaufrendite spiegelt das aktuelle Marktzinsniveau wider. Sie wird regelmäßig von der Bundesbank veröffentlicht.

Umrechnungsfaktor

Wenn eine Anleihe durch ein Termingeschäft abgesichert werden soll, verwendet man den Konversionsfaktor, um die benötigte Kontraktanzahl zu errechnen. Der Konversionsfaktor wird von den entsprechenden Terminbörsen, an denen die Zinsterminkontrakte gehandelt werden, bekannt gegeben. Sie berücksichtigen die unterschiedlichen Laufzeiten und Zinssätze von Anleihen. Im Umkehrschluss geben die Konversionsfaktoren auch an, zu welchem Anteil eine Anleihe einen Terminkontrakt bei Andienung erfüllt.

Umsatz

1. Der Umsatz oder auch Erlös eines Unternehmens berechnet sich aus der Multiplikation der verkauften Gütermenge mit dem Verkaufspreis. Der Erlös darf nicht mit dem Gewinn verwechselt werden. Dieser ergibt sich, wenn von den Erlösen die Produktionskosten abgezogen werden. 2. Anzahl der gehandelten Waren oder Kontrakte pro Zeiteinheit, multipliziert mit dem jeweils aktuellen Kurs. Der Umsatz ist ein wichtiger Indikator der Technischen Analyse.

Umsatz-CAGR

Die Kennziffer Umsatz-CAGR (Compound Annual Growth Rate) beschreibt die durchschnittliche jährliche Wachstumsrate beim Umsatz.

Umsatzmultiple

Das Umsatzmultiple ist ein Wert aus der fundamentalen Aktienanalyse. Es zeigt, wie oft der Umsatz der Aktiengesellschaft in deren Marktbewertung enthalten ist.

Umsatzrendite

Die Umsatzrendite ist eine Kennziffer der fundamentalen Aktienanalyse. Sie beschreibt den Anteil des um außerordentliche Effekte bereinigten Jahresüberschusses am Umsatz des Unternehmens. Eine steigende Umsatzrendite deutet auf steigende Produktivität hin. Umgekehrt signalisiert eine fallende Umsatzrendite Produktivitätsprobleme.

Umtauschanleihe

Umtauschanleihen (auch Exchangeables genannt) können Anleger in einem festgelegten Verhältnis in Aktien tauschen. Alternativ können sie sich die Anleihen nach Ende der Laufzeit auszahlen lassen. Dabei wird die Anleihe nicht in Aktien des Emittenten, sondern in die eines anderen Unternehmens gewandelt. Umtauschanleihen gelten im Gegensatz zu Wandelanleihen (Wandlung in Aktien des Emittenten) als Finanzinnovation.

Underlying

Siehe: Basiswert.

Underperformer

Siehe: Market Underperformer.

Underweight

Siehe: Overweight.

Ungedeckte Position

Siehe: Offene Position.

Unlimitierter Auftrag

Kauf- oder Verkaufsauftrag für ein Wertpapier, bei dem kein Höchst- oder Mindestpreis genannt wird. Der Auftrag wird sofort zum nächstmöglichen Kurs ausgeführt. Anleger sollten Aufträge in der Regel immer limitieren, um nicht zu einem marktfernen Preis bedient zu werden.

Unsystematisches Risiko

Das Kursänderungsrisiko eines Einzelwerts. Das unsystematische Risiko kann man eindämmen oder ganz eliminieren, indem man sein Vermögen diversifiziert.

Unterbewertung

Eine Aktie gilt als unterbewertet, wenn bestimmte Kriterien, etwa das Kurs-Gewinn-Verhältnis oder die Dividendenrendite, darauf hindeuten, dass der Wert im Vergleich zu Papieren der gleichen Branche günstig angeboten wird. Aber auch wenn die Marktteilnehmer die stillen Reserven und die Wachstumsaussichten schlechter einschätzen, als es tatsächlich der Fall ist, gilt die Aktie als unterbewertet.

Untergewichten

Analysten empfehlen, eine Aktie unterzugewichten, wenn sie die Ertragskraft eines Unternehmens als unterdurchschnittlich einschätzen. Sie empfehlen dabei den Anlegern, den Depotanteil des Titels durch Verkäufe zu reduzieren. Gegensatz: Übergewichten.

Untergrenze

Synonyme Begriffe für Untergrenze sind Barriere, Kursschwelle, Kick-out-Level und Risikoschwelle. Wird dieser Stand berührt oder unterschritten, gehen die Extrazahlungen oder Rückzahlungsgarantien verloren.

Unternehmensanleihe

Siehe: Anleihe.

Unter Pari

Unter Pari gibt an, dass der Kurs oder Preis eines Wertpapiers unter seinem Nennwert liegt. Oft erfolgt die Angabe in Prozent. Würde der Kurs des Wertpapiers dem Nennwert entsprechen, wäre er Pari und hätte einen Wert von 100 Prozent. Liegt das Wertpapier Unter Pari, kommt ein Wert von weniger als 100 Prozent zustande. Der Differenzbetrag zwischen Nennwert und Wertpapierkurs wird Disagio (Abgeld, Abschlag) genannt. Die Bezeichnung Unter Pari wird meist bei Anleihen oder Darlehen, aber beispielsweise auch bei Indexzertifikaten verwendet. Gegensatz: Über Pari.

Unter-Pari-Emission

Eine Unter-Pari-Emission liegt vor, wenn der Ausgabekurs eines Wertpapiers unter dem Nennwert erfolgt. Der Emissionskurs entspricht weniger als 100 Prozent des Nennwerts. Gegensatz: Über-Pari-Emission.

Unterstützungslinie

Die grafische Darstellung eines Kursniveaus, das in der Vergangenheit schon erreicht, aber nicht unterschritten wurde. Dies ist auf psychologische Faktoren zurückzuführen, da an diesem Punkt vermehrt Nachfrage entsteht, die den Kurs unterstützt. Der Durchbruch einer Unterstützungslinie (auch Support genannt) wird allerdings als starkes Verkaufssignal gewertet. Oft wird eine einmal durchbrochene Widerstandslinie zu einer Unterstützungslinie. Siehe auch: Widerstandslinie.

Untertassenformation

Eine selten anzutreffende Trendumkehrformation der Technischen Analyse, bei der sich die Abwärtsbewegung verlangsamt, zum Stillstand kommt und ganz allmählich nach oben zieht. Am rechten Rand der Untertasse bildet sich unter Umständen noch eine kleine Plattform.

Unze

Gewichtseinheit: 31,1035 Gramm; gebräuchlich im internationalen Edelmetallhandel als kleinste Handelseinheit.

Up-Tick-Rule

Steigt der Dow Jones innerhalb kürzester Zeit um 50 Punkte, wird eine Handelsbeschränkung, die sogenannte Up-Tick-Rule, wirksam. Diese hat zum Ziel, einen rapiden Kursanstieg durch das Auslösen weiterer computergesteuerter Kauforders zu verhindern. Gegensatz: Down-Tick-Rule.

US-GAAP

Rechnungslegungsvorschrift für Unternehmen, die an einer amerikanischen Börse notiert sind. Obwohl in den USA die Normen der externen Rechnungslegung nicht gesetzlich festgelegt sind, machen die US-Firmen ihren Konzernabschluss nach den Regeln der US-GAAP. GAAP steht als Abkürzung für Generally Accepted Accounting Principles. Auch deutsche Firmen, die international ausgerichtet oder auf Kapital aus den USA angewiesen sind, bilanzieren inzwischen nach US-GAAP.

Usancen

Verbindliche Handelsbräuche. Für Börsengeschäfte in Deutschland sind die Usancen in den Bedingungen für die Geschäfte an den deutschen Wertpapierbörsen schriftlich fixiert.

V

Valoren

Siehe: Wertpapier.

Valorennummer

Bezeichnung für Wertpapier-Kennnummer in der Schweiz.

Value at Risk

Die Value-at-Risk-Methode wurde zu Beginn der neunziger Jahre von Investmentbanken in den USA zur Kontrolle von Finanzmarktrisiken entwickelt. Durch diese Kennzahl wird das Risiko selbst von großen und komplexen Portfolios beschrieben. Der Value at Risk ist definiert als die Höhe desjenigen Verlusts, der mit einer bestimmten Sicherheitswahrscheinlichkeit (zum Beispiel 95 Prozent oder 99 Prozent) innerhalb eines bestimmten Zeithorizonts (zum Beispiel ein Handelstag oder ein Monat) nicht überschritten wird.

Value-Aktien

Value-Aktien (Substanzwerte) sind Aktien von Unternehmen mit relativ geringem Wachstum, dafür aber mit solider Eigenkapitalquote und hohen Cashflow-Rückflüssen. Growth-Unternehmen (Wachstumswerte) zeichnen sich durch hohe Zuwachsraten bei Umsatz und Gewinn aus, stehen aber meist auf einem finanziell dünnen Boden.

Value-Investoren

Anleger, die sich in erster Linie bei Unternehmen mit hoher Substanz engagieren. Meist sind das Gesellschaften aus traditionellen Branchen

Valuta

Als Valuta wird der Zeitpunkt der Wertstellung eines Geschäfts bezeichnet. Wenn die Valuta innerhalb von zwei Geschäftstagen erfolgt, handelt es sich um ein Kassageschäft, ansonsten liegt ein Termingeschäft vor.

Variable Kurse

Fortlaufende Notierung der Kurse während einer Trading-Session; in der Schweiz: permanenter Handel.

Variable Notierung

Wenn eine Aktie zum variablen Handel zugelassen ist, werden börsentäglich so viele Kurse ermittelt, wie durch das Zusammenkommen von Nachfrage und Angebot zustande kommen.

Variation Margin

Bei Futures und Future-Optionen: Gewinne und Verluste eines jeden Börsentags werden an der Terminbörse saldiert. Eine sich daraus ergebende Differenz wird gutgeschrieben oder belastet. Siehe auch: Margin.

Variation-Margin-Call

Ein variabler Nachschussaufruf; eine Nachschussforderung des Clearinghauses einer Terminbörse an ein Clearingmitglied. Nachschussforderungen erfolgen, wenn die Sicherheitsleistung (Margin) des Clearingmitglieds auf Grund ungünstiger Kursbewegungen erheblich vermindert wurde. Der Nachschussforderung muss meist innerhalb einer Stunde nachgekommen werden.

V-DAX

Der V-DAX ist ein Index, der die von Marktteilnehmern am Terminmarkt erwartete Volatilität (Schwankungsbreite) des DAX in den nächsten 45 Tagen misst (berechnet alle zehn Sekunden). Ein VDAX von 20 sagt bei einem DAX-Stand von 3.000 Punkten aus, dass mit Schwankungen zwischen 2.790 und 3.210 Zählern gerechnet wird. Beispielrechnung: (% p. a.) x Wurzel (45 Tage / 365 Tage) x DAX = Handelsspanne in Punkten 0,2 x 0,3511 x 3.000 = 210,674. Die Handelsspanne wird dann vom aktuellen DAX-Stand abgezogen beziehungsweise dazuaddiert, um die für diesen Zeitraum erwarteten Ober- und Untergrenzen zu erhalten.

Vega

Das Vega ist bei Optionen und Optionsscheinen eine Volatilitätskennzahl. Sie gibt die Sensibilität des Options- oder Optionsscheinpreises auf Volatilitätsveränderungen im Basiswert wieder.

Venture Capital

Eigenkapital, das in zukunftsträchtige Unternehmen investiert wird. Damit werden neue Projekte oder Technologien finanziert, deren Erfolgsaussichten ungewiss sind.

Verfall

Rückzahlungstermin von Obligationen und sonstigen Verbindlichkeiten. Optionsscheine und Optionen sind verfallende Werte, da sie eine begrenzte Laufzeit besitzen. Am Ende der Laufzeit werden sie entweder wertlos, wenn sie aus dem Geld oder am Geld liegen, oder sie werden ausgeübt, indem der Schreiber des Optionsrechts den Betrag, um den die Option oder der Optionsschein im Geld liegt, an den Inhaber bezahlt (Cash Settlement).

Verfallsdatum

Termin, an dem ein bedingtes Terminprodukt (Optionsschein oder Option) ausläuft. Das Optionsrecht muss vom Inhaber spätestens bis zu diesem Termin ausgeübt werden, um nicht wertlos zu verfallen. Der Inhaber wird sein Optionsrecht nur in Anspruch nehmen, wenn er am Laufzeitende einen Gewinn davonträgt. Das ist der Fall, wenn der Optionsschein oder die Option einen inneren Wert aufweist.

Verfallsmonat

Über Optionen und Futures werden Termingeschäfte abgeschlossen. Das bedeutet: Die Geschäftserfüllung erfolgt nicht innerhalb der nächsten zwei Tage, sondern liegt weiter in der Zukunft. Der Zeitpunkt wird über den Verfallsmonat hinaus angegeben. Die Börsen legen fest, welcher Tag im Verfallsmonat der letzte Handelstag ist. Beispiel: der dritte Freitag im Monat. Je nach Kontrakt bieten Börsen zu jedem Zeitpunkt mindestens drei Verfallsmonate zum Handel an.

Verfallstag

Der letzte Tag, an dem ein Optionsrecht ausgeübt werden kann. Bei Optionen ist der letzte Ausübungstag oft auf einen bestimmten Tag festgelegt, beispielsweise auf den dritten Freitag im Verfallsmonat. Bei Optionsscheinen bestimmt das Emissionshaus den letzten Verfallstag.

Verfallstermin

Termin zur Rückzahlung von Obligationen und sonstigen Verbindlichkeiten. Bei Optionsscheinen und Optionen ist der letzte Tag der Laufzeit das Verfallsdatum.

Vergleichsindex

Siehe: Benchmark.

Verkaufsangebot

Siehe: Offer.

Verkaufsoption

Siehe: Put.

Verkaufspreis

Siehe: Briefkurs.

Verkaufspreissicherung

Siehe: Short Hedge.

Verkaufsprospekt

Jeder Emittent ist bei einem öffentlichen Angebot von Wertpapieren zur Erstellung eines Verkaufsprospekts verpflichtet. Er entspricht im Aufbau dem Börsenzulassungsprospekt, allerdings mit geringeren Anforderungen. Zudem erhält er Informationen für Anleger über das Basisinstrument, Laufzeit, Kosten und je nach Ausstattung über Anlagegrundsätze beziehungsweise -strategien. Hier werden alle wichtigen Details einer Emission geregelt. Anleger erhalten den Verkaufsprospekt beim Emittenten, über die Hausbank oder bei der BaFin.

Verkaufssignal

Ein aus der charttechnischen Analyse resultierendes Signal, das einen Verkauf des analysierten Werts nahe legt.

Verkaufter Spread

Spread-Position mit Optionen, bei der eine positive Nettoprämie generiert wird. Bei einem Optionsspread wird gleichzeitig eine Option ge- und verkauft. Ein Sold Spread zeichnet sich dadurch aus, dass die Prämie für die verkaufte Option größer ist als die für die gekaufte Option.

Verlustzuweisung

Im Jahr der Beteiligung fallen Anfangsverluste an, die Anleger mit ihren übrigen Einkünften verrechnen dürfen.

Vermögensberatung

Eine Firma oder Tätigkeit, die den Anleger bei seinen Entscheidungen unterstützt, sein Vermögen anzulegen. Wichtige Aufgabe der Anlageberatung ist es, die mit einer Anlage verbundenen Risiken und Chancen aufzuzeigen und sie auf die persönlichen Ziele des Kunden abzustimmen. Anleger sollten darauf achten, dass ein Vermögensverwalter nicht nur eigene Produkte oder die Produkte verbundener Unternehmen anbietet, sondern alle auf dem Markt erhältlichen Anlagen in Erwägung zieht. Die Einnahmen einer Vermögensberatung werden als Beratungsgebühren bezeichnet.

Vermögensverwaltung

Eine Firma oder Tätigkeit, die über die Vermögensberatung hinausgeht. Neben Beratungs- und Aufklärungspflichten wird bei der Vermögensverwaltung im Namen des Kunden dessen Vermögen laufend überwacht, angelegt und verwaltet. Angeboten wird die Vermögensverwaltung hauptsächlich von vermögenden Privatpersonen, die renditebewusst anlegen möchten. Die Vermögensverwaltung wird von spezialisierten Firmen oder besonderen Abteilungen von Banken angeboten. Die gängigen Möglichkeiten für die Entlohnung sind eine feste Verwaltungsgebühr, ein fester Prozentsatz vom verwalteten Vermögen, eine Gebühr pro Umschichtungsaufwand oder eine Gewinnbeteiligung.

Vermögenswirksame Leistungen (VL)

Mehr als 90 Prozent der tarifvertraglich Beschäftigten in Deutschland haben Anspruch auf VL. Das Anlageprodukt dürfen die Arbeitnehmer selbst auswählen. Die gängigsten Wege sind das Sparen mit Fonds sowie die Anlage in einem Bausparvertrag. Geringverdiener fördert der Staat noch zusätzlich mit der Arbeitnehmersparzulage: Beteiligungssparen mit 18 Prozent, maximal 72 Euro pro Jahr, Bausparer mit neun Prozent Bonus.

Verrechnungsstelle

Siehe: Clearing House.

Verschuldungsgrad

Der Verschuldungsgrad ist eine vertikale Bilanzkennziffer. Er gibt Aufschluss über den prozentualen Anteil des Fremdkapitals am Gesamtkapital eines Unternehmens. Ein Ansteigen des Verschuldungsgrads muss nicht immer negativ sein. Hier wirkt der Leverage-Effekt. Dieser besagt, dass es dann sinnvoll ist, Eigen- in Fremdkapital umzuschulden, wenn die Gesamtkapitalrendite unter dem durchschnittlichen Fremdkapitalzins liegt.

Versorgungsausgleich

Bei Scheidung werden die während der Ehe erworbenen Rentenanwartschaften beider Ehegatten einander gegenübergestellt. Der Partner mit den höheren Anwartschaften ist dem anderen zum Ausgleich der Hälfte des Wertunterschieds verpflichtet. Minirenten für beide sind häufig die Folge.

Versorgungslücke

Die Differenz aus dem Finanzbedarf im Ruhestand und der Leistung aus der gesetzlichen Rente. Diese Versorgungslücke sollte frühzeitig über betriebliche und private Sparanlagen geschlossen werden.

Vertical Spread

Ein Spread mit Optionen. Bei einem Spread wird gleichzeitig eine Option ge- und verkauft. Die für den Vertical Spread verwendeten Optionen besitzen unterschiedliche Basispreise, sind aber in jeder anderen Hinsicht identisch. Siehe auch: Vertical-Bull-Spread und Vertical-Bear-Spread.

Vertical-Bear-Call-Spread

Der Vertical-Bear-Call ist die Call-Variante des Vertical-Bear-Spreads. Der Anleger spekuliert auf einen begrenzten Kursabfall des Basiswerts. Bei dieser Variante werden gleichzeitig ein Call mit hohem Basispreis gekauft und ein Call mit einem niedrigeren Basispreis verkauft.

Vertical-Bear-Put-Spread

Der Vertical-Bear-Put ist die Put-Variante des Vertical-Bear-Spreads. Der Anleger spekuliert auf einen begrenzten Kursabfall des Basiswertes. Bei dieser Variante werden gleichzeitig ein Put mit hohem Basispreis gekauft und ein Put mit einem niedrigeren Basispreis verkauft.

Vertical-Bear-Spread

Vertical Spread, der auf ein Absinken des Basiskurses zielt. Kann sowohl mit Calls als auch mit Puts durchgeführt werden. Bei einem Vertical-Bear-Call-Spread werden gleichzeitig ein Call mit einem hohen Basispreis gekauft und ein Call mit niedrigerem Basispreis verkauft. Bei einem Vertical-Bear-Put-Spread werden gleichzeitig ein Put mit einem hohen Basispreis gekauft und ein Put mit niedrigerem Basispreis verkauft.

Vertical-Bull-Call-Spread

Der Vertical-Bull-Call-Spread ist die Call-Variante des Vertical-Bull-Spreads. Der Anleger spekuliert auf einen begrenzten Kursanstieg des Basiswerts. Bei einem Vertical Bull-Call-Spread werden gleichzeitig ein Call mit einem niedrigen Basispreis gekauft und ein Call mit höherem Basispreis verkauft.

Vertical-Bull-Put-Spread

Der Vertical-Bull-Put-Spread ist die Put-Variante des Vertical-Bull-Spreads. Der Anleger spekuliert auf einen begrenzten Kursanstieg des Basiswerts. Bei einem Vertical-Bull-Put-Spread werden gleichzeitig ein Put mit einem niedrigen Basispreis gekauft und ein Put mit höherem Basispreis verkauft.

Vertical-Bull-Spread

Vertical Spread, der auf einen begrenzten Anstieg des Basiswertkurses abzielt. Der Spread kann sowohl mit Calls als auch mit Puts durchgeführt werden.

Vertikal Horizontal Filter (VHF)

Der Vertikal Horizontal Filter (VHF) ist ein Begriff aus der Technischen Analyse. Es handelt sich um einen Indikator, der keine konkreten Kauf- oder Verkaufssignale gibt, sondern zum Anzeigen der Trendintensität (von Adam White) entwickelt wurde. Die Differenz aus dem höchsten und dem tiefsten Kurs der Berechnungsperiode (üblicherweise auf Schlusskursbasis) wird durch die Summe der absoluten Beträge der Kursänderungen zum Vortag geteilt. Der Indikator schwankt zwischen null und eins.

Verwaltungsgebühr

Siehe: Managementgebühr.

Verwässerung

Wenn ein Unternehmen neue Aktien aus einer Kapitalerhöhung emittiert, verringern sich der prozentuale Anteil jedes Aktionärs am Unternehmen und damit auch der rechnerische Gewinn pro Aktie. Diese Werteinbuße wird als Verwässerung bezeichnet. Die Ausgabe neuer Aktien ist aber nicht automatisch ein Nachteil für den Aktionär. Wird etwa mit den neuen Aktien ein Unternehmenskauf finanziert, nimmt der Gewinn pro Aktie zu, falls der damit verbundene Gewinnanstieg die Verwässerung übertrifft.

VHF

Abk. für: Vertikal Horizontal Filter, siehe dort.

Vinkulierte Namensaktien

Siehe: Namensaktien, vinkuliert.

Virt-x

Virt-x ist eine neue Handelsplattform, die von der SWX Swiss Exchange in Zusammenarbeit mit der englischen Börse Tradepoint Financial Networks Plc. (TFN) sowie einem Konsortium von international tätigen Investmentbanken und Finanzdienstleistungsunternehmen (Tradepoint Group, TPG) aufgebaut wurde.

Volatilität

Statistisches Maß für Marktschwankungen. Je stärker und häufiger ein Wert oszilliert, desto höher ist auch seine Volatilität. Volatilität wird unterschieden in eine historische und eine implizite Volatilität. Während die historische Volatilität auf vergangenen Kursdaten aufbaut, versucht die implizite Volatilität die Schwankung zu messen, die von den Marktteilnehmern für die Zukunft erwartet wird. Je volatiler ein Finanzwert ist, desto größer sind die Risiken – aber auch die Chancen. Daher macht die Volatilität auch einen maßgeblichen Teil des Zeitwerts bei Optionen und Optionsscheinen aus.

Volatilität, historische

Die Schwankungsintensität einer Aktie in der Vergangenheit wird als historische Volatilität bezeichnet. Sie wird mit Hilfe mathematischer Methoden errechnet. Die historische Volatilität wird zur Prognose der künftigen Preisschwankungen herangezogen.

Volatilität, implizite

Ausmaß der erwarteten Kursbewegungen eines Werts während eines bestimmten Zeitraums. Auf der Basis der Volatilität werden Optionsscheine und Optionen gepreist. Die implizite Volatilität wird statistisch auf der Basis der historischen Volatilität berechnet.

Volksaktie

Als Volksaktien werden Aktien von Volkswagen oder Deutsche Telekom bezeichnet, die vor Jahren aus dem Vermögen der öffentlichen Hand zu besonders günstigen Konditionen an Anleger abgegeben wurden.

Vollmachtstimmrecht

Jeder Aktionär kann einen Dritten – etwa die Depotbank – bevollmächtigen, sein Stimmrecht auf der Hauptversammlung auszuüben.

Volumen

Das Volumen zeigt an, wie viele Aktien von einem Wert an einem Tag ge- oder verkauft wurden. Im Gegensatz dazu steht der Umsatz, bei dem das Volumen mit den aktuellen Kurs multipliziert wird. Beispiel: Am Tag X beträgt das Volumen der wenig gehandelten Aktie Y 250 Stück, die alle zum Kurs von 20 Euro ausgeführt wurden. Der Umsatz beträgt dann 5.000 Euro (250 mal 20).

Volumeneffekte

Siehe: Skaleneffekte.

Volume Price Trend

Begriff aus der Technischen Analyse. Es handelt sich um einen Indikator, bei dem das Kursmomentum mit dem Handelsvolumen kombiniert wird. Die tägliche Kursveränderung wird mit den jeweiligen Umsätzen multipliziert und das Ergebnis geglättet. Dies geschieht durch das Aufsummieren der einzelnen Tagesergebnisse über den Einstellungszeitraum.

Vorbörslicher Handel

Siehe: Graumarkt.

Vorläufer

Siehe: DM-Vorläufer.

Vorschusszinsen

Vorschusszinsen werden für die vorzeitige Verfügung von Spareinlagen mit vereinbarter Kündigungsfrist berechnet und von den Habenzinsen abgezogen. Sie betragen ein Viertel der Guthabenzinsen und werden maximal für 2,5 Jahre berechnet.

Vorstand

Organ einer Aktiengesellschaft, das die Geschäftsführung innehat und das Unternehmen nach außen vertritt. Die Mitglieder werden vom Aufsichtsrat für fünf Jahre bestellt. Die Verlängerung ist zulässig. Nach § 76 Abs. 2 Aktiengesetz besteht der Vorstand aus einer Person oder mehreren Personen, ab drei Millionen Euro Grundkapital aus mindestens zwei Personen. Bestimmte Ressorts wie Vorstandsvorsitzender oder Finanzvorstand sind nicht vorgeschrieben. Nach § 77 AktG gilt das Kollegialprinzip, das heißt, die Mehrheit der Stimmen im Vorstand entscheidet über geschäftspolitische Maßnahmen.

Vorsteuergewinn

Siehe: Gewinn vor Steuern.

Vorzugsaktien

Aktien, die bei der Verteilung des Gewinns bevorrechtigt sind, werden als Vorzugsaktien bezeichnet. Das Stimmrecht kann ausgeschlossen werden, wenn Aktien mit einem nachzuzahlenden Vorzug bei der Verteilung des Gewinns ausgestattet sind. Diese Aktien dürfen höchstens bis zum Gesamtnennbetrag der anderen Aktien ausgegeben werden. Mit den Vorzügen soll ein Anreiz zum Kauf geschaffen werden, weil etwa ein Verkauf von Stammaktien auf Grund der wirtschaftlichen Situation der Aktiengesellschaft schwierig ist. Gegensatz: Stammaktien.

Vorzüge

Abk. für: Vorzugsaktien, siehe dort.

W

Wachstumswert

Bezeichnung für die Aktien eines Unternehmens, das sich durch überdurchschnittliches langfristiges Ertragspotenzial auszeichnet. Kennzeichnend für Wachstumswerte sind innovative Produkte, hoher Entwicklungsaufwand und erfolgreiche Expansionspolitik.

Wagniskapital

Siehe: Venture Capital.

Währung

Gesetzliche Geldordnung des Staats mit einem Außen- und Binnenwert. Der Wechselkurs bestimmt den Außenwert (Valuta) der Währung, die Kaufkraft den Binnenwert.

Währungsanleihen

Währungsanleihen sind Anleihen, die nicht in der heimischen Währung begeben werden. Dies umfasst Schuldverschreibungen, die sowohl von einheimischen als auch von ausländischen Schuldnern aufgelegt wurden. Anleihen, die von ausländischen Schuldnern im eigenen Land emittiert wurden, werden auch Domestic-Bonds genannt.

Währungsgewinne

Vermögenszuwachs, der dem Inhaber auf Fremdwährung lautender Wertpapiere (auch Bankguthaben oder Forderungen) entsteht, wenn die Fremdwährung gegenüber der Heimatwährung im Wechselkurs zulegt.

Währungsrisiko

Das Währungsrisiko ergibt sich aus der Anlage in Wertpapieren, deren Ursprung außerhalb des eigenen Währungsraums liegt. Beispiel: An deutschen Börsen werden zwar amerikanische Aktien in Euro gehandelt, doch deren Kurse errechnen sich aus den Heimatkursen in den USA unter Berücksichtigung des aktuellen Euro-Dollar-Kurses. Bei manchen Papieren ist das Währungsrisiko ausgeschaltet. Diese werden Quanto genannt.

Währungssicherung

Maßnahme, die eine Investition außerhalb des eigenen Währungsraums von der Entwicklung des Wechselkurses unabhängig macht. Anleger oder Emittenten schließen hierzu Devisentermingeschäfte ab. Währungsverluste werden damit ebenso ausgeschlossen wie Währungsgewinne.

Wall Street

Die New York Stock Exchange (NYSE) ist im Stadtteil Manhattan an der Wall Street beheimatet. Der Straßenname gilt als Synonym für den Aktienmarkt in den USA.

Wandelanleihe

Bestandteile einer Wandelanleihe sind die Anleihe und das Optionsrecht. Der Eigentümer kann die Obligation einer AG zu einem bestimmten Zeitpunkt in einem festgelegten Umwandlungsverhältnis in Aktien tauschen. Die Anlage ist risikoarm und auch für konservative Investoren geeignet, weil der Anleger nicht zur Wandlung verpflichtet ist. Bei einem entsprechenden Verlauf der Aktie partizipiert er aber von der Ertragskraft der Aktiengesellschaft. Durch diese Option ist die Verzinsung deutlich geringer als bei normalen Anleihen mit entsprechender Laufzeit. Altaktionäre erhalten bei der Ausgabe einer Wandelanleihe ein Bezugsrecht.

Wandelbare Vorzugsaktie

Vorzugsaktie, die in Stammaktien umgetauscht werden kann.

Wandelschuldverschreibung

Siehe: Wandelanleihe.

Warenoptionsschein

Optionsschein mit einer Ware (etwa Gold oder Silber) als Basisobjekt. Man kann damit auf steigende und fallende Rohstoffpreise spekulieren.

Warrant

Siehe: Optionsschein.

Wash Sales

Eine illegale Scheintransaktion, bei der gleichzeitig Käufe und Verkäufe im selben Kontrakt, im selben Monat und an derselben Börse vorgenommen werden. Es wird dabei keine tatsächliche Position eingenommen, obwohl der Eindruck entsteht, dass ein aktiver Handel vorliegt. Man hofft darauf, dass dieser Vorgang zu einem verstärkten legitimen Handel führt und sich somit das Handelsvolumen und die Kommissionen erhöhen.

Waves

Siehe: Hebelzertifikate.

Wechselkurs

Der Wechselkurs ist der Preis, den Inländer für eine Einheit ausländischer Währung zahlen müssen. Wird der Wechselkurs den Marktkräften überlassen, wird von einem flexiblen Wechselkurs gesprochen. Es gibt verschiedene Ansätze, Wechselkursschwankungen zu erklären: Die wichtigste ist die Kaufkraftparitäten-Theorie. Diese besagt, dass Veränderungen des Wechselkurses auf unterschiedliche Inflationsraten der beiden Nationen zurückzuführen sind.

Weißer Ritter

Droht eine feindliche Übernahme, suchen sich Unternehmen oft „Weiße Ritter". Das sind Partner für eine freundliche Fusion. Mannesmann war Anfang 2000 lange Zeit auf der (vergeblichen) Suche nach einem Weißen Ritter, um die feindliche Übernahme durch Vodafone zu verhindern.

Weit aus dem Geld

Beschreibt für gewöhnlich eine Option, bei der es unmöglich erscheint, dass sie vor dem Verfallsdatum ins Geld kommt. Der Gebrauch dieses Ausdrucks ist willkürlich.

Wertentwicklung

Die Wertentwicklung eines Fonds ist die prozentuale Veränderung des Werts des angelegten Vermögens vom Anfang des Anlagezeitraums bis zum Ende des Zeitraums. Ausschüttungen werden rechnerisch investiert. So werden die Wertentwicklungen der ausschüttenden und thesaurierenden Fonds untereinander vergleichbar. Die Wertentwicklung wird auch Performance genannt und meist als kumulierter Wert angegeben. Eine Alternative ist die Berechnung pro Jahr (annualisiert). Für einzelne Fondsgruppen werden Durchschnittswerte bei der Wertentwicklung berechnet.

Wertpapier

Das Wertpapier ist eine Urkunde, die ein Vermögensrecht verbrieft. Ohne das Wertpapier kann das Recht nicht geltend gemacht werden. Nach der Art der Übertragbarkeit wird in Inhaber-, Namens- und Orderpapiere unterschieden. Wertpapiere sind zum Beispiel Aktien, Anleihen, Schecks und Wechsel. Börsenfähige Wertpapiere werden als Effekten bezeichnet.

Wertpapier-Darlehen

Die Kapitalanlagegesellschaft (KAAG) darf nach § 9a für Rechnung des Sondervermögens Wertpapiere an einen Dritten (Wertpapier-Darlehensnehmer) gegen ein marktgerechtes Entgelt auf unbestimmte oder bestimmte Zeit mit der Maßgabe übertragen, dass der Wertpapier-Darlehensnehmer der Kapitalanlagegesellschaft für Rechnung des Sondervermögens Wertpapiere von gleicher Art, Güte und Menge zurückzuerstatten hat (Wertpapier-Darlehen), wenn dies in den Vertragsbedingungen vorgesehen ist. Wertpapier-Darlehen dürfen einem Wertpapier-Darlehensnehmer nur insoweit gewährt werden, als der Kurswert der zu übertragenden Wertpapiere zusammen mit dem Kurswert der für Rechnung des Sondervermögens dem Wertpapier-Darlehensnehmer bereits als Wertpapier-Darlehen übertragenen Wertpapiere zehn Prozent des Werts des Sondervermögens nicht übersteigt.

Wertpapier-Kennnummer

Eine Wertpapier-Kennnummer besteht aus sechs Ziffern und dient der Identifizierung eines Wertpapiers. Sie wurde durch den ISIN-Code (zwölfstellig) abgelöst.

Wertpapierpensionsgeschäft

Wertpapierpensionsgeschäfte haben sich zum wichtigsten Instrument für die Bereitstellung von Zentralbankgeld entwickelt. Im Rahmen solcher Geschäfte erwirbt die Europäische Zentralbank von Kreditinstituten Wertpapiere unter der Bedingung, dass die Verkäufer die Wertpapiere gleichzeitig per Termin zurückkaufen. Die betreffenden Wertpapiere müssen entweder im Amtlichen Handel oder am Geregelten Markt notiert sein. Wertpapierpensionsgeschäfte werden den Kreditinstituten im Wege der Ausschreibung angeboten, deren Gegenstand entweder ausschließlich Ankaufsbeträge (Mengentender) oder Ankaufsbeträge unter gleichzeitiger Nennung von Satzgeboten (Zinstender) sind.

Wertpapierpensionssatz

Der Wertpapierpensionssatz ist der Zinssatz, zu dem die Europäische Zentralbank (EZB) den Kreditinstituten im Rahmen der Wertpapierpensionsgeschäfte Zentralbankgeld zur Verfügung stellt.

Wertschöpfung

Die Wertschöpfung ist Ausdruck für die Leistungsfähigkeit des Unternehmens. Sie ergibt sich aus der Differenz zwischen der Gesamtleistung eines Betriebs (Output: zum Beispiel Umsatz) und dem dafür verwendeten Faktoreinsatz (Input: zum Beispiel Personal, Maschinen). Eine verwandte Kennzahl ist die Produktivität. Hier werden Gesamtleistung und Faktoreinsatz nicht subtrahiert, sondern ins Verhältnis gesetzt.

W-Formation

Dieser Ausdruck der Technischen Analyse drückt aus, dass zwei, manchmal auch drei Böden auf gleicher Höhe liegen. Die W-Formation zeigt oftmals eine Trendwende nach oben an. Wenn der Kurs die Basislinie, die auf der Höhe der Spitze zwischen den beiden Tälern liegt, nach oben durchbricht, ist dies als Kaufsignal zu werten. Die Gegenformation wird als M-Formation bezeichnet.

Widerstandslinie

Kursniveau, das in der Vergangenheit schon erreicht, nicht aber überwunden wurde. Dies ist auf psychologische Faktoren zurückzuführen, da an diesem Punkt vermehrt Gewinnmitnahmen einsetzen und auf Grund des hohen Kursniveaus die Nachfrage nachlässt. Der Durchbruch durch eine Widerstandslinie wird als starkes Kaufsignal gewertet. Oft wandelt sich eine einmal durchbrochene Unterstützungslinie in eine Widerstandslinie. Siehe auch: Unterstützungslinie.

Wilder`s Volatility

Wilder's Volatility ist ein Begriff aus der Technischen Analyse. Es handelt sich um einen Indikator, der ausschließlich zur Messung der Volatilität (Schwankungsfreudigkeit des Markts) herangezogen wird. Zunächst wird die sogenannte True Range ermittelt. Sie ist das Maximum aus: 1. Abstand des heutigen Tageshochs zum heutigen Tagestief, 2. Abstand des heutigen Tageshochs zum gestrigen Schlusskurs, 3. Abstand des heutigen Tagestiefs zum gestrigen Schlusskurs.

Williams %R

Der Williams %R ist ein Indikator der Charttechnik. Er wurde von Larry Williams entwickelt und hat im Prinzip die gleiche Aussage wie der Stochastik. Dieser Indikator soll die Kraft darstellen, die die Kurse nach oben oder unten bewegen. Dazu setzte Williams den aktuellen Kurs mit der Handelsspanne, also der Differenz zwischen dem höchsten und tiefsten Kurs, mittels einer Quotientenbildung in Bezug.

Windfall Profits

Als Windfall Profits werden Gewinne von Unternehmen bezeichnet, die diese auf Grund einer allgemeinen Änderung der Marktlage erzielen. Wenn ein Unternehmen zum Beispiel Rohstoffreserven besitzt, deren Förderkosten bei einem Anstieg der Weltmarktpreise durch politische oder konjunkturelle Entwicklungen nicht ansteigen, entstehen Windfall Profits.

Windhundverfahren

Das Windhundverfahren ist eine mögliche Form der Zuteilung von Neuemissionen. Es funktioniert nach dem Prinzip: Wer zuerst kommt, mahlt zuerst. Soll heißen: Je früher die Zeichnung erfolgt, desto größer ist die Chance auf Zuteilung.

Window Dressing

Als Window Dressing wird das Verhalten von institutionellen Anlegern bezeichnet, mit dem die Kurse von Benchmarks oder einzelnen Aktien zu ihren Gunsten beeinflusst werden sollen. Damit soll die eigene Performance, zum Beispiel von Fonds, vor einem Bilanzstichtag oder Jahresabschluss verbessert werden.

Wirtschaftsjahr

Siehe: Geschäftsjahr.

WKN

Abk. für: Wertpapier-Kennnummer, siehe dort; siehe ISIN.

Worst-Case-Szenario

Worst Case ist ein Begriff aus der Szenariotechnik und kann mit „im schlechtesten Fall" übersetzt werden. Verwendet wird der Begriff vor allem in der Unternehmensplanung. Dabei werden verschiedene Ereignisse, die in Zukunft eintreten und die Geschäftsentwicklung eines Unternehmens beeinflussen könnten, gedanklich durchgespielt. Der Worst Case nimmt dabei die für das Unternehmen ungünstigste Entwicklung planerisch vorweg. Gegensatz: Best Case (Übersetzung: im besten Fall).

Writer

Siehe: Optionsverkäufer.

X

Xetra

Xetra ist die Abkürzung für Exchange Electronic Trading. Es handelt sich um ein elektronisches Handelssystem der Deutschen Börse. Kennzeichen des Xetra-Handels ist das offene Orderbuch, das im Gegensatz zum Parketthandel steht und die Markttransparenz erhöht.

XTF

Marktsegment der Frankfurter Börse. Hier werden börsennotierte Indexfonds sowie aktiv geführte Fonds seit April 2000 über das Computerhandelssystem Xetra gehandelt.

Y

Yankee Bonds

Als Yankee Bonds werden Anleihen oder Schuldverschreibungen bezeichnet, die von Unternehmen oder Staaten außerhalb der USA am US-Markt platziert werden.

Yield

1. Die Rendite, die aus einer Investition erwirtschaftet wird. Beispiel: Eine Kapitalanlage bringt eine Rendite von zehn Prozent. 2. Produktionsertrag aus Landbesitz. Der Ertrag, den ein Land abwirft, wird Yield genannt.

Yield Curve

Siehe: Zinsstrukturkurve.

Z

Zahlungsunfähigkeit

Siehe: Insolvenz.

ZAR

Unter ZAR versteht man das Währungskürzel für den Südafrikanischen Rand.

Zeichnung

Abgabe eines Angebots zum Kauf von Wertpapieren bei einer Emission im Bookbuilding-Verfahren. Durch eine schriftliche Erklärung verpflichtet sich der Zeichnende dabei zur Abnahme eines bestimmten Volumens der Wertpapiere, die neu auf den Markt gebracht werden.

Zeichnungsfrist

Festgelegter Zeitraum, in dem Interessenten zur Emission anstehende Wertpapiere zeichnen können.

Zeichnungsgewinn

Der Zeichnungsgewinn ist die Differenz zwischen dem Emissionspreis und der Erstnotiz. In den vergangenen Jahren konnte das Phänomen beobachtet werden, dass der erste Börsenkurs der neuen Aktie oftmals deutlich über dem Emissionspreis lag.

Zeitwert

Der Zeitwert entspricht dem Optionspreis minus dem inneren Wert einer Option. Ein Optionspreis besteht bei At- und Out-of-the-money-Optionen ausschließlich aus einem Zeitwert, da bei diesen Optionen der innere Wert gleich null ist. Mit jedem Tag verringert sich der Zeitwert kontinuierlich. Allerdings erfolgt der sogenannte Zeitwertverfall nicht linear, sondern dynamisch. Dies ist mathematisch begründbar, da beispielsweise bei einer Restlaufzeit von 100 Tagen ein Tag prozentual nicht so viel ausmacht, wie wenn die Restlaufzeit nur noch zwei Tage beträgt.

Zentralbank

Bank, die mit dem Recht der Banknotenemission ausgestattet ist. Die Aufgabe einer Notenbank ist die Regulierung der Geld- und Kreditversorgung der Wirtschaft mit dem Ziel, die Geldwertstabilität zu erhalten (niedrige Inflationsrate). In den USA heißt die Notenbank Federal Reserve Bank (Fed), in Euroland Europäische Zentralbank (EZB). Die Europäische Zentralbank agiert politisch unabhängig. Die Steuerungsmittel einer Notenbank sind unter anderem die Zinspolitik (Diskont-, Lombardzinsen), die Kreditpolitik, die Mindestreservepolitik (Mindestreserve für die Banken), Offenmarktpolitik (zum Beispiel Käufe und Verkäufe von Anleihen) und Interventionen (Devisenmarkt).

Zero-Bonds

In der Regel Anleihen namhafter Emittenten, die erheblich unter dem Nennwert ausgegeben werden. Der Emissionskurs ergibt sich durch den Abschlag der gesamten Zinsen über die volle Laufzeit hinweg.

Zertifikat

Derivatives Finanzprodukt, das dem Inhaber die Partizipation an der Kursentwicklung des dem Zertifikat zugrunde liegenden Wertpapiers oder Finanzinstruments verbrieft. Dieses Underlying oder Basisobjekt kann zum Beispiel eine Einzelaktie, ein Index, ein Aktienkorb oder eine bestimmte Menge eines Rohstoffs sein. Zertifikate sind Inhaberschuldverschreibungen, die von Banken und anderen Emittenten begeben werden und zum Teil mit begrenzter, zum Teil mit unbegrenzter Laufzeit ausgestattet sind. Sie werfen keine laufenden Erträge wie Zinsen oder Dividenden ab, und ihr Rückkaufwert am Laufzeitende hängt von der Kursentwicklung des Underlyings ab.

Zertifikatsbonität

Ein Zertifikat ist eine Schuldverschreibung eines Emittenten. Im Konkursfall ist das Kapital verloren. Daher ist sorgfältig auf gute Emittentenbonität zu achten.

Zession

Siehe: Abtretung.

ZEW-Index

Der ZEW-Index ist ein Konjunkturindex des Zentrums für Europäische Wirtschaft (ZEW). Dabei werden Analysten und Institutionelle Anleger nach ihren mittelfristigen Erwartungen bezüglich der Konjunktur- und Kapitalmarktentwicklung befragt. Der Indikator Konjunkturerwartungen gibt die Differenz der positiven und negativen Einschätzungen für die künftige Wirtschaftsentwicklung (auf Sicht von sechs Monaten) in Deutschland wieder. Der ZEW-Index gilt als richtungweisend für den prominenteren ifo-Geschäftsklimaindex.

Zins

Zinsen erhält ein Kreditgeber als Ausgleich für das Ausleihen eines Geldbetrags. Faktoren des Zinses sind: 1. Zeitwert des Gelds (Kreditsatz) – der gegenwärtige Wert des Gelds ist größer als in der Zukunft. Der Darlehensgeber verzichtet auf die Liquidität des ausgeliehenen Gelds. 2. Kreditrisiko – das Risiko der gesicherten Rückzahlung variiert mit der Kreditwürdigkeit (Bonität) des Kreditnehmers. 3. Inflation – die Kaufkraft des Gelds vermindert sich. In Zukunft muss mehr Geld aufgebracht werden, um die gleiche Kaufkraft zu erzielen.

Zinsabschlagsteuer

Die Zinsabschlagsteuer ist eine Sonderform der Kapitalertragsteuer. Sie ist eine Quellensteuer auf die Renditen festverzinslicher Wertpapiere. Die Steuer beträgt 30 Prozent und wird von den Kreditinstituten einbehalten und direkt an das Finanzamt abgeführt. Da für die Zinsabschlagsteuer Freibeträge gelten, können Anleger die Zahlung durch Stellen eines Freistellungsauftrags ganz oder teilweise vermeiden. In der Steuererklärung wird die Zinsabschlagsteuer auf die gesamte Steuerschuld angerechnet.

Zinselastizität

Die Zinselastizität gibt an, um wie viel Prozent sich der Kurs einer Anleihe ändert, wenn sich der Marktzins um ein Prozent verändert.

Zinsempfindlichkeit

Ein Finanzinstrument (beispielsweise Anleihe oder Aktie) ist umso zinsempfindlicher, je stärker sein Kurs auf eine Zinsveränderung reagiert.

Zinskorridor

Der Begriff Zinskorridor bezieht sich auf die Geldpolitik der Europäischen Zentralbank (EZB). Die EZB bietet den Geschäftsbanken die Möglichkeit, sich kurzfristig Geld (über Nacht) zu besorgen (Spitzenrefinanzierungsfazilität) und kurzfristig (über Nacht) Geld anzulegen (Einlagenfazilität). Der Zinssatz der Spitzenrefinanzierungsfazilität bildet die obere Grenze, die Einlagenfazilität die untere Grenze des kurzfristigen Zinskorridors.

Zinskurve

Bei einer normalen Zinskurve (Zinsstruktur) liegen die langfristigen Zinsen über den kurzfristigen Zinssätzen. Bei einer inversen Zinskurve hingegen sind die kurzfristigen Zinssätze höher als die langfristigen Zinssätze. Wenn die Zinssätze entlang einer Zeitachse angetragen werden, ergibt sich eine Kurve. In einer normalen Zinssituation weist die Zinskurve eine positive Steigung auf, in einer inversen Zinssituation dagegen eine negative Steigung.

Zinspapiere

Wertpapiere, die einen Zinsertrag auf den gezahlten Nennbetrag innerhalb einer bestimmten Laufzeit bis zur Tilgung des Nennbetrags verbriefen. Der Zins kann dabei fest oder variabel sein. Zudem kann der Zins zu bestimmten Fristen (zum Beispiel jährliche Zinszahlung), einmalig zum Laufzeitende (thesaurierend) oder über den Ausgabekurs (zum Beispiel Zero-Bonds) an den Käufer der Anleihe weitergegeben werden. Ferner wird je nach Laufzeit zwischen Zinspapieren des Kapitalmarkts (zum Beispiel Anleihen, Obligationen, Schatzanweisungen) und des Geldmarkts (zum Beispiel Schatzwechsel, Einlagezertifikate) unterschieden. Siehe auch: Festverzinsliche Wertpapiere.

Zinsreagibilität

Siehe: Zinsempfindlichkeit.

Zinsschein

Bei einer Anleihe ist der Zinsschein der Teil des Zinsbogens, der zum Bezug des festgelegten Zinsertrags bezogen auf den Nennbetrag berechtigt.

Zinssensitive Aktien

Im Prinzip wirkt sich die Zinsentwicklung auf die gesamte Börsensituation und somit auf alle Aktien aus. Anleihen sind eine wichtige Konkurrenz der Geldanlage in Aktien. Je höher die Anleihenrendite, desto attraktiver werden diese Papiere und desto weniger attraktiv wirkt im Umkehrschluss die Investition in Aktien. Daher sind steigende Zinsen für die Entwicklung an den Aktienmärkten in der Regel sehr negativ. Es gibt jedoch Branchen, deren Ertragsentwicklung direkt von der Zinstendenz betroffen ist und die daher noch stärker als andere Wirtschaftszweige auf diesen Einfluss reagieren. Hierzu zählen insbesondere Banken, Versicherungen und Finanzdienstleister. Deren Aktien schneiden bei steigenden Zinsen im Vergleich zum Gesamtmarkt oft unterdurchschnittlich ab.

Zinsstrukturkurve

Die Zinsstrukturkurve (Yield Curve) zeigt das Zinsniveau festverzinslicher Anlagen bei kurz-, mittel- und langfristigen Laufzeiten.

Zinstender

Der Zinstender ist neben dem Mengentender eine Möglichkeit zur Begebung von Wertpapierpensionsgeschäften der Europäischen Zentralbank. Beim Zinstender müssen die bietenden Kreditinstitute bei ihren Geboten neben dem Volumen auch den Zinssatz nennen, zu dem sie bereit sind, Zentralbankgeld auszuleihen. Die Zuteilung erfolgt entsprechend der Ausschreibung entweder zu einem einheitlichen Satz (holländisches Verfahren) oder zu den individuellen Bietungssätzen der Bank (amerikanisches Verfahren). Dabei werden Gebote, die über dem einheitlichen Zuteilungssatz oder dem niedrigsten noch zum Zuge kommenden Satz liegen, voll zugeteilt.

Zinstermin

Festgelegter Termin, bei dem es bei Zinspapieren zur Zinsausschüttung kommt.

Zinsterminkontrakte

Terminkontrakte für lang- oder kurzfristige Finanztitel wie Hypotheken, Pfandbriefe, Regierungsanleihen (Bundesanleihen, T-Bonds, T-Bills) und Bankdepositen (Euro-Dollar-Termineinlagen).

Zinstitel

Siehe: Zinspapiere.

Zinsüberschuss

Begriff, der bei der Analyse von Bank-Aktien eine Rolle spielt. Der Zinsüberschuss ergibt sich aus der Differenz zwischen Zins- und zinsähnlichen Geschäften, aus Kredit- und Geldmarktgeschäften sowie den Zins- und zinsähnlichen Aufwendungen.

Zulassung

Um für den Amtlichen Handel zugelassen zu werden, brauchen Aktiengesellschaften die Genehmigung der Zulassungsstelle. Der Antrag muss alle relevanten Daten zum Wertpapier enthalten und wird durch Aushang im Börsensaal und durch Veröffentlichung im jeweiligen Börsenpflichtblatt sowie im Bundesanzeiger publik gemacht.

Zulassungsstelle

Organ der Börse, das über die Zulassung von Wertpapieren zum Börsenhandel in bestimmten Marktsegmenten entscheidet.

Zusatzaktien

Siehe: Berichtigungsaktien.

Zuteilung

1. Bei Wertpapieremission: Bei Überzeichnung einer Wertpapieremission können die Interessenten (Zeichner) nicht im gewünschten Umfang bedient werden. Die Verteilung der Papiere auf die Zeichner erfolgt daher nur in reduziertem Umfang. Die einzelnen Interessenten erhalten weniger Papiere, als sie geordert haben. 2. Bei Optionen: Zuteilung der Erfüllungsverpflichtung an einen Optionsstillhalter, nachdem ein Optionsinhaber seinen Wunsch auf Ausübung angezeigt hat. Der durch ein Auslosungsverfahren bestimmte Stillhalter muss seiner

Verpflichtung – Verkauf beim Call-Stillhalter beziehungsweise Kauf beim Put-Stillhalter des Basiswerts zum Basispreis – nachkommen.

200-Tage-Linie

Gängiges und oft verwendetes charttechnisches Analyseinstrument. Der Wert der 200-Tage-Linie ergibt sich aus dem Durchschnitt der jeweils letzten 200 Börsentage. Schneidet der analysierte Wert seine 200-Tage-Linie von oben nach unten, so wird dies als Verkaufssignal interpretiert. Wird die Linie von unten nach oben durchbrochen, so gilt dies als Kaufsignal.

Zwischengewinn

Unter dem Begriff Zwischengewinn versteht man den im Preis von Investmentanteilen enthaltenen Ertragsanteil, sofern er sich aus Zinsen und/oder zinsähnlichen Ansprüchen zusammensetzt. Er wird von den Fondsgesellschaften börsentäglich errechnet und veröffentlicht. In Deutschland unterliegen Zwischengewinne der Einkommensteuer.

Zwischenschein

Siehe: Interimschein.

Zyklische Aktien

Aktien von Unternehmen, deren Umsatz- und Gewinnentwicklung im hohen Maße vom Konjunkturverlauf abhängt. Typische zyklische Branchen sind Stahl, NE-Metallerzeuger, Maschinenbau und Chemie. Der Kursverlauf dieser Werte richtet sich meist mit einem gewissen zeitlichen Vorlauf nach der konjunkturellen Lage.

Bernhard Jünemann, Heinz Imbacher

Money-management

235 Seiten, Hardcover

Preis € 49,90 (D); € 51,30 (A); SFr. 79,00

ISBN 978-3-932114-252-3

Börse ist nicht kinderleicht, aber durchaus erlernbar. Das vorliegende Buch lenkt den Blick auf Money-Management, einem der am häufigsten vernachlässigten Aspekte im Anlageprozess. Money-Management hilft, ein Vermögen so zu steuern, dass Risiken minimiert und Chancen beherzt genutzt werden können.

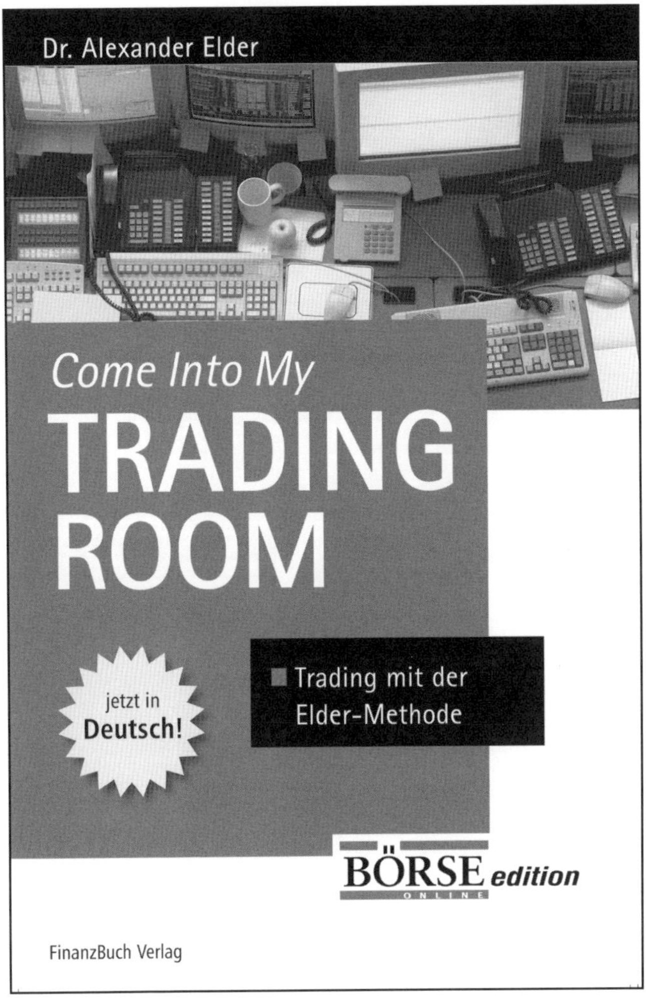
Dr. Alexander Elder
Come Into My
TRADING
ROOM
jetzt in
Deutsch!
Trading mit der
Elder-Methode
BÖRSE edition
ONLINE
FinanzBuch Verlag

Van K. Tharp

Clever traden mit System

374 Seiten, Hardcover

Preis € 44,90 (D); € 46,20 (A); SFr. 76,00

ISBN 978-3-932114-43-4

Dieses bahnbrechende Buch wird Ihre bisherigen Ansichten über erfolgreiches Trading nachhaltig ändern. Sobald Sie die grundlegenden psychologischen Elemente Van Tharps beim Handeln berücksichtigen und sich an seine sechs Schlüsselfaktoren zum Geldverdienen an den Märkten halten, verfügen Sie über ein wirksames Trading-System für alle Marktsituationen.